Andreas Jacke
Marilyn Monroe und die Psychoanalyse

IMAGO

Andreas Jacke

Marilyn Monroe und die Psychoanalyse

Psychosozial-Verlag

Bibliografische Information der Deutschen Nationalbibliothek
Die Deutsche Nationalbibliothek verzeichnet diese Publikation in der Deutschen
Nationalbibliografie; detaillierte bibliografische Daten sind im Internet über
<http://dnb.d-nb.de> abrufbar.

2. Auflage 2011
© 2005 Psychosozial-Verlag
E-Mail: info@psychosozial-verlag.de
www.psychosozial-verlag.de
Umschlagabbildung: »Marilyn Monroe« © Sam Shaw / defd.
Umschlaggestaltung: Christof Röhl nach Entwürfen
des Ateliers Warminski, Büdingen.
Satz: Till Wirth, Amsterdam, Gießen
Printed in Germany
ISBN 978-3-89806-398-2

Marilyn Monroe und die Psychoanalyse

Statt einer Widmung:

Am Anfang ihrer Ehe sagte Arthur Miller nach einem längeren Schweigen zu seiner Frau: »Du bist das traurigste Mädchen, das ich kenne.« Zuerst glaubte Monroe diese Aussage bedeute für sie eine Niederlage. Sie hatte gelernt, daß Männer nur glückliche Frauen wollen. Aber als ihr klar wurde, daß Miller ihr damit ein Kompliment gemacht hatte, trat ein Lächeln in ihr Gesicht und sie antwortete: »Du bist der einzige, der mir das gesagt hat« (Miller, 1989, S. 489). Miller flocht später diese Sätze in einen Dialog zwischen Gay (Clark Gable) und Roslyn (Monroe) in sein Drehbuch zu *The Misfits* ein, deshalb kommen sie in Monroes letztem vollendeten Film vor. Er traf damit das zentrale Gefühl, welches ihre eigenwillige Art gegenüber dem Anderen tatsächlich ausmachte: ihre unendliche Traurigkeit.

Inhaltsverzeichnis

Vorwort:
Marilyn Monroe in der Psychoanalyse

»Cause the girl in my mirror,
Is crying out tonight
And there's nothing I can tell her
To make her feel alright.
Oh the girl in my mirror
Is crying 'cause of you
And I wish there was something
Something I could do.«
»I can't believe it what I see
No...
The girl in my mirror
The girl in my mirror is me
Ohhh...is me«
(Britney Spears, 2000, *Girl in the mirror*)

Das, über was Britney Spears hier singt, die heute im Prinzip ähnliche Kontroversen über Sexualität auslöst wie Monroe vor fünfzig Jahren, ist nur möglich aufgrund eines Bildes in ihrem Spiegel, von dem sie erkennen kann, das es sich um sie selbst handelt. Ich glaube, daß es wichtig ist, wenn man etwas von Marilyn Monroe verstehen möchte, irgendwann an einem Punkt anzukommen, an dem man eine *gewisse* Identifikation zuläßt. Sicherlich findet diese immer nur teilweise statt und ist auch nicht geschlechtsunabhängig, aber doch für das Verständnis notwendig. Monroes Biographie bleibt unverständlich, wenn man sie bloß als eine äußere Gestalt wahrnimmt und das Feuer, welches ihr Drama entzündet, nicht an sich heranläßt. Ihr Name ist so stark verbunden mit einem expressiven Körperausdruck und einem tragischen Lebensverlauf, daß sie bis in die heutige Zeit hinein starke Emotionen hervorruft, die in einer distanzierten Haltung weder geäußert noch nachvollzogen werden können.

Wieso haben wir eine Kultur, die Monroe nach über 50 Jahren nicht vergessen kann und vehement von ihrem sexuellen wie emotionalen Ausdruck fasziniert ist? Anders als die europäische Sex-Ikone Brigitte Bardot, die wirklich physisch greifbar und verständlich ist, ranken sich um die früh verstorbene Monroe, die weit mehr an unsere Gefühle, als nur an unsere Sinne appelliert, Rätsel und Geheimnisse. Über keinen Filmstar außer Charlie Chaplin gibt es so viele Bücher und immer wieder erscheinen neue.

Monroe selbst hat augenscheinlich den Rahmen gesprengt, der ihr medial vorgegeben wurde. Sie war mehr als eine gute Schauspielerin, die perfekt posieren konnte, sie war eine der interessantesten Frauen, die jemals vor einer Filmkamera gestanden haben. Und immer noch versuchen wir zu begreifen, woran diese unglaublich weiche, offenherzige und zärtliche Frau nun eigentlich zu Grunde gegangen ist. Sie ist in der breiten Öffentlichkeit ein unverständliches Paradox geblieben. Ihre Bedürfnisse, wirklich geliebt, von vielen begehrt und auch noch als Persönlichkeit ernst genommen zu werden, gelten als so unvereinbar, daß sie als Person meistens nur unvollständig wahrgenommen wird. Der Widerspruch zwischen ihrem frühen Tod, der ziemlich offensichtlich auf ein emotionales Desaster zurückführbar ist, und dem weltweit erfolgreichen Sexsymbol, das nahezu jeden Mann für sich gewinnen konnte, wird zwar nachvollzogen, aber durch die Mordtheorien über sie auch gerne verdrängt.

Ich glaube, daß ihr enormer Liebesanspruch, an welchem sie gescheitert ist, einen Vorwurf an unsere Gesellschaft richtet, den diese nur sehr schwer ertragen kann. Monroe war mehr als eine begabte Schauspielerin, weil sich hinter ihrem Wesen eine ganze Lebensauffassung verbarg, für die in *dieser* Welt nur wenig Platz ist. Deshalb ist es viel einfacher zu glauben, sie sei ermordet worden, als zu erkennen, daß ihr Scheitern Gründe hatte, die berechtigt waren und vielleicht immer noch fortbestehen. Denn wenn man diese Gründe (an)erkennen würde, dann wären all die Errungenschaften in Frage gestellt, die sie gesellschaftlich erreicht hat. Erfolg, Ruhm, Geld und Karriere hätten plötzlich gar keinen richtigen Wert mehr, und für Monroe selbst waren diese tatsächlich auch nicht viel mehr als Mittel zum Zweck. Sie wollte schließlich mit Hilfe dieser Mittel aus ganzem Herzen etwas ganz anderes erreichen.

Wenn sie in *Some Like it Hot* »I'm through with love« sang, dann entsprach dies genau ihrer Auffassung, als Künstlerin die Menschen im Kino durch ihre Liebe für ein paar Stunden so glücklich werden zu lassen, daß sie die harte Arbeitswoche wenigstens für eine kurze Weile vergessen konnten (Monroe, 1992, S. 21). Monroe steht viel direkter und mehr als andere in aller Radikalität für den menschlichen Urschrei nach Liebe, der in unserer Kultur leider gern und schnell verdrängt wird. Weil der Liebesanspruch aber im Zentrum des menschlichen Handelns überhaupt liegt, kann sie innerhalb unserer Gesellschaft auch nicht wirklich vergessen werden. Dabei war es allerdings tatsächlich die großartige Steigerung ihres Liebesanspruchs durch ihren naiv wirkenden Sex-Appeal, der sie unvergeßlich werden ließ. Nichts anderes öffnet die Tür zur Liebe beim Menschen so sehr wie eine zärtliche Enthemmung seiner Sexualität.

Worin Monroe auch immer sonst noch fehlgegangen ist, ihr größtes Problem war, daß ihre engeren Beziehungen nicht richtig funktioniert haben und daß sie überhaupt große Schwierigkeiten damit hatte, wirklich enge Bindungen zu anderen Menschen einzugehen. Diese Frau fühlte sich trotz des ganzen Starrummels, der um sie gemacht wurde, oft völlig alleingelassen. Jede Biographie berichtet uns von dem tragischen Werdegang ihres Lebens, in dem immer wieder ihre Ehen zerbrachen; und im Grunde besteht kaum ein Zweifel darüber, daß dies das entscheidende Motiv für ihren Selbstmord war.

Meiner Ansicht nach hat bisher niemand den Versuch einer tiefergehenden, einfühlenden Erklärung unternommen, die versucht, das Phänomen, welches uns nicht in Ruhe läßt, wirklich einmal von seinem Charakter und nur bedingt von seinen Umständen aus zu erklären. Was ist es denn nun eigentlich, was Marilyn Monroe – oder besser Norma Jeane Baker – hat, was andere Schauspielerinnen einfach nicht haben? Wieso gehört gerade sie zu den wichtigsten Frauen des letzten Jahrhunderts? Und wieso wird sie im Showgeschäft ständig zitiert und kopiert und doch nie erreicht?

So, wie Monroes Liebesanspruch in der Diskussion über ihren Tod gerne übergangen wird, sowenig ist versucht worden, die Zusammenhänge in ihrer Biographie einmal eingehend aufzuzeigen. Die zahlreichen Biographien über sie haben ihre Geschichte vor allem immer wieder und immer detaillierter nacherzählt und sie dabei aber nur am Rande interpretiert. Das Mordmotiv und ihre Affären mit den Kennedys wurden darin immer wichtiger und liefern heute den Hauptgegenstand der populären Beschäftigung mit ihr. Viele Monroebiographien bestehen sogar zu einem Drittel aus einer neuen Mordtheorie.

Auch ihr Vaterkomplex ist auf eine triviale Weise weltberühmt geworden, aber über den dahinter sich verbergenden Mutterkomplex wurde bisher nicht viel nachgedacht, wenn er überhaupt erwähnt worden ist. Allerdings wird diesem Komplex in den neueren Arbeiten über Monroe einige Beachtung geschenkt. So haben Barbara Leamings Monroebiographie sowie Joyce Carrol Oates fiktiver Roman *Blond* diesen Aspekt zwar durchaus auf einer psychologischen Ebene geschildert, aber seine naheliegenden tiefenpsychologischen Hintergründe hat bisher noch niemand ausführlich darzulegen versucht.

Mit meinem Buch möchte ich diese kleine Lücke zu schließen versuchen und dabei die bisherigen Arbeiten über Monroe nutzen, um mit Hilfe dieses umfangreichen Materials den Versuch einer eigenständigen Psychoanalyse ihrer Person zu wagen, welche von den zu Lebzeiten vorgenommen Diagnosen ausgeht und ihre Kindheit und Jugend mit vielen Ausblicken auf ihr späteres Leben nochmals beschreibt. Diese posthume Fernanalyse kann leider in nur sehr reduzierter Form auf die Ergebnisse ihrer Psychoanalytiker(innen) zurückgreifen, weil diese bisher nicht veröffentlicht worden sind und wohl vorerst auch nicht freigegeben werden dürfen. Vieles behält deshalb leider einen spekulativen Charakter, und ich möchte mich davon auch nicht freimachen, daß es sich hier um nicht mehr als einen Versuch handeln kann.

Auf der anderen Seite kann aber nur so der spezifische Charakter von Monroes Persönlichkeit, der den Hauptgrund für ihre intensive Foto- und Leinwandpräsens lieferte, überhaupt erklärt werden. Neben ihrer körperlichen Schönheit und der Kunst ihrer Verführung ist es, so glaube ich, ihr äußerst eigenartiger Charakter, der uns gebannt auf die Leinwand blicken läßt. Monroes Posieren vor Kameras war immer etwas Besonderes und unmittelbarer als bei anderen Schauspielerinnen. Der große Enthusiasmus, mit dem sie sich zur Schau stellte, führte zu den liebenswürdigsten und sehenswertesten Bildern, die es von einer Frau in der Filmgeschichte gibt. Auch die scheinbaren Gegensätze ihrer Persönlichkeit, die zwischen höchster Ekstase und tiefster Depression lagen, können *nur* mit Hilfe einer adäquaten Theorie, welche die Psychoanalyse liefert, eingehend erläutert werden. Denn es ist nur in dieser Theorie möglich, Monroes hohe emotionale Ansprüche zu schildern und zu erklären. Die zentralen Monroethemen von Sexualität und Liebesanspruch decken sich dabei so genau mit den wichtigsten Themen der Psychoanalyse, wie sie Freud und nach ihm vor allem Jaques Lacan ausgearbeitet haben, daß ein solcher Zugang auch rein inhaltlich ziemlich naheliegend erscheint.

Monroe war selbst von der Technik der Tiefenpsychologie überzeugt und hat zur Erklärung ihres Verhaltens in Interviews auch immer wieder ihre schwierige Kindheit herangezogen. Nach Arthur Miller, ihrem dritten Ehemann, hat sie sich selbst in Analyse begeben, weil ihre Neigung zur Promiskuität solche großen Schuldgefühle auslöste, daß sie mit ihnen nicht mehr umgehen konnte. Miller schrieb darüber in seinem Theaterstück *After the fall*, welches auch über ihre Ehe handelt. Dort erzählt Maggi (Monroe) Quentin (Miller), wieso sie zum ersten Mal zu einem Psychoanalytiker ging:

»Maggi: Ich habe mit zwei Männern geschlafen – an ein und demselben Tag. *Sie sieht von ihm fort.* (...) An ein und demselben Tag, verstehst du? *Sie ist den Tränen nahe und sieht ihn an, unterwürfig und merkwürdig keusch.* Ich werde dich immer lieben, Quentin ...« (Miller, 1962, S. 90f).

Die Austauschbarkeit der Männer, die Instabilität, mit der sie oft und viele verschiedene Verhältnisse einging, waren eines ihrer größten Probleme. Die Psychoanalyse sollte ihr helfen, diese Probleme zu lösen und wirklich enge Bindungen zu anderen Menschen einzugehen, was leider nur teilweise gelungen ist. Monroe unterzog sich von 1955 bis zu ihrem Tod 1962 kontinuierlich einer Psychotherapie. In der Zeit vor ihrem Tod 1962 sah sie ihren Analytiker Ralph Greenson sogar meistens zweimal täglich. Er war es, der am Ende die verschlossene Tür zu ihrem Zimmer gewaltsam öffnete und sie dort nach seiner eigenen Aussage bereits tot vorfand.

Seine Diagnose über Monroe, soweit diese bekannt ist, wurde schon von Norman Mailer in den 70er Jahren oder auch jüngstens in Barbara Leamings Monroebiographie verwendet. Beide Biographien schildern aber Monroes Lebens deshalb keineswegs aus einer psychoanalytischen Perspektive, sondern bleiben an der Oberfläche und weitgehend bei einer Psychologisierung ihrer Persönlichkeit stehen. Umgekehrt taucht Monroe zwar in manchen Lehrbüchern über Psychoanalyse als ein Fallbeispiel auf (Arnold, 1988, S. 14) und wurde von dem Monroebiographen Anthony Summers in den 80er Jahren als ein deutlicher Fall von *Borderline* klassifiziert (Summers, 1988, S. 19), aber auch diese Ansätze bleiben in ihrer Ausführung eher marginal. Es gibt also meines Wissens keine umfassenden Versuche, Monroe zu psychoanalysieren, außer denen, die zu Lebzeiten vorgenommen worden sind.

Außerdem verfolgt diese, meine Deutung einen anderen und eigenwilligen psychoanalytischen Ansatz. Sie nimmt ihren zentralen, theoretischen Angelpunkt in der Theorie des französischen Psychoanalytikers Jaques Lacan, der in den 50er Jahren in einem direkten Streit mit der Schule stand, aus der Monroes Therapeutinnen und ihr Psychoanalytiker stammten. Ohne die ganze Tragweite dieses Streits hier aufgreifen zu können, möchte ich kurz Lacans Grundposition wenigstens skizzieren und den interessierten Leser zur Vertiefung sonst auf sein erstes Seminar über *Freuds technische Schriften* (Lacan, 1978) verweisen, auf das sich mein Buch auch in erster Linie stützen wird.

Laut Lacans eigenen Aussagen bestand die Aufgabe seiner Lehre, die zur Schulung von Psychoanalytikern in Paris abgehalten wurde, vor allem darin, die bereits in den 50er Jahren verdrängte Erfahrung, welche die Freudsche Analyse einmal dargestellt hatte, erneut zu ermöglichen. Deshalb widmete er seine ganze Aufmerksamkeit der Reformulierung und Diskussion der Freudschen Texte und Begriffe. Von ihm wurde vor allem dessen Theorie des Begehrens buchstäblich wieder-holt und weiter ausdifferenziert. Dabei war Lacan vor allem daran gelegen, durch einen strukturellen Ansatz eine größere Transparenz in die Handhabung der Freudschen Begriffe zu bringen.

Lacans eigene Leistung bestand am Anfang vor allem darin, innerhalb der Narzißmustheorie durch seine Einführung des Spiegelstadiums in die Analyse (Lacan, 1991a, S. 61–71) wesentlich weiter zu gelangen als Freud. Überhaupt widmete er sich in diesem Zusammenhang zunächst vor allem den psychotischen Störungen und besonders der Paranoia. Während der späte Freud teilweise seine eigene Erfahrung des Unbewußten durch die Hervorhebung des von nun an im *Mainstream* der Theorie immer wichtiger werdenden Ichs rückgängig machte, startete Lacans Theorie gerade mit einer klaren und desillusionierenden Absage an den sehr täuschenden Stellenwert der Ich-Instanz im Subjekt.

Monroe, die unter anderem bei Marianne Kris, Anna Freud und Ralph Greenson in Therapie war, wurde von den schärfsten Gegnern Lacans behandelt. Denn nach Lacans Ansicht war gerade die Ausrichtung der Psychoanalyse, welche in der amerikanischen Schule gefördert wurde, von ihrem Weg abgekommen, weil es sich nicht mehr in erster Linie um eine Analyse des Unbewußten, sondern immer mehr um eine Analyse des Ichs *und* seiner Widerstände handelte. Die Abwehrmechanismen des Ichs traten mit Anna Freud ins Zentrum der Aufmerksamkeit der psychoanalytischen Tätigkeit, und Lacan hat diese Beschäftigung letztendlich mit der Formel abgetan, daß es immer genau soviel Widerstand beim Patienten gibt, wie es Widerstand beim Analytiker gibt.

Innerhalb der Widerstandsanalyse, die vor allem eine Ich-Analyse ist, wird das Verhältnis zwischen Analytiker und Patient zu einem zentralen Thema. Es ist deshalb nur folgerichtig, wenn Monroes letzter Analytiker Ralph Greenson die größte Aufmerksamkeit auf die Möglichkeiten eines *Arbeitsbündnisses* zwischen Therapeut und Patient legte. So schrieb Greenson selbst: »Alle wichtigen therapeutischen Bemühungen sind unmittelbar auf das Ich gerichtet« (Greenson, 1982, S. 431). Er hielt Monroe, die auch zuvor mehr therapiert als wirklich analysiert worden war, auch gar nicht für analysierbar und unternahm mit ihr lediglich eine »unterstützende Therapie« (Summers, 1988, S. 258), in welcher das Ich die für *ihn* notwendige Stabilität zu einer Psychoanalyse erst erhalten sollte.

1953 erläuterte Lacan, wohin der übliche Ansatz innerhalb der amerikanischen Auffassung der Psychoanalyse führte:

> »Es erscheint jedenfalls unbezweifelbar, daß die Auffassungen der Psychoanalyse in den Vereinigten Staaten uminterpretiert wurden zu einer Anpassung des Individuums an seine soziale Umgebung, zur Untersuchung von patterns des Verhaltens und zu der ganzen Objektivierung, die der Begriff der *human relations* impliziert« (Lacan, 1991a, S. 82).

Diese Anpassung des Subjekts an seine Umgebung erfolgt über eine Ich-Stärkung, die sich am Vorbild des Analytikers orientiert. Wenn Monroes Haus in Brentwood ganz im Stil ihres Analytikers gebaut war und sie es ganz offensichtlich deshalb gekauft hatte, so sieht man wie die *patterns* ihres Verhaltens versuchten, sich an den seinen zu orientieren. Eine solche Art der Analyse hätte Lacan völlig abgelehnt, zumal Monroe, wie oft kritisiert wurde, von

Greenson stark abhängig geworden war. Er integrierte sie in seine Familie, um ihr so mehr Halt geben zu können, und nahm auch Einfluß auf ihre Filmarbeit. Damit hatte er aber mit allen Grundregeln, die für eine Psychoanalyse notwendig sind, gebrochen und sich zu einer unentbehrlichen Privatperson in ihrem Leben gemacht. Aufgrund des persönlichen Verhältnisses wurden so beispielsweise die Möglichkeiten einer sinnvollen Übertragung unterlaufen. Greensons Vorgehensweise bei Monroe wurde auch in seinen eigenen Reihen als völlig falsch empfunden.

Für Monroe hingegen war Greenson ein »Wunderheiler« (Brown/Barham, 1992, S. 57), und die religiös erzogene Frau verglich ihn tatsächlich mit Jesus. »Ich habe einen Jesus für mich gefunden«, erzählte sie ihrem Zimmermädchen Lena Pepitone, als sie 1961 aus Kalifornien nach New York kam. »Er macht mir Mut. Er bewirkt, daß ich klug werde, daß ich denke. Mit ihm kann ich allem ins Auge sehen. Ich habe keine Angst mehr. Ich bin so glücklich« (Pepitone/Stadiem, 1979, S. 156f).

Es steht allerdings völlig außer Frage, daß Greenson Monroe geholfen hat, die berechtigte Frage ist aber, ob diese Hilfe von Dauer war? Denn wenn Lacans Annahmen richtig sind, konnte Greenson Monroe durch die Unterstützung ihres Ichs gar nicht längerfristig helfen, sondern ihren Zustand nur für den Augenblick verbessern – zu dem Preis, sie dabei von sich abhängig zu machen. Hinzu kommt, daß Greenson sich gerade im Fall Monroe von den Ansprüchen seiner eigenen Methode überfordert fühlte: »Ich war zum Gefangenen einer Behandlungsmethode geworden, die meiner Meinung nach für sie angemessen, aber für mich undurchführbar war. (...) Manchmal glaubte ich, ich könne so einfach nicht weitermachen« (Summers, 1988, S. 365). Er wollte sie aber auch nicht internieren, was nach seiner Ansicht die einzig *sichere* Alternative gewesen wäre.

> »Ihren Psychiater sah die Monroe vor ihrem Tod fast täglich. Unter anderen Umständen, so schrieb er nur Tage nach ihrem Tod einem Freund, ›wäre ich auf Nummer Sicher gegangen und hätte sie in ein Sanatorium eingewiesen, aber das wäre nur für mich sicher gewesen, für sie tödlich ...‹« (Summers, 1988, S. 402).

Monroes vorherige Psychotherapeutin, Marianne Kris, die streng in einem psychoanalytischen Setting operierte und die Ehefrau des von Lacan direkt diskreditierten Repräsentanten der amerikanischen Schule Ernst Kris war (Lacan, 1978, S. 80ff), hatte ihre Patientin direkt nach der Scheidung von Miller am 5. Februar 1961 in der psychiatrischen Abteilung des New York Hospitals internieren lassen. Kris gab die Analyse der Monroe auf – »nach siebenundvierzig Sitzungen in zwei Monaten« (Berthelsen, 1989, S. 141) und wies sie als einen »psychotischen« Fall ein (Spoto, 1994, S. 441). Monroe war zuvor in einer tiefen, psychischen Krise, welche die Scheidung von Miller bei ihr ausgelöst hatte, besuchte nur noch ihre Therapeutin und blieb sonst in »ihrem abgedunkelten Schlafzimmer, spielte rührselige Platten, lebte von Schlaftabletten und verlor rapide an Gewicht« (Spoto, 1994, S. 440). Vermutlich gab es auch eine Selbstmorddrohung. So »geschah es, daß eines ihrer Mädchen ins Wohnzimmer kam, als Marilyn ansetzte, aus dem Fenster in den Tod zu springen« (Leaming, 1999, S. 403). Jedenfalls hielt Kris Monroe für so gefährdet, daß sie sie in einer geschlossenen Abteilung unterbrachte. »Zu ihrem Entsetzen fand sie sich in einem verschlossenen, gepolsterten Raum wieder, eine Gummizelle für aggressive oder suizidgefährdete Patienten« (Spoto, 1994, S. 441).

»Jahre später von der Zeitschrift *Life* befragt, erinnerte sich eine Krankenschwester aus der Payne-Whitney-Klinik, wie Marilyn hinter ihrer Tür immer wieder rief: ›Mach die Tür auf! Ich mache keinen Ärger, laßt mich nur raus! Bitte! Macht auf!‹ Das Zimmer blieb verschlossen« (Summers, 1992, S. 273).

Monroe reagierte extrem schockiert und aggressiv.

»Ein anderer Mitarbeiter erklärte, Marilyn habe sich nackt ausgezogen und ans Fenster gestellt. Daraufhin schaffte man sie in einen Sicherheitstrakt in den neunten Stock, wo sie einen Stuhl durch eine Glastür schmiß« (Summers, 1992, S. 274).

Sie reagierte exhibitionistisch auf den Zwang der Internierung, blieb aber zwei Tage in der geschlossenen Abteilung bis Joe DiMaggio, ihr zweiter Ehemann, den sie sechs Jahre lang nicht gesehen hatte, sich darum kümmerte, daß sie von dort entlassen und mit seiner Hilfe in eine normale Erholungsklinik gebracht wurde (Spoto, 1996, S. 441ff).

Ein langer Brief, den sie kurz darauf an Greenson schrieb, beweist, daß sie zu diesem Zeitpunkt vielleicht suizidgefährdet aber psychisch völlig zurechnungsfähig war (Spoto, 1996, S. 444–448). Monroe fühlte sich von ihrer Therapeutin verraten und gedemütigt. Obwohl Kris ihren Fehlentschluß bedauerte, sah sie Monroe bei deren Entlassung aus der psychiatrischen Abteilung das letzte Mal (Spoto, 1994, S. 443). Monroe besuchte von diesem Zeitpunkt an nur noch den in Los Angeles praktizierenden Greenson. Einer der Gründe, weshalb dieser von einer erneuten Internierung Monroes absah, war sicher diese Erfahrung. Greensons gesamten, umfangreichen Bemühungen, die soweit gingen, daß Monroes letzte Haushälterin Eunice Murray eine von ihm geschulte Helferin war, beweisen aber, daß er die Schauspielerin für äußerst gefährdet hielt.

Sowohl Kris als auch Greenson hatte Monroe wahrscheinlich durch die Vermittlung von Anna Freud kennengelernt. Auch bei der Tochter des berühmten Gründers der Psychoanalyse hatte sie einige Sitzungen bekommen. Weil es der Filmdiva während ihres Aufenthalts in London aufgrund der großen Schwierigkeiten bei den Dreharbeiten zu *The Prince and the Showgirl* ziemlich schlecht ging, hatte ihr Anna Freud einige Sitzungen gewährt. Anna Freud, Greenson und Kris tauschten sich im Fall Monroe untereinander aus, was üblich und sinnvoll ist. Schon im August 1959 besuchte Greenson Anna Freud und fachsimpelte stundenlang mit ihr und Dr. Kris über Monroe (Berthelsen, 1989, S. 142).

Daß aber zum Beispiel Monroes fortschreitende Tabletten- und Alkoholsucht, die eine tragende Rolle in der immer weiteren Verschlechterung ihres Zustandes spielte, von keiner ihrer Therapeutinnen oder ihrem Analytiker richtig gestoppt werden konnte, zeigt schon rein äußerlich, wie wenig die therapeutischen Interventionen anschlugen:

>»Es erscheint auch merkwürdig, daß sowohl Marianne Kris als auch Margret Hohenberg offensichtlich unfähig waren – und dies über einen Zeitraum von vier Jahren –, Marilyns zunehmende Abhängigkeit von Schlaftabletten zu bremsen« (Spoto, 1994, S. 376).

Und Greenson arbeitete, als er sie für kurze Zeit verließ, um mit seiner Familie in den Urlaub in die Schweiz zu fahren, sogar ganz gezielt mit ihrer Tablettenabhängigkeit:

>»Daß ich ihr die Pillen gab, stellt einen Versuch dar, ihr etwas von mir zu geben, das sie schlucken, einnehmen konnte, so daß sie das Gefühl der schrecklichen Leere überwinden konnte, das sie deprimieren und in Wut versetzen würde« (Spoto, 1994, S. 498).

Obwohl er dabei ihre Tablettenabhängigkeit auf einer symbolischen Ebene nutzte, wo sie die Bedeutung bekam, sich einen Teil ihres abwesenden Analytikers einzuverleiben, ist aus heutiger Sicht dieser Umgang mit Drogen ziemlich leichtsinnig. Dies war Greenson auch bewußt, und es gelang ihm 1960 sogar, Monroes Tablettenkonsum erheblich zu reduzieren (Summers, 1988, S. 261). Aufgrund vieler anderer Berichte ist aber Monroes Konsum gerade in der letzten Phase ihres Lebens besonders hoch und damit auch gefährlich gewesen.

Greenson ließ Monroe 1962 Dexamyl da, »das in Verbindung mit einem Sedativum recht schnell antidepressiv wirkt.« Der wirklich antidepressive Effekt bestand für Greenson jedoch nicht in der chemischen Wirkung, sondern in der Verschmelzung mit einem von Monroe idealisierten Objekt, ihm selbst nämlich. Durch die Be-geisterung, »das Gefühl mit einem wundervollen Objekt verein-igt zu sein« (Greenson, 1981, S. 128–133), sollten ihre Depressionen und Aggres-sionen, die aufkommen würden, weil er fort war, gedämpft werden. Greenson beschrieb 1960 eine Form von Enthusiasmus, bei dem eine »Verschmelzung von Ich und Über-Ich« stattfindet, die typisch ist für ein Hochgefühl (Greenson, 1981, S. 127). Doch diese Verschmelzung, die auf einem Rausch und nicht auf einer echten Begegnung basierte, besaß natürlich keinerlei stabiles Fundament. Daß diese Intervention dafür außerdem noch Monroes hysterisches Verhältnis zu ihrer Vaterimago benutzte, ist naheliegend.

Dieser Teil seiner Behandlung lag jedenfalls ganz auf der Ebene der Symp-tombekämpfung. Greenson erkannte zwar Monroes gravierendes Bezie-hungsproblem und versuchte, es abzumildern, aber er besaß augenscheinlich kein geeignetes Mittel, um ihr wirklich längerfristig helfen zu können. So schrieb er im Mai 1961:

>»Ich bin erschüttert über die Leere in ihrem Leben, was die Objektbe-ziehungen angeht. Im Grunde genommen ist es eine sehr narzißtische Lebensweise. (...) Alles in allem sind Fortschritte erkennbar, aber ich würde mich nicht dafür verbürgen, daß sie sehr tief gehen oder Bestand haben« (Summers, 1992, S. 282).

Für Lacan wäre ihre narzißtische Lebensweise vor allem ein Effekt ihrer unge-lösten, psychischen Konflikte gewesen, die er für analysierbar gehalten hätte. Dabei wäre auch ihre psychotische Störung für ihn kein wirkliches Hindernis dafür gewesen, mit ihr eine Psychoanalyse zu beginnen. Für Greenson hinge-gen war Monroe aufgrund ihrer instabilen Objektbeziehungen gar nicht bereit für eine Psychoanalyse, weil sie nach seinen Maßstäben nicht das dauerhafte Arbeitsbündnis eingehen konnte, welches er forderte:

>»Patienten, die unter einem erheblichen Mangel oder einer Störung der Ich-Funktion leiden, können durchaus in der Lage sein, regressive Über-tragungsreaktionen zu erleben, aber es wird ihnen schwer fallen, ein Arbeitsbündnis aufrechtzuerhalten« (Greenson, 1982, S. 169).

Greenson hat die Voraussetzungen für sein Arbeitsbündnis genau definiert:

»Damit ein Arbeitsbündnis zustande kommt, muß der Patient die Fähigkeit besitzen, Objektbeziehungen zu bilden, da alle Übertragungsreaktionen eine ihrer Spielarten sind. Menschen, die besonders narzißtisch sind, werden unfähig sein, zu beständigen Übertragungssituationen zu kommen« (Greenson, 1982, S. 169).

Damit stand eigentlich sogar in Frage, ob Greenson Monroe jemals analysiert hätte, denn ihre psychotische Tendenz, die mit ihrem gesteigerten Narzißmus zusammenhing, verhinderte seiner Ansicht nach, eine beständige Übertragungssituation. Innerhalb der von Lacan betriebenen Ausrichtung der Kur wäre der Aspekt ihrer Objektbeziehungen vor allem ein Effekt ihrer Defizite innerhalb ihrer symbolischen Relationen gewesen, nach denen sich auch meine Fernanalyse ausrichtet. Allerdings gibt es nun selbstverständlich keine Garantie dafür, ob und wie Lacan Monroe behandelt hätte. Auch nicht, ob er in diesem Fall mehr Erfolg gehabt hätte als Greenson. Aber es spricht alles dafür, daß er aufgrund seiner Prämissen einen völlig *anderen* Weg innerhalb ihrer Behandlung eingeschlagen hätte.

Lacan führte eine strukturelle Grundunterscheidung ein, die es ihm ermöglichte, die Rolle des Ichs – welches auch in seinem Ansatz eine wesentliche Funktion hat – ganz deutlich von anderen Aspekten zu unterscheiden. Dabei ist das Ich selbst ein Hindernis im Weg der Analyse und muß keineswegs stabilisiert, sondern vielmehr entthront werden. Monroes Rückzug auf ihren Narzißmus wäre dabei wie ein Symptom behandelt worden, das zustande gekommen war, weil ihr der Bezug zum symbolischen Anderen und seiner Bedeutung teilweise gefehlt haben.

Um Lacans Ansatz hier besser verstehen zu können, möchte ich seine strukturelle Grundunterscheidung, die zwischen drei Registern unterscheidet, hier wenigstens einmal kurz und stark vereinfacht erläutern. Lacan spricht vom Imaginären (Bild), Symbolischen (Sprache) und dem Realen (Tod), um so die verschiedenen Bezugssysteme, in denen sich der Menschen organisiert, voneinander trennen zu können.

Das Ich gehört zur Ebene des Imaginären, welches sämtliche bildhaften Phantasien beinhaltet, die immer einen wuchernden Charakter haben. Das Imaginäre hängt zusammen mit dem eigenen Körperbild, hat demnach einen narzißtischen aber zugleich auch einen erotischen Charakter, weil es dem Subjekt ein Objekt zeigt, das es begehrt, welches zunächst das eigene Körperbild ist. Das Imaginäre formiert sich wesentlich durch das Spiegelstadium, wo das Subjekt ein erstes, ganzheitliches und zugleich täuschendes Bild von sich selbst bekommt, welches später aber immer ein Köder sein wird, wenn es den Anderen begehrt. Das Imaginäre ist instabil, weil es wechselhaft ist, und ermöglicht dem Subjekt, sich mit anderen Menschen zu identifizieren, die innerhalb dieser Relation – wie es Lacan benannt hat – als kleingeschriebene *andere* auftauchen. Das Imaginäre täuscht dabei immer eine Ganzheitlichkeit vor, die wesentlich die narzißtische Funktion beim Menschen ausmacht. Das Imaginäre kennt keine andere Zeitstruktur als das Jetzt.

Dagegen erkennt man das Symbolische immer an seinem Moment der Verzögerung, der Verschiebung. Das Symbolische beinhaltet die Möglichkeit des Subjekts zur Substitution. Damit gemeint sind alle Möglichkeiten von Sprache – also etwas für etwas anderes zu nehmen, zum Beispiel eine Buchstabenfolge für einen Gegenstand. Das Symbolische organisiert sich immer in Gegensatzpaaren und ist ursprünglich von der paradoxen Struktur einer anwesenden Abwesenheit getragen, in welcher das anwesende Symbol den Platz des abwesenden Gegenstandes vertritt. Es wird maßgeblich beim Subjekt etabliert durch den Ödipuskomplex. Die vollzogene symbolische Kastration als Resultat dieses Komplexes, welche darin besteht, den Mangel eines imaginären Phallus anzuerkennen, trägt beim Subjekt stark zum Verständnis des Symbolischen bei. Das Symbolische tritt immer aus der Vorstellung der imaginären Fülle heraus und begnügt sich mit Repräsentationen, in die der Mangel, das Fehlen des eigentlichen Objekts, immer schon eingeschrieben ist. Die Einführung des Symbolischen besteht für Lacan im Namen und insbesondere im Namen des Vaters, weil dieser für das Subjekt als erster Dritter die Tür zur symbolischen Welt öffnet. Auf der Ebene des Symbolischen konstituieren sich das Soziale und die Fähigkeit zu kommunizieren. Hier wird das Subjekt in die Gültigkeit ethischer Spielregeln involviert und mit anderen Menschen auf einer bedeutungsvollen Ebene verbunden, die durch die Sprache einen abstrakteren Grad erreicht, als im Imaginären. Auf dieser Ebene des Sprechens tritt für Lacan der großgeschriebene *Andere* als der entscheidende Adressat auf, an den sich das Sprechen immer schon richtet.

Beide – das Imaginäre wie das Symbolische – bilden Netze über dem Abgrund des Realen, mit dem wir selten und vielleicht am stärksten durch den Tod konfrontiert sind. Mit dem Realen ist die Realität außerhalb des menschlichen Verständnisses gemeint, auf die wir keinen direkten Zugriff haben. Das Symbolische vermittelt aber einen viel engeren Bezug zum Realen als die wuchernden Phantasien des Imaginären. Mit dem Realen fast unmittelbar bekommt es der Mensch nur in katastrophalen Augenblicken, wo sowohl das symbolische wie das imaginäre Netz reißen, zu tun. Es handelt sich dann um eine Realität, die sich weder in einem Bild verstehen noch in der Sprache ausdrücken läßt. Der Tod ist so ein Punkt, weil er weder als solcher richtig symbolisierbar noch abbildbar ist. Mit ihm gelangen wir an die Grenze dessen, was wir noch verstehen können. Die menschliche Ethik, die nur aufgrund des

Symbolischen überhaupt möglich ist, schlägt eine Furt für den Menschen zum Realen und verbindet ihn mit diesem. Dagegen befindet sich das Imaginäre immer in Gefahr, sich von der Realität völlig abzulösen und in rein traumhafte Welten abzudriften, wenn es nicht durch das Symbolische korrigiert wird.

Anders als für Greenson besteht für Lacan die Psychoanalyse nicht darin, die zwischenmenschliche Relation zwischen Therapeuten und Patienten hervorzuheben. Sondern für ihn dreht sich alles um jenes Dritte, das *symbolische* Band des Sprechens, was sie verbindet. Dieses bildet für Lacan den Hauptgegenstand jeder Psychoanalyse. Die Verbesserung der »*human relations*« ist für ihn ein Effekt, der *nur* durch das bessere Verständnis seiner symbolischen Relationen beim Subjekt erreicht werden kann. Es soll größere Klarheit darüber erlangen, was für es die Dinge und die Menschen bedeuten. Daß die Psychoanalyse deshalb in erster Linie eine Sprachkur ist und tatsächlich dem Symbolisierungssystem des Subjekts die ganze Aufmerksamkeit zu gelten hat, wurde Lacan nie Müde zu wiederholen. Die Wörter können aber nur eine heilende Wirkung haben, wenn sie dazu dienen, die verlorenen oder verschütteten Symbolisierungsmöglichkeiten des Subjekts wirklich freizulegen. Jene Ausrichtung der Kur, in der das Subjekt sich vorwiegend an seinem Analytiker orientiert, ist deshalb bloß übergestülpt, weil sie nicht richtig mit dem unbewußten Material des Subjekts arbeitet, worin sich sein ihm eigener Weg zeigen würde.

Über Monroe sind sowohl von Ralph Greenson als auch von Anna Freud die Diagnosen teilweise bekannt, und diese wurden von mir im folgenden auch beachtet, allerdings auch, um durch die von ihnen nicht explizit geäußerte aber ganz offensichtliche Tendenz zur Hysterie ergänzt zu werden. Diese haben die Monroebiographen Maurice Zolotow und Anthony Summers bereits beschrieben. Außerdem stellt eine etwas hysterische Tendenz als der Hang zum Dramatischen für Schauspieler gar nichts Seltenes oder Ungewöhnliches dar. Auch Greenson hat sich zu diesem Thema sehr wohl geäußert, wenn er bei Monroe von einer »Mißhandlungsphantasie« spricht, welche offenkundig zu diesem Themenkreis gehört (Summers, 1992, S. 34). Indirekt erwähnte Greenson dieses Thema auch in dem Dokumentarfilm *Wer hat Marilyn Monroe umgebracht?* von Bittersdorf, wenn er Monroes Alter als eines ihrer wichtigsten Probleme anspricht, weil sie deshalb immer weniger glaubhaft die heißbegehrte Sex-Ikone darstellen konnte. Er sagte dazu: »Sie hatte nicht das Gefühl, daß sie eigentlich schön war. Sie wußte nur, daß sie sexuell anregend war.« Aber genau diese Vorstellung, vor allem eine sexuelle Anregung für Männer zu sein, gehörte zu Monroes etwas hysterischer Tendenz.

Wie Greenson überspitzt bemerkte, war das einzige, was ihr Stabilität verlieh, die Attraktivität ihres Körpers« (Summers, 1992, S. 261). Und in gewisser Hinsicht hatte er damit Recht, denn es war wirklich ihre erotische Attraktivität, die sie stabilisierte. Andererseits wäre für Lacan diese Stabilität äußerst fragwürdig gewesen, und genau diesen Aspekt hätte er zu Monroes problematischer, narzißtischer Lebensweise gerechnet. Das ganzheitliche Trugbild ihres schönen Körpers gibt ihr nämlich, insofern sie selbst davon fasziniert ist und nicht bloß andere, nur eine imaginäre und keine symbolische Stabilität.

Für Greenson zeichneten sich im Sommer 1961 zwei Hauptprobleme bei Monroe ab: »zwanghafte Angst vor Homosexualität und ihr Unvermögen, Kränkungen jeder Art zu bewältigen« (Summers, 1992, S. 328). Ihre Homosexualität steht ebenfalls in einer engen Verbindung zu ihrem Narzißmus, und die zwanghafte Angst davor verhinderte ihre weitere psychische Dekompensation, weil sie damit ausschloß, daß Monroe das Objekt ihres Begehrens *nur* von sich selbst ableitete. Monroes zwanghafte Problematik insgesamt hat nach meiner Ansicht allerdings noch einen viel umfangreicheren Charakter, welcher auf ihrer Erziehung basiert, auf die ich sehr genau eingehen werde.

In der Fallmaterialkartei von Anna Freud, bei der Monroe 1956 in einer sehr kurzen Behandlung in London war, steht eine ähnliche Diagnose wie bei Greenson:

>»Emotional unstabil, übertrieben impulsiv, bedarf ständiger äußerer Zustimmung, erträgt es nicht, allein zu sein, neigt zu Depressionen bei Zurückweisungen, paranoid mit schizophrenen Einschüben« (Berthelsen, 1989, S. 140).

Die Depression bei Zurückweisung und der Bedarf nach kontinuierlicher Zustimmung zeigen tatsächlich, wie instabil und abhängig von anderen Monroes wichtigste Relation zum Anderen war. Nach ihrem Tod beschrieb Greenson ein ähnliches Charakterbild, indem er sie als eine Frau mit »extrem labilen psychischen Strukturen (...) Ich-Schwäche und gewissen psychotischen, darunter auch schizophrenen Symptomen« bezeichnete (Summers, 1988, S. 35). Greenson ging sogar soweit, Monroe auch einmal in einem Brief an eine Freundin wütend eine Schizophrene zu nennen (Spoto, 1994, S. 512–513). Dieses trifft nach meiner Ansicht nicht mehr zu. Aber in einer abgemilderten Form würde ich Greenson sehr wohl zustimmen, wenn er Monroe eine leicht schizophrene, oder wie man wohl besser sagen kann, schizoide Tendenz zuspricht, die ich ebenfalls versuchen werde, eingehend zu beschreiben. Auch würde ich seiner und Anna Freuds Diagnose insgesamt zustimmen, welche den Hauptakzent mehr auf die psychotischen Störungen als auf ihre neurotischen Kompensationen richtet, die ich aber ebenfalls so genau wie möglich schildern möchte.

Trotzdem ist es natürlich eine legitime Frage, ob diese Einschätzungen aus der Ich-Analyse, die wie so oft über eine knappe Diagnose, eine Klassifikation der Symptome, nicht hinausgehen, ohne eine Schilderung der Zusammenhänge überhaupt hinreichend sind. Die Darstellung dieses Zusammenhangs und vor allem die Bedeutungen und Wirkungen für das Subjekt sollen aber nun mit Hilfe der Technik der Psychoanalyse, wie sie Freud und dann Lacan betrieben haben, eingehend und verständlich rekonstruiert werden.

Zuvor möchte ich einleitend ein paar ganz allgemeine Überlegungen vornehmen und das Phänomen Monroe in einem aktuellen, kulturellen Kontext untersuchen.

Einleitung: Die Blondine und das Böse

Monroe: »Ich gerate ständig in das Unbewußte der Leute.«
(Mailer, 1992, S. 96)

Die Blondine ist eine primär männliche Klassifizierung eines bestimmten Frauentyps, welcher in unserer Kultur mit den Attributen von Naivität, Offenheit, Sanftheit und Verführung versehen worden ist. So gesehen ist *blond sein* mehr eine Lebensphilosophie als nur eine Haarfarbe. Da bei vielen Blondinen die Haarfarbe künstlich mit Wasserstoffsuperoxyd in übertriebener Form hergestellt wird, wie auch bei Monroe, versuchen offensichtlich viele Frauen, diesem Lebensstil äußerlich nachzukommen oder nur ein Cliché nachzuahmen, ohne dafür den Charakter wirklich mitzubringen. Als Monroe einmal gefragt wurde, ob sie eine natürliche Blondine sei, gab sie dem Journalisten eine klare Antwort: »There's only one sort of natural blonde on earth: albinos« (Luijters, 1991, S. 92).

Monroes Karriere ist ohne ihre Haarfarbe nicht denkbar gewesen. Der erste umfassende Aufsatz über sie heißt: »Die Blondine des Jahres 1951« (Leaming, 1999, S. 47). Für eine Schülerzeitung schrieb sie selbst 1941 einen Artikel über das favorisierte weibliche Objekt der Männerwelt: »Nachdem wir rund 500 Fragebögen ausgewertet haben, sind wir zu dem Ergebnis gekommen, daß Männer als Traumfrauen Blondinen bevorzugen« (Spoto, 1994, S. 73). Und *Gentlemen Prefer Blondes* ist nicht zufällig der Monroefilm, welcher ihr Star-Image am meisten prägte.

Zunächst war die brünette Norma Jeane Baker überhaupt nicht von der Idee begeistert, sich die Haare bleichen zu lassen. Schließlich willigte sie für einen Auftrag als Fotomodel, der dies erforderte, trotz ihres Unbehagens ein. »Als sie sich zum erstenmal im Spiegel sah, hatte sie kein gutes Gefühl, sie kam sich mit einmal so unnatürlich vor. ›Das war nicht wirklich ich.‹« »Eine gebleichte Blondine ist nichts Natürliches und kann deshalb nicht die üblichen Kleider, nicht das übliche Make-up tragen, und sie muß auch anders sein und anders leben. Sie wird in gewisser Hinsicht zur Montage« (Zolotow, 1962, S. 54). Durch die Stilisierung zum Mädchen mit den leuchtenden, blonden Haaren wurde Monroe von sich selbst entfremdet. Sie wurde so zu einem Bild, zum imaginären Typus eines Sujets, mit dem sie sich zunächst gar nicht identifizieren konnte. Sie wanderte in den kulturell codierten Schauplatz ein und trat das tradierte Hollywooderbe an, das sie über ihre Haarfarbe spezifizierte und rezipierte. Die Künstlichkeit der Blondinenrolle wird sie immer begleiten und ihr häufig das Gefühl geben, nicht ganz echt zu sein (Monroe, 1992, S. 20). Auf der anderen Seite spielte sie diese Rolle auch gern. So nahm sie beispielsweise nicht am damaligen Bräunungsboom teil und setzte dem entgegen, daß sie »lieber das Gefühl« habe, »am ganzen Körper blond« zu sein« (Zolotow, 1962, S. 110).

Monroe hatte die dumme, naive Blondine zu spielen, die von nichts außer Sex wirklich Ahnung hatte. »Die *New York Daily News* schrieb über *Liebling, ich werde jünger*: ›Marilyn Monroe kann dümmer aussehen und spielen als alle anderen Blondinen, die sich zur Zeit auf der Leinwand tummeln.‹ Wie berichtet wird, nahm Marilyn dies als Kompliment auf« (Summers, 1988, S. 103). Sie wurde berühmt, indem sie ein Cliché perfektionierte, und es schien ihr durchaus Spaß zu machen, stets die Flirtende und Ahnungslose zu spielen, die es dabei aber auch häufig genug raffiniert auf ihren eigenen Vorteil abgesehen hatte.

Sehr bald schon beanspruchte die Monroe die Monopolstellung als Blondine in ihren Filmen. »Es war ein ungeschriebenes Gesetz, daß in Monroefilmen keine Blondinen mitwirken durften. Schon bei den Dreharbeiten zu *Niagara* (...) hatte eine blonde Schauspielerin, die für eine Nebenrolle vorgesehen war, durch eine Rothaarige ersetzt werden müssen« (Brown/Barham, 1992, S. 131). »Marilyn fand Hopes langes Haar in *Bus Stop* zu hell und bestand darauf, daß es dunkler gefärbt wurde« (Wayne, 1994, S. 137). Diese Ablehnung einer möglichen, konkurrierenden Doppelgängerin mit ähnlicher Haarfarbe zeigt, wie sehr sich der Filmstar Monroe über das Blond definierte. Sie wußte anscheinend sehr genau, daß die Blondine ihre Domäne war, und arbeitete an ihrem perfekten Abbild.

Das Blond durchlief in ihren frühen Filmen eine ganze Skala von verschiedenen Nuancen:

> »In *Asphalt Jungle* war sie aschblond, in *All About Eve* goldblond, in *Young as You Feel* silberblond, bernsteinblond in *Let's Make It Legal*, rauschblond in *Love Nest*, honigblond in *Full House* topasblond in *We're Not Married* und in *Don't Bother to Knock* endlich hatten ihre Haare ihr eigenes dunkelblond. In *Monkey Business* war sie dann bei einer blassen Schattierung angelangt« (Zolotow, 1962, S. 132).

In der Zeit ihrer großen Erfolge trug sie zumeist ein leuchtendes hellblond. In *The Misfits* wurde, um den zeitlichen Aufwand, den ihre Frisur benötigte, zu verkürzen, mit blonden Perücken gearbeitet (Arnold, 1988, S. 72), und sie trug hier auch manchmal Zöpfe.

Aber was ist eine Blondine? Was symbolisiert die Haarfarbe? Oftmals haben kleine Kinder blonde Locken, die nachträglich dunkel werden, so auch die von Norma Jeane Baker. Insofern Kindheit in unserer Gesellschaft mit Unschuld gleichgesetzt wird, bekommt die Haarfarbe einen symbolischen Gehalt. Das Leben selbst verdunkelt die Haarfarbe. Innerhalb der christlichen Lichtmetaphorik steht das Blond auf einer Achse mit dem Gold. Das Gold wiederum symbolisiert das Licht, welches für die göttliche Beseelung steht. Deshalb werden die Blondinen oft als unschuldige Engel bezeichnet. Ihre blonden Haare sind ihr *heruntergefallener* Heiligenschein, der optische Ausdruck ihrer Infantilität, ihrem Königsweg zum Himmelreich. Laut Spoto trug die Monroe während ihrer erfolgreichsten Periode ein schimmerndes »Heiligenschein-Blond«, das später zu platinblond wechselt (Spoto, 1994, S. 99). Und Mailer spricht von ihr, als dem letzten Engel des Kinos oder des Sexes (Mailer, 1993, S. 17).

In *Gentlemen Prefer Blondes* wurde die Blondine (Monroe) als Kontrast zu ihrer schwarzhaarigen Freundin (Jane Russel) von dem Regisseur Howard Hawks in Szene gesetzt. Dabei spielte Russel einen wesentlich maskulineren, realitätsbezogeneren und smarteren Frauentyp, gegenüber dem die Blondine verträumt und mit ihren Märchenphantasien vom großen Geld sogar verklärt wirkte.

Allgemeiner und sicherlich nicht ohne Ausnahmen lassen sich vielleicht drei Frauentypen in einer kulturellen Klassifizierung durch die Haarfarbe unterscheiden: Sind die schwarzhaarigen Frauen in diesem holzschnittartigen Schema eher die anrüchigen, berechnenden, kühlen ›femmes fatales‹, so sind die Blondinen die gewöhnlichen, naiven, sensiblen, infantilen, unschuldigen Engel, und die Rothaarigen sind die abstrusen, verhexten, mysteriösen, eigenwilligen Frauen. Die Blondinen und die Schwarzhaarigen bilden ein Gegensatzpaar, ganz wie das Schwarz-Weiß-Denken oder die Licht-Finsternis Metaphorik der Bibel. Die Rothaarigen bilden wiederum eine ganz eigene Fraktion, die eher heidnischer Natur ist. Dies ist zwar nur *eine* mögliche Skizzierung, die aber eine nicht unerhebliche Popularität besitzt. Das künstliche Herausstellen der Haarfarbe, wie im Falle von Marilyn Monroe, betont meistens die Zuordnungen, die aus diesem Raster resultieren.

Der Ausdruck »Blondine« bezeichnet aber über die Haarfarbe hinaus vor allem eine bestimmte Lebenseinstellung, weshalb es meiner Ansicht nach auch Blondinen mit anderen Haarfarben gibt und umgekehrt. Die Blondine wird also nicht bloß durch ihre Haarfarbe rein äußerlich definiert, sondern maßgeblich durch ihre emotionale Naivität, welche eine starke Verführungskraft besitzt. Naivität ist seit jeher erotisch, weil sie die Komplexität der Welt durch Simplifizierung umgestaltet. Die Vereinfachung selbst ist ein lustvoller Prozeß, weil sie – wie der Platonische Eros oder das Freudsche Lustprinzip –

27

von der Idee der Verschmelzung getragen wird. Differentes oder sogar Konträres zusammenfallen zu lassen, macht Spaß.

»In der Psychoanalyse, oder genauer im Diskurs von Freud, kündigt sich dies an vom Eros her, definiert als Verschmelzung, die aus Zwei eins macht, vom Eros her, der, näher und näher, dazu tendieren soll, nur eins zu machen aus einer unermeßlichen Vielzahl« (Lacan, 1986, S. 73f).

Die Naivität, mit der die blonde Kindfrau die Komplexität der Welt in ihre emotionale Sehnsucht nach Liebe überführt, stiftet einen Mythos, der in der Lage ist, den gesamten menschlichen Horizont in einer einzigen Bewegung einzuschließen. Eros stiftet das *'S gibt Ein*. »Es ist von da, daß sich der Nerv dessen fassen läßt, was wir bei dem Namen nennen sollten, mit dem die Chose widerhallt durch alle die Jahrhunderte, nämlich die Liebe« (Lacan, 1986, S. 74). Was kann verlockender sein, als das gesamte, komplizierte Projekt *Mensch* auf seinen einfachen, erotischen Liebesanspruch zu subsumieren?

Bekanntlich wird die Blondine aber genau deshalb auch für dumm gehalten. Weniger bekannt ist die Lacansche Umwertung der Dummheit, »denn das Höchste an Intelligenz ist, dumm zu sein« (Lacan, 1980, S. 233). Noch präziser hat Freud den Vorgang des Denkens schon zuvor energetisch abgewertet: »Urteil, Denken usw. sind gehemmte energetische Abfuhren. Das ist die Konstruktion, die immer die Freuds bleiben wird, wenn er sagen wird, daß das Denken ein auf dem Niveau des Besetzungsminimums gehaltener Akt ist. Es ist gewissermaßen ein simulierender Akt« (n. Lacan, 1980, S. 145).

Diese Simulation, welche im Denken liegt, scheint der Blondinen unmittelbar bewußt zu sein, weshalb sie auf die komplizierten Verknüpfungen unserer geistigen Hochkultur nur mit unmittelbaren erotischen oder emotionalen Interessen antworten kann. Der vorwiegend den Männern zugerechneten Simulation von Weltaneignung durch das Denken setzt die Blondine einen gefühlsbetonten, erotischen Zugang entgegen, der sich nicht nur vom Geist, sondern auch vom Körper aus bestimmt. Sie kann beispielsweise die Weltgeschichte nicht distanziert und abstrakt betrachten, sondern immer nur unmittelbar von ihrem Hier und Jetzt aus verstehen. So hat Marilyn Monroe Napoleon nur begreifen können, indem sie sich selbst als Josephine, seine Geliebte, situierte und viele Bücher über diese Frau las (Summers, 1988, S. 171). Andererseits werden aber gerade Blondinen auf einer geistigen Ebene oft in Zusammenhang mit *verschrobenen* Wissenschaftlern gebracht, weil die Ansichten von beiden als versponnen und weltfremd gelten. Tatsächlich bewunderte Monroe Albert Einstein und sein Foto hing in vielen ihrer Wohnungen (Victor, 1999, S. 92).

Blond ist umgangssprachlich ein Synonym für eine bestimmte Art von primär weiblicher Naivität gekoppelt mit viel Sex-Appeal, über die man(n) sich amüsiert. Diese Naivität resultiert aus einer erotisch-zärtlich geprägten Weltsicht, in der sich das Subjekt nur in einem gefühlsbetonten Verständnis zu den Dingen in Beziehung setzt. Die Blondine, so der Vorwurf, hat nicht verstanden, daß die Welt und die Menschen nicht nur gut, sondern gleichzeitig auch böse sind. Wer blond ist, glaubt stets an die ungebrochene Kraft der Liebe, der Harmonie und der Zuneigung – bei sich selbst und bei den anderen. Die Blondine ist fest davon überzeugt, daß das Liebesbett die Begegnungsstätte der Menschheit ist, und daß sich hier auch alle wesentlichen Probleme lösen lassen. Die Blondine sieht die Welt in den rosaroten Tönen einer liebevollen und zugleich erotischen Atmosphäre. Deshalb wird ihr unterstellt, sie phantasiere bloß, weil jeder wisse, daß die Welt nicht so sei.

Die Bösartigkeit der Menschheit wird von ihr geleugnet. Unzählige Horrorfilme dementieren die Blondinenthese von einer heilen Welt und zeigen, wie das Böse gegen sie auf den Plan tritt und auch häufig genug gewinnt. Ihr Harmoniebedürfnis wird zerschlagen, und an die Stelle zärtlicher Geborgenheit tritt rasende Aggression. Monroe sagte in ihrer Rolle in *The Seven Year Itch*, nachdem sie einen frühen Horrorfilm gesehen hat, über das Monster: »Der Unmensch sah ziemlich grauenhaft aus. Aber er war nicht durch und durch böse. Er sehnte sich wohl nur nach etwas Zärtlichkeit. Er war so einsam und suchte ein Wesen, das ihm endlich Liebe schenkt.« Damit schrieb sie einen Teil der Bösartigkeit des Unmenschen gemäß ihrer Blondinenphilosophie einfach seiner unerfüllten Liebessehnsucht zu.

Dieser Erklärung widerspricht Freud, wenn er behauptet, daß es auch einen Trieb im Menschen gibt, der ihn dazu nötigt, Aggressionen gegen seine Mitmenschen austoben zu wollen:

»Das gern verleugnete Stück Wirklichkeit hinter alledem ist, daß der Mensch nicht ein sanftes, liebenswürdiges Wesen ist, das sich höchstens, wenn angegriffen, auch zu verteidigen vermag, sondern daß er zu seinen Triebbegabungen auch einen mächtigen Anteil von Aggressionsneigung rechnen darf. Infolgedessen ist ihm der Nächste nicht nur möglicher Helfer und Sexualobjekt, sondern auch eine Versuchung, seine Aggression an ihm zu befriedigen, seine Arbeitskraft ohne Entschädigung auszunutzen, ihn ohne seine Einwilligung sexuell zu gebrauchen, sich in den Besitz seiner Habe zu setzen, ihn zu demütigen, ihm Schmerzen zu bereiten, zu martern und zu töten« (Freud, 1974, S. 240).

Freud steht damit in der Tradition einer ganzen Reihe von Theoretikern, welche ein offenes Aggressionsverhältnis zwischen Menschen situieren, dessen Ursprung Lacan in der Darstellung des Spiegelstadiums beschrieben hat. Die berühmteste Formel für dieses Verhältnis lautet: ›*Homo homini lupus*‹ (Der Mensch ist dem Menschen ein Wolf). Und »wer hat nach allen Erfahrungen des Lebens und der Geschichte den Mut, diesen Satz zu bestreiten?« (Freud, 1974, S. 240). Der Aggressionstrieb ist ein Abkömmling und Hauptvertreter des Todestriebes und liefert sich, wie Freud es beschreibt, mit seinem großen Gegenspieler *Eros* den Kampf um die Weltherrschaft. »Und diesen Streit der Giganten wollen unsere Kinderfrauen beschwichtigen mit dem ›Eiapopeia vom Himmel!‹« (Freud, 1974, S. 249).

Einen wesentlich realistischeren Standpunkt gegenüber dieser Problematik nahm beispielsweise Jodie Foster ein, welche sich selbst mit 18 Jahren einmal als eine doofe Blondine, allerdings als eine *starke*, doofe Blondine, bezeichnete (Chunovic, 1997, S. 87). Foster sagte bei einer Oscarverleihung: »Grausamkeit ist wahrscheinlich eine sehr menschliche Eigenschaft, ein Bestandteil unserer Kultur. Aber trotzdem darf man sie nicht akzeptieren« (Heinzelmeier, 1993, S. 31). Gegenüber dieser moralisch vernünftigen Abwehr des Bösen, dessen Existenz nicht verleugnet, sondern verurteilt wird, verhält sich eine *richtige* Blondine naiver. Sie versucht, das aggressive, destruktive Triebpotential durch ihre sanfte, zärtliche und erotische Gesinnung zu bannen und ihm so jede Berechtigung von vornherein abzusprechen.

Ursache dieser vereinfachenden Haltung, welche nicht auf großen Moralüberlegungen basiert, ist die Angst vor dem unmittelbaren Liebesverlust. Die Blondine ist zur Destruktivität nicht fähig, weil sie etwas fürchtet, das mit dem Ausleben ihrer aggressiven Kräfte ursprünglich in engstem Zusammenhang steht:

»Das Böse ist oft gar nicht das dem Ich Schädliche oder Gefährliche, im Gegenteil auch etwas, was ihm erwünscht ist, ihm Vergnügen bereitet. Darin zeigt sich also fremder Einfluß; dieser bestimmt, was Gut und Böse heißen soll. Da eigene Empfindung den Menschen nicht auf denselben Weg geführt hätte, muß er ein Motiv haben, sich diesem fremden Einfluß zu unterwerfen. Es ist in seiner Hilflosigkeit und Abhängigkeit von anderen leicht zu entdecken, kann am besten als Angst vor dem Liebesverlust bezeichnet werden. Verliert er die Liebe des anderen, von dem er abhängig ist, so büßt er auch den Schutz vor mancherlei Gefahren ein, setzt sich vor allem der Gefahr aus, daß dieser Übermächtige ihm in Form der Bestrafung seine Überlegenheit erweist« (Freud, 1974, S. 251).

Die Verbindung des Liebesverlustes mit der Gewissensinstanz ist in der Blondinen noch unmittelbar präsent. Es gibt hier keine abstrakte, verselbständigte Moral, sondern bloß eine konkret personifizierte. Sie würde alles tun, um von dem von ihr geliebten Objekt ebenfalls geliebt zu werden. Freuds Formel über das Böse könnte deshalb als ihr direktes Handlungsmotiv gelesen werden: »Das Böse ist also anfänglich dasjenige, wofür man mit Liebesverlust bedroht wird, aus Angst vor diesem Verlust muß man es vermeiden« (Freud, 1974, S. 251). Wegen dieser *sozialen* Angst steht die Blondine automatisch auf der Seite des Guten und tritt den universalen Kampf gegen das Böse an. »Anyone who has ever entertained resentment against the good for being good, against the vulnerable for being vulnerable, is the opponent of Monroe« (McCann, 1988, S. 213).

Bekanntlich ist das Böse im Menschen ein defizienter Modus seiner Seinsmöglichkeiten, zu deren Entfaltung die Liebe zum anderen das Fundament liefert. Aber wie es die Freudsche Kulturdiagnose so prägnant getan hat, ist mit diesem Bösen auf jeden Fall und in jedem Menschen zu rechnen, es ist *einer* von seinen zwei entscheidenden Trieben. Monroe trat nun aufgrund ihrer schwierigen Kindheit sehr deutlich mit allen Mitteln, welche ihr zu Verfügung standen, an, um dieses Böse zu überbieten.

Und auch Freud selbst beschwört Eros als Mittel gegen den Todestrieb im Kriegsfall:

»Wenn die Bereitwilligkeit zum Krieg ein Ausfluß des Destruktionstriebs ist, so liegt es nahe, gegen sie den Gegenspieler dieses Triebs, den Eros, anzurufen. Alles, was Gefühlsbindungen unter den Menschen herstellt, muß dem Krieg entgegenwirken« (Freud, 1974, S. 283).

Wie man sich den Kampf der Blondinen gegen das Böse vorzustellen hat, läßt sich sehr gut anhand einer nie gedrehten Filmsequenz mit Marilyn Monroe illustrieren:

»Delmore Schwartz schlug vor, man solle einen Film vom Paradies drehen, in dem Marilyn die Eva spiele. Raymond Massey solle ihr als Schlange den Apfel offerieren, den Miss Monroe als Eva prompt mit der Bemerkung ablehne, sie komme prächtig mit Adam aus, sei glücklich verheiratet und brauche kein Obst. Dann gäbe es zwei Möglichkeiten: Entweder werde die Schlange wie ein aufdringlicher Vertreter fortgeschickt, oder Eva bringe sie unter Einsatz all ihrer Verführungskunst dazu, den Apfel selbst zu essen, eliminiere damit den Teufel, reinige die Welt von Bösem und bringe die Affäre zum tollsten Happy-End, das Hollywood je in einem Film zuwege brachte« (Zolotow, 1962, S. 339).

Monroes scheinbar naives Liebesgefühl übervorteilt hier den Teufel, welcher entweder einfach als überflüssig fortgeschickt wird, oder unter dem kompletten Einsatz ihrer erotischen Kräfte dazu gezwungen wird, sich letztendlich selbst zu zerstören. Anhand dieser Version von Bibelverfilmung würde man auch Arthur Millers persönliche Kritik an Monroe, die er in seinem Theaterstück *After the Fall* ausführlicher beschrieben hat, gut nachvollziehen können. Miller behauptet darin, daß Monroe den Sündenfall verleugnen würde und daß deshalb ihre Unschuld sie getötet habe (Miller, 1964, S. 109f). Miller riet ihr dazu, sich die eigenen Aggressionen gegen andere einzugestehen. Allerdings ließe sich seine Argumentation auch umdrehen: Für die Blondine hätte die Vertreibung aus dem Paradies nicht stattgefunden, wenn Adam und Eva sich in der Tat völlig geliebt hätten. Die Schlange wäre dann eine Nebensache, die letztlich dazu verführt würde, an sich selbst, an ihrer eigenen Bösartigkeit, zugrunde zu gehen. Die Neuschreibung vom nie stattgefundenen Sündenfall ist deshalb so unschlagbar, weil sie den Liebesanspruch, welcher das Christentum ohnehin als Zentralaussage in sich trägt, mit der Erotik verschmelzen läßt und so jede Destruktion als eine von vornherein zum Scheitern verurteilte Form überzeugend darzustellen weiß.

Es gibt eine ähnliche Sequenz in *Gentlemen Prefer Blondes*, in der Sir Beekman (Charles Coburn) Lorelei Lee (Monroe) zeigt, wie im Dschungel eine Ziege von einer Schlange erdrückt wurde. Er macht es ihr vor, indem er die Schlange spielt und sie die Ziege ist. Und es liegt an Lorelei Lees Naivität, daß sie keinerlei Einwände dagegen zu haben scheint, von einem älteren Herrn zu reinen *Demonstrationszwecken* eng umschlungen zu werden. Auch hier wird das Bild einer bösartigen, tödlichen Umschlingung im erotischen Verführungsspiel zum harmlosen Annäherungsversuch eines älteren Herrn umgewandelt, dessen Interessen Lorelei Lee gar nicht so recht zu bemerken scheint, sosehr hat sie sich in seine Erzählung hineinphantasiert. Aber auch die Schlange mit Namen Beekman will sie eben nicht töten, sondern bloß möglichst eng umarmen. Die Szene zeigt, wie sich Bilder aus der Welt des Destruktionstriebes Thanatos in vom Eros getragene umwandeln lassen.

Die Blondine scheint dabei, eine so große Fähigkeit und ein so tiefes inneres Verlangen danach zu haben, Eros heraufzubeschwören, um mit anderen Menschen, die sie mag, so eng wie möglich zu verschmelzen, daß ihr alles andere vollkommen gleichgültig ist. Das hat Hintergründe, die gerade im Fall von Marilyn Monroe, die (wenn man so will) bis heute den Gipfel des *Blondinenwahns* darstellt, vollkommen deutlich nachvollziehbar sind.

1. Die konstruktive Aneignung der Geschichte in der Psychoanalyse

Weshalb die frühkindlichen Erfahrungen einen so großen Stellenwert innerhalb der psychoanalytischen Theorie einnehmen und wie die historische Dimension hier überhaupt betrachtet wird, möchte ich zunächst einmal recht kurz allgemein erklären, bevor ich dann im Detail mit dem Versuch einer Rekonstruktion von Monroes Kindheit beginne.

Für den Psychoanalytiker Jaques Lacan stellt jede psychische Krankheit eine berechtigte Frage dar, deren Antwort das Subjekt nicht kennt. All diese Krankheiten haben den Hintergrund gemeinsam, daß sie eine geschichtliche Lücke betreffen, etwas, was in der Genese des psychischen Subjekts nicht verstanden worden ist. Daher stammt ihre Historizität:

> »Die Frage des Subjekts bezieht sich keineswegs auf das, was aus irgendeiner Entwöhnung, Vernachlässigung, irgendeinem vitalen Mangel an Liebe oder Zuneigung resultieren mag, sie betrifft seine Geschichte, insofern es sie verkennt, und da ist das, was es wohl gegen seinen Willen durch sein ganzes Verhalten hindurch ausdrückt, sofern es dunkel danach strebt, sie anzuerkennen« (Lacan, 1980, S. 58–59).

Damit das Subjekt diesen Teil seiner Geschichte verstehen kann, den es verdrängt bzw. nicht anerkannt hat, muß dieser in der Analyse rekonstruiert werden. Die Kritik, welche immer wieder gegenüber dem historischen Nachforschen geäußert wird, dem *Bohren* in der Vergangenheit, die einen maßgeblichen Teil der psychoanalytischen Erfahrung ausmacht, bezieht sich darauf, ob Vergangenes für Gegenwärtiges überhaupt relevant ist.

Nach Freud entwickelte Martin Heidegger, auf den Lacan sich häufig bezieht, innerhalb der Philosophie eine deutliche Definition, mit deren Hilfe sich der Umschlagpunkt von Vergangenheit in Zukunft beim Menschen (Dasein) präzise formulieren läßt. In Heideggers Reflexionen über die Zeit liefert er seinen Begriff der menschlichen Vergangenheit als, wie er es nennt, *Gewesenheit*:

> »Das Vorlaufen in die äußerste und eigenste Möglichkeit ist das verstehende Zurückkommen auf das eigenste Gewesen.« »Nur sofern Dasein

überhaupt *ist* als ich *bin*-gewesen, kann es zukünftig auf sich selbst so zurückkommen, daß es *zurück*-kommt. Eigentlich zukünftig *ist* das Dasein eigentlich *gewesen*« (Heidegger, 1993, S. 326).

Mit anderen und verständlicheren Worten: die Zukunft des Subjekts ist abhängig von seiner Auffassung der Vergangenheit. Es kann sich auf die Zukunft hin nur entwerfen, indem es vergangene Erfahrungen wie ehemals angelegte Ressourcen kreativ zu nutzen weiß. Lacan hat diese These Heideggers grammatisch mit Hilfe des zweiten Futurs auszudrücken versucht:

»Was sich in meiner Geschichte verwirklicht, ist nicht die abgeschlossene Vergangenheit (passé défini) dessen, was ich war, weil es nicht mehr ist, auch nicht das Perfekt dessen, der in dem gewesen ist, was ich bin, sondern das zweite Futur (futur antérieur) dessen, was ich werde gewesen sein, was zu werden ich im Begriff stehe« (Lacan, 1991a, S. 143).

Man kann nur *werden* was man *war*, die Zukunftsgeschichte ist rückbezüglich. Es ist die »vollständige Rekonstruktion der Geschichte des Subjekts«, »die das wesentliche, konstitutive, strukturierende Element des analytischen Vorgangs darstellt« (Lacan, 1978, S. 19). Es ist allgemein bekannt, daß die Technik der Analyse darin besteht, einen verdrängten Teil der Geschichte des Subjekts wiederzuholen und deshalb im Vergangenen zu stöbern – wobei das Verhältnis zu den ersten Bezugspersonen Mutter und Vater immer im Zentrum steht. Oberste Priorität hat dabei nicht die Rekonstruktion der wirklichen Erziehungssituation, sondern wie das Subjekt sie verarbeitet hat. Es geht darum, wie das Subjekt die beiden ersten Gestalten, die in sein Leben getreten sind, Vater und Mutter, wahrgenommen hat und was sie für es bedeuteten. Diese Bedeutungen sind veränderbar, weil das Verhalten der Personen zueinander, ihr Verhältnis, von Interpretationen abhängig ist, die auf Verständnis oder Unverständnis basieren.

Beispielsweise könnte eine von ihrer Mutter abgeschobene Tochter wütend und aggressiv gegen die Mutter reagieren, weil sie deren Verhalten nicht versteht. Sie könnte aber auch verstehen, wieso ihre Mutter so gehandelt hat, und ihr trauernd verzeihen. Entsprechend werden die Beschreibungen der Tochter über ihre Mutter völlig verschieden sein. Der Grad der Verarbeitung der Vergangenheit ist ein vollkommen anderer, und das Bild von der Mutter, die Bedeutung, welche sie für das Subjekt hat, ist eine ganz andere. Während im ersten Fall der Haß über die Abschiebung auch alle positiven Gefühle gegenüber der Mutter zudeckt, wird im zweiten Fall das Verständnis für die Abschiebung den Haß so in Grenzen halten, daß auch die positiven Momente in dieser Relation wieder zur Geltung kommen können. Nur im zweiten Fall besteht die Möglichkeit, sich positiv auf eine Zukunft hin zu entwerfen, während im ersten, der von Unverständnis geprägte Konflikt mit der gesamten Wut des Subjekts in jedes neue, ähnliche Verhältnis übertragen wird.

Ist das Subjekt immer schon gegenwärtig die Summe seiner Geschichten, so sind seine gesamten zukünftigen Möglichkeiten verbunden mit der Auffassung seiner Vergangenheit. Auffassung heißt aber eben, daß die Vergangenheit umgeschrieben werden kann, insofern das Subjekt einen anderen Standpunkt zu ihr bezieht. Innerhalb dieser *Um-schreibung* der Vergangenheit werden verschüttete Relationen und Bedeutungen wieder freigelegt, die dann wie archäologische Funde, anhand derer alte Gebäude rekonstruiert werden, das sichere Fundament liefern können, auf dem das Subjekt ohnehin schon die ganze Zeit hätte stehen können. Leider hatte es dieses Fundament, welches vor allem aus speziellen Bedeutungen besteht, bisher abgelehnt, verdrängt oder verworfen.

Die Aufgabe des Analytikers besteht nun aber weniger in einer tatsächlichen Freilegung der alten Fundamente, sondern in ihrer simulierten *Re-Konstruktion* innerhalb der analytischen Situation.

»Der Analytiker hat von dem, worauf es ankommt, nichts erlebt und nichts verdrängt; seine Aufgabe kann es nicht sein, etwas zu erinnern. Was ist also seine Aufgabe? Er hat das Vergessene aus den Anzeichen, die es hinterlassen, zu erraten oder richtiger, zu *konstruieren*« (Freud, 1992, S. 116).

Diese Re-Konstruktion zielt nicht einfach auf die Wiederholung der historischen Situation ab, sondern auf ihre Integration durch das Subjekt.

»Das exakt Wiederdurchlebte – daß das Subjekt sich an etwas als ihm wirklich zugehörig erinnert, wirklich von ihm erlebt, daß es den Zusammenhang wiederherstellt und es annimmt –, wir finden in den Texten von Freud den ausdrücklichen Hinweis, daß nicht dies das Wesentliche ist. Das Wesentliche ist, nach dem Terminus, den er bis zum Schluß verwendet – die Rekonstruktion« (Lacan, 1978, S. 22).

Und Re-Konstruktion meint eine *neue* Interpretation der Geschichte, einen Standpunkt einzunehmen, den das Subjekt bisher nicht wahr haben wollte, um so ein neues, anderes Verständnis von ihr zu gewinnen. Es handelt sich um eine konstruktive, plausible Interpretation der Geschichte, auf deren Grundlage das Subjekt sie als die seinige anzunehmen weiß. Deshalb können auch *nur* in der Analyse entwickelte Konstruktionen, die nicht aus der Erinnerung des Subjekts hervorgegangen sind, den Ersatz für eine verloren gegangene, verdrängte Erinnerung leisten.

>Oft genug gelingt es nicht, den Patienten zur Erinnerung des Verdrängten zu bringen. Anstatt dessen erreicht man bei ihm durch korrekte Ausführung der Analyse eine sichere Überzeugung von der Wahrheit der Konstruktion, die therapeutisch dasselbe leistet wie eine wiedergewonnene Erinnerung« (Freud, 1992, S. 124).

Die verdrängte, historische Ebene wird in der Analyse durch die Übertragung von dem Analytiker immer wieder neu in Szene gesetzt, unter verschiedenen Blickwinkeln und in verschiedenen Formen, so daß das Subjekt immer wieder neu mit ihr konfrontiert wird.

Damit gelangt das Subjekt schrittweise auf das Niveau des verdrängten Anteils seiner Geschichte und kann seine Libido, die sich von den aktuellen Konflikten zugunsten von Phantasiebildungen abgelöst hat, wieder auf seine menschliche Umgebung beziehen. Der Bann, welcher über den aktuellen Verifizierungsmöglichkeiten liegt, aber seine Ursache in der Geschichte des Subjekts hat, kann so nach und nach zurückgenommen werden. Zuvor wurde diese Geschichte teilweise abgelehnt und war deshalb unkenntlich geworden. Die Phantasiebildungen, welche dem Analytiker, ebenso wie die Träume, Zutritt zur gegenwärtigen Realität des Analysierten verschaffen, können wieder in ein Bezugssystem gestellt werden, welches mit seiner äußeren Realität und deren Bewältigung korrespondiert. Die Erschaffung dieses Bezugssystems geht aber einher mit der Bewältigung, das heißt mit der kompletten Einarbeitung der Vergangenheit, welche die Gegenwart immer schon organisiert hat.

Mit Melanie Klein könnte man auch sagen, daß diese Wiederherstellung mehr eine *Wiedergutmachung* der Geschichte ist, als bloß ihre faktische Reformulierung. Und Lacan beschreibt sie als ein *noch mal schreiben*: »Ich will sagen, daß das, worauf es letzten Endes ankommt, weniger ist, sich der Geschichte zu erinnern, als sie noch einmal zu schreiben« (Lacan, 1978, S. 22). Durch die Entschlüsselung des verdrängten Anteils der Geschichte, seine Re-Konstruktion, erhält das Subjekt die verloren gegangenen Bücher zurück und handelt dann anders als zuvor.

>Es ist immer ein Lernen von jemand, der's das nächste Mal besser machen wird. Und wenn ich sage, daß er's das nächste Mal besser machen wird, dann heißt das, daß er etwas ganz anderes wird tun müssen« (Lacan, 1980, S. 113).

Die Analyse führt und begleitet den Patienten durch zugespitzte symbolische Relationen, innerhalb derer es Sprünge gibt, welche er selbst vollziehen muß: »Es ist etwas, das durch Sprünge, durch Sätze vor sich geht. Es ist immer die strenggenommen unangemessene Anwendung bestimmter totaler symbolischer Relationen« (Lacan, 1980, S. 114).

Der Analytiker muß daher die verdrängte historische Ebene finden und sie reorganisieren. »Der Knotenpunkt der psychologischen Bedeutungen muß gefunden werden, von wo aus sich die krankhaften Verhaltensweisen historisch ordnen« (Foucault, 1968, S. 69). Bei dieser Suche haben die Konstruktionen zunächst einen experimentellen Status. »Wir geben die einzelne Konstruktion für nichts anderes aus als für eine Vermutung, die auf Prüfung, Bestätigung oder Verwerfung wartet« (Freud, 1992, S. 123).

Außerdem sind sie immer nur Annäherungen. Freud vergleicht das Verfahren der Konstruktion sogar mit dem psychotischen Erschaffen eines Wahns.

»Die Wahnbildungen der Kranken erscheinen mir als Äquivalente der Konstruktionen, die wir in dem analytischen Prozeß aufbauen, Versuche zur Erklärung und Wiederherstellung, die unter den Bedingungen der Psychose allerdings nur dazu führen können, das Stück Realität das man in der Gegenwart verleugnet, durch ein anderes Stück zu ersetzen, das man in der frühen Vorzeit gleichfalls verleugnet hat« (Freud, 1992, S. 126).

Innerhalb der gelungenen analytischen Re-Konstruktion findet aber gerade eine Aufhebung der Verleugnungen dieser frühkindlichen Realität statt. Es geht um ihren vom Subjekt *anerkannten* Einsatz.

Ziel der Aufarbeitung innerhalb der Geschichte ist die Anerkennung des Anderen, jenes symbolischen Anderen, durch den sich das Subjekt strukturiert hat. Dieser ist im Gegensatz zum imaginären anderen, der sich nur im Spiegelbild zeigt, nur durch die Sprache erreichbar. Und das Subjekt befindet sich im Bereich seiner Akzeptanz, sobald es sein Sprechen an diesen Anderen adressiert. Von einem gelungenen Sprechen kann hier aber erst die Rede sein, sobald es diesen Anderen als die für ihn maßgebliche anerkennende Instanz akzeptiert hat.

Lacan hat an diese Stelle den Terminus des *vollen Sprechens* gesetzt: »Das volle Sprechen ist dasjenige, das die Wahrheit so visiert, so bildet, wie sie sich in der Anerkennung des einen durch den anderen herstellt« (Lacan, 1978, S. 140). Die analytische Situation, welche schließlich aus der so häufig kritisierten Sprechsituation besteht, in welcher ein Subjekt zu einem Anderen spricht, der mehr aus seinen intrapsychischen Relationen zusammengesetzt ist, als daß er als Person tatsächlich in Erscheinung tritt, soll dem Subjekt zu einem vollen Sprechen verhelfen. In diesem Sprechen sind alle Bedeutungen, die der symbolische Andere besitzt, welche sich aus den Relationen zu den ersten Bezugs–personen ergeben haben, vom Subjekt anerkannt und in seiner Art, sich auszudrücken, integriert. Insofern alles Sprechen sich an einen anderen Menschen richtet, ist dieser hier in einem sehr bewußten Sinn der Adressat, auf den die Rede abzielt.

Im Gegensatz dazu steht das *leere Geschwätz*, welches den Adressaten ignoriert oder sogar attackiert und Bedeutungen entwickelt, die entweder langweilig oder sogar zerstörerisch sind. In dieser Form des Sprechens tritt das Subjekt phrasenhaft auf der Stelle, und es entwickelt keinen kreativen Bezug zu seinen Mitmenschen, sondern versucht, den intersubjektiven Relationen möglichst weit aus dem Weg zu gehen. Das volle Sprechen hingegen zeigt stets eine Wirkung: »Das volle Sprechen ist das Sprechen, das bewirkt. Eines der Subjekte befindet sich, nachher, anders, als es vorher war« (Lacan, 1978, S. 141). Seine Möglichkeiten, immer wieder positive und spannende Bedeutungsgehalte zu produzieren, sind unendlich. Das leere Sprechen hingegen ermüdet schnell.

Das volle Sprechen bildet nun aber keine Realität ab, sondern stiftet die *Wahrheit* des Subjekts. Dies ist das Ziel der Analyse. »Es handelt sich um die Realisierung der Wahrheit des Subjekts als einer eigenen Dimension, die in ihrer Ursprünglichkeit noch vom Begriff der Realität selbst abgelöst werden muß« (Lacan, 1978, S. 30). So kann das Subjekt seine Zukunft aus den Bedeutungen seiner Vergangenheit, die seine Wahrheit sind, in einer fortwährenden Entwicklung immer weiter gestalten:

> »Kategorisch gesagt: es handelt sich in der psychoanalytischen Anamnese nicht um Realität, sondern um Wahrheit; denn es ist die Wirkung des vollen Sprechens, die Kontingenz des Vergangenen neu zu ordnen, indem es ihr den Sinn einer zukünftigen Notwendigkeit gibt, wie sie konstituiert wird, durch das bißchen Freiheit, mit dem das Subjekt sie vergegenwärtigt« (Lacan, 1991a, S. 95).

Die Geschichte wird also in der Psychoanalyse ausschließlich durch ihren Sinngehalt für das Subjekt betrachtet. Es geht um Sinngebung der Handlungen durch die Sprache. »Dieser Sinn macht aus den Handlungen des Subjekts Akte der eigenen Geschichte und gibt ihnen ihre Wahrheit« (Lacan, 1991a, S. 98). Der Patient nimmt dabei, insofern es sich stets um das Verhältnis zu seinen Eltern handelt, die Rolle des Kindes ein:

»Vom Standpunkt des Kindes aus stellt sich die Realität der Familie wieder her. Womit wir Analytiker es zu tun haben, das ist die Beziehung des Kindes zu den Eltern« (Lacan, 1980, S. 57). Also steckt in jedem Erwachsenen ein Kind: »Derart die Familie auf solide Realität der Erfahrung des Kindes zurückzuführen, hatte gewiß seine ganze Tragweite, das Zentrum der analytischen Erfahrung in der Tatsache situieren, daß jedes Individuum ein Kind ist« (Lacan, 1980, S. 57).

Was möchte dieses Kind nun von seine Eltern? Was ist der Hauptbezugspunkt, in dem es ihre Beziehung zueinander herstellt? Lacan sagt es ziemlich deutlich:

»Wenn das Subjekt sich die Frage danach stellt, was es als Kind ist, dann nicht insofern es mehr oder weniger abhängig ist, sondern insofern es anerkannt ist oder nicht, insofern es das Recht hat oder nicht, seinen Namen als Kind von dem und dem zu tragen. Denn insofern die Relationen, in die es einbezogen ist, selbst auf der Stufe des Symbolismus gehoben sind, befragt das Subjekt sich über sich selbst. Das Problem stellt sich also für es in der zweiten Potenz, auf der Ebene der symbolischen Annahme seines Schicksals, im Register seiner Autobiographie« (Lacan, 1980 S. 58).

Hier wird deutlich, daß die symbolische Annahme des eigenen Schicksals für das Subjekt mit der Anerkennung durch einen anderen Menschen verbunden ist. Ist diese Anerkennung ausgeblieben, so wird es für das Subjekt schwierig sein, diesen anderen nun seinerseits anzuerkennen. Dies kann nur mit Hilfe einer Umarbeitung der Geschichte des Subjekts gelingen. Das Subjekt lernt dabei, die frustrierende Nichtanerkennung und ihre Gründe zu verstehen und sich seine Bestätigung ein Stück weit woanders zu suchen. Ebenso erkennt es, daß es von der ursprünglichen Bezugsperson keine so große Anerkennung erwarten kann und warum das so ist.

Eine Möglichkeit, jemanden in einer versteckten Form nicht anzuerkennen, besteht darin, die klassische Double-bind Situation herzustellen.

Das war eine Schwierigkeit, mit der Monroe in ihrer ersten Ersatzfamilie zu kämpfen hatte, in der sie tun konnte, was sie wollte, es war nie *ganz* das Richtige: »Es war schwer, es ihnen recht zu machen. Irgendwie erfüllte ich nie ganz ihre Erwartungen, obwohl ich mich nicht daran erinnern kann, ein besonders schlimmes Kind gewesen zu sein« (Spoto, 1994, S. 31). Laut Spoto war es »fast unmöglich für die Kinder, die Anerkennung ihrer Pflegemutter zu gewinnen« (Spoto, 1994, S. 31).

2. Die Angst vor dem Ersticken

»Caught in the eye of a storm
Where we are born
No truth is spoken
Seems so long ago
And you really don't know
How you got broken
Feel me.«
(Melanie C, 2003, *Melt*)

Das, was das ehemalige Spice Girl Melanie Chisholm in ihrem Song *Melt* sehr sanft besingt und aufzufangen versucht, ist der längst *vergessene* Schrecken des Geburtstraumas und seine Folgen, die in der Tat das zentrale Thema in Monroes Biographie liefern. Dabei setzt Mel C's Song konkret an jenem emotionalen Verschmelzungspunkt (mel-ting point) an, an dem man eine liebevolle Sängerin fühlen soll, die sich genau über jener Bruchstelle situieren möchte, welche einst die Geburt hinterlassen hat. Das Spiel mit ihrem Namen (Mel/Melt) deutet dabei auf die symbolische Ebene dieser Überlagerung als einer Repräsentation, die sich als nicht mehr ausgibt, als sie ist – ein tröstender Ersatz für eine Symbiose, die so niemals mehr zurückkommen kann.

Die erste große Erschütterung im Leben eines jeden Menschen hat nun gerade Freud am *Geburtstrauma* festgemacht. Den uterinen Wasserraum und die Versorgung durch die Mutter muß der Säugling verlassen und wird dazu gezwungen, von nun an selbst zu atmen. Die ursprüngliche, enge Zweisamkeit von Mutter und Kind ist beendet, und das Menschenkind ist von nun an körperlich getrennt von ihr. Diese Erfahrung trägt der Säugling in sich, wenn er in einer späteren Phase erleben muß, daß das nahrungsspendende Objekt, die Mutterbrust, verschwinden kann. Um genau zu sein, müßte man das Geburtstrauma von diesem späteren Entwöhnungskomplex und von allen weiteren Trennungstraumata unterscheiden und feststellen, daß sich in dem zweiten die Erlebnisse des ersten wiederholen und nun erst um ihre eigentliche, psychische Bedeutung für das Subjekt ergänzt werden. Denn bei der Geburt kann der Säugling noch gar keine Objekte wahrnehmen. Deshalb besteht das Geburtstrauma nach Freud auch mehr physiologisch in einem Entzug der bisher gesicherten und geschützten Existenz des Fötus durch die Mutter. Lacan spricht hier davon, daß die frühzeitige Trennung – denn das völlig schutzlose Menschenkind wird stets zu früh geboren – eine dunkle Imago hinterläßt, die erst im Komplex der Entwöhnung einen angemessenen psychischen Ausdruck erhält (Lacan, 1994, S. 51). Darüberhinaus sind aber im Subjekt sogar die vorgeburtlichen Eindrücke so gut gespeichert, daß der Mensch auf spätere Trennungstraumata mit der Vorstellung von einer Rückkehr in den Mutterschoß reagieren kann. Auch wird nach Freud die Geburt bereits als die erste Gefahrensituation erlebt, auf die das Menschenkind mit Angst reagiert. Außerdem wird diese schwierige Situation insofern physiologisch gespeichert, als daß hier die eigene Atmung einsetzt. Das Angstmoment und eine gesteigerte Atmung prägen dann auch die Reaktion des Subjekts in allen späteren traumatischen Situationen. Rückwirkend erhält aber erst das Geburtstrauma jene psychische Bedeutung, deren physische Auswirkungen das Subjekt schon längst deutlich geprägt haben. Sie besteht dann in der Trennung von der Mutter.

Dieses Trennungstrauma ist in jedem Menschen aktiv, doch meistens in gut verarbeiteter Form. Wenn diese Trennung, die sich differenziert fortschreibt, nicht verarbeitet wurde und das Kleinkind sich – aus welchen Gründen auch immer – weiterhin als Teil der Mutter begreift und sich psychisch nicht von ihr trennen kann, kann man nach meiner Ansicht von einem psychotischen Zustand sprechen. Dabei ist das zentrale Motiv des *wirklichen* Durchtrennens der Nabelschnur laut Lacan die symbolische Annahme der Position des Dritten, des Vaters, der Mutter und Kind endgültig voneinander trennt. Wird diese Position des symbolischen Vaters nicht bloß *nicht anerkannt*, sondern einfach gar *nicht richtig gekannt*, daß heißt, schlägt sich ihre Bedeutung nicht fundamental nieder im psychischen Haushalt des Subjekts, so wird die Grenze zwischen Mutter und Kind immer verworren bleiben. Das zentrale, psychische Motiv der endgültigen Trennung ist also die Triangulation der Mutter-Kind-Dyade durch den Vater. Wenn dessen symbolische Position im psychischen Haushalt des Subjekts nicht bloß verdrängt, sondern verworfen worden ist, daß heißt, wenn sie keinen richtigen Zugang zum Bedeutungssystem des Subjekts gefunden hat, dann fehlt sie, und das führt zu keiner neurotischen, sondern primär psychotischen Strukturierung des Subjekts.

Wesentlich ist dabei vor allem, daß die Grenzen zwischen innen und außen, zwischen sich und anderen, nicht deutlich gezogen werden können. Es ist zum einen so, als hätte eine richtige Trennung niemals stattgefunden, und zum anderen wird diese Trennung, das Getrennt-sein vom anderen, nun gerade in starken, emotionalen Verschmelzungsmomenten mit großer Trauer über den Verlust erlebt und sonst oft als eine existentielle Angst empfunden. Die große Sehnsucht, für die ein so geprägter Mensch alles andere sofort aufgeben würde, ist die Wiederverschmelzung mit einem anderen Menschen. Dies aber ist allein in der Liebe möglich, die deshalb nahezu existentielle Züge annimmt.

Andererseits entwickelt ein Psychotiker, insofern es sich um einen Paranoiker handelt, durch die fehlende Trennung von der Mutterimago extrem schnell Aggressionen gegen diese, welche dann durch den Prozeß der Projektion auf das mütterliche Objekt übertragen werden können. Bei Monroe läßt sich eine solche Phantasie, die sich auf das Atmen bezieht, tatsächlich finden:

> »Meine früheste Erinnerung? ... Das ist eine Erinnerung an einen Kampf ums Überleben. Ich war noch ganz klein ... ein Baby in einem Bettchen, ja ich kämpfte um mein Leben. Aber ich möchte darüber nicht sprechen, wenn es Ihnen nichts ausmacht, das ist eine grausame Geschichte, die nur mich etwas angeht, wie ich schon sagte« (Monroe, 1992, S. 13).

Tatsächlich hat sie über diesen ersten Kampf in ihrem Leben häufiger berichtet. Angeblich soll 1927 die Großmutter versucht haben, ihre Enkelin, welche gerade mal ein Jahr alt war, im Kinderbett zu ersticken: »Ich weiß nur noch, daß ich aus dem Schlaf auffuhr und um mein Leben kämpfte. Irgend etwas wurde mir vors Gesicht gedrückt. Es konnte ein Kopfkissen gewesen sein. Ich kämpfte mit aller Macht dagegen an« (Mailer, 1992, S. 38). Es wird unterstellt, daß sie diese Geschichte einfach erfunden hat, »um Mitleid zu erregen« (Mailer, 1992, S. 40), da sie sich kaum tatsächlich daran erinnert haben dürfte. Das Motiv ist aber auch in ihrem Privatleben so wichtig, daß selbst Arthur Miller es wörtlich in sein Theaterstück *After the Fall*, in dem Monroe (Maggie) eine zentrale Rolle spielt, aufnahm. Er ersetzte allerdings die Großmutter durch die Mutter:

> »Quentin: Sie sagten, Ihre Mutter wäre so moralisch gewesen. Und nun rufen Sie einen verheirateten Mann an.
> Maggie: Ja, einmal wollte sie mich mit einem Kissen ersticken, damit ich nicht so werde wie sie – so schlecht. Wo ich doch ihre Haare habe und ihren Rücken« (Miller, 1964, S. 77f.).

Diese auf Identifikation basierende Todesdrohung durch ihre Mutter gehörte in der Tat ganz zu Monroes paranoider Problematik. Und auch hier taucht das Motiv des versuchten Mordes durch Ersticken auf.

Eine bestätigte Tatsache dagegen ist ein anderer Vorfall. Monroes geistig verwirrte und schwerkranke Großmutter, welche unter einer Herzschwäche und Atemnot litt, wollte ihre Enkelin besuchen. Als bei ihren Adoptiveltern, den Bolenders, niemand öffnete, »zerschmetterte sie vor Wut die verglaste

Haustür mit dem Ellenbogen«. Die Bolenders riefen, wie sie später berichteten, die Polizei. Monroes Großmutter starb kurz nach diesem Vorfall. Auf ihrem Totenschein steht als Todesursache: Herzmuskelentzündung erschwert durch eine »manisch-depressive Psychose« (Spoto, 1993, S. 26).

Der Monroebiograph Mailer verbindet dann Monroes Schlafangst mit jener Todesangst vor dem Ersticken (Mailer, 1992, S. 38) und Arthur Miller beschreibt in *After the Fall*, daß ihre großen Ängste während des Schlafs tatsächlich diese Situation wiederholen konnten:

»Maggie: Ist dort Rauch? *Sie klammert sich mit einem Aufschrei an ihn, er hält sie in den Armen.*
Quentin: Deine Mutter ist tot, Liebste, sie kann dir nichts mehr tun, hab keine Angst« (Miller, 1964, S. 108).

Die Angst vor dem Rauch impliziert die Angst vor dem Ersticken. Nimmt man Millers Beschreibung ernst, so hat die erwachsene Frau hier im Halbschlaf aktuelle, paranoide Angsthalluzinationen, welche – ob nun erfunden und oder nicht – ihr selbst als Anfang ihrer kindlichen Erfahrungswelt galten. Nicht unwesentlich an Monroes Geschichte ist, daß ihre Großmutter damals tatsächlich unter Atemnot litt und kurz nach dem Vorfall darauf gestorben ist. Insofern könnten Monroes Ängste vor dem Ersticktwerden auch auf einer unbewußten Identifizierung mit ihr basieren.

Den Erstickungstod hätte sie als Baby im Schlaf erfahren sollen, so ihre Vorstellung, und der Schlaf sollte zu ihrem wichtigsten Problem überhaupt werden. Schlaf zu finden war, wie Miller und viele andere bestätigten, »die beherrschende Sorge ihres gesamten Lebens« (Mailer, 1992, S. 38). In ihrer Wohnung in Manhattan soll ein Foto ihrer Mutter an ihrem Bett auf dem Nachttisch gestanden haben, vermutlich um den bösen Dämon zu bannen (Leaming, 1999, S. 313 u. S. 341). Monroe konnte nicht einschlafen, weil sie Angst hatte, dann von ihrer Mutterimago erstickt zu werden. Doch anders als bei Sylvia Plath, die in *The Bell Jar* den psychotisch, schizophrenen Rückzug in den uterinen Raum als Abgeschlossenheit von der frischen Luft erlebt und zwischen sich und der Welt eine Glaswand errichtet sieht, die sie nicht mehr durchbrechen kann, war es bei Monroe eine paranoide Angst, welche die eigenen Aggressionen gegen die Mutter in diese Gestalt hineinprojizierte, die dann umgekehrt versuchte, sie zu ersticken.

Monroes Ängste bezogenen sich dabei deutlich auf einen anderen, der sie nachts mit bösen Absichten verfolgte, und auch sonst grundsätzlich vorhanden war. Ihr großes Interesse an ihrer erotischen Gestalt und dem damit verbundenen Spiegelbild dürften den Bezugspunkt zu diesem imaginären anderen stets sichergestellt haben. Deshalb kreisten ihre Ängste um ihre Luftversorgung, die ihr jemand anderes wegnehmen wollte. Bei Plath hingegen wird die eigene Luft unter der Glasglocke, die sich über sie herab gesenkt hat, mit der Zeit säuerlich. Das Sitzen im bloß noch eigenen Dunstkreis, dem jeder Impuls von einem wirklichen Außen abhanden gekommen ist, die völlige Isolation, wird hier als das zentrale Problem geschildert. Monroe hingegen phantasierte in einem ihrer Gedichte den Wunsch nach frischer Luft in einer Nacht, in der Stille herrscht und außer der Nacht selbst kein anderer da ist oder sie beobachtet:

Night of the Nile – soothing –
darkness – refreshes – Air
Seems different – Night has
No eyes nor no one – silence –
except to the Night itself
(Spoto, 1994, S. 315).

Während der Ehe mit Miller wurde dann die Nacht selbst zum Problem. »Marilyn hatte inzwischen Angst, nachts allein zu sein. Lee Strasberg wollte ihr helfen und schlug vor, daß sie bei ihm zu Hause schlief.« »Ich hielt sie ein wenig im Arm und dann schlief sie ein« (Summers, 1988, S. 207). Ein noch deutlicheres Bild von mütterlicher Geborgenheit, in der Monroe in den Schlaf gewogen wird und der Dämon der bösen, mordenden Mutter vertrieben wird, kann man sich kaum vorstellen.

»Der Einbruch der Nacht, die Dunkelheit versetzte sie in Schrecken, vor allem wenn sie alleine war.« In ihrer Therapie bei Ralph Greenson stand ihr Schlafproblem im Mittelpunkt der Behandlung (Brown/Barham, 1992, S. 283). Im März 1961 schrieb sie an Greenson einen Brief, in dem stand:

»Die letzte Nacht konnte ich wieder nicht schlafen. Manchmal frage ich mich, wofür diese Nächte eigentlich da sind. Sie existieren für mich eigentlich nicht – alles kommt mir vor wie ein einziger langer, schrecklicher Tag« (Spoto, 1994, S. 444).

Monroe versuchte, ihren Ängsten durch nächtliches Telefonieren auszuweichen, und ihr zunehmender Konsum von Schlaftabletten basierte von Anfang an auf ihren Schlafproblemen.

»Bei Beginn der Dreharbeiten zu *Blondinen bevorzugt* hatten sich ihre Schlafstörungen so verschlimmert, daß die Studioärzte ihr Seconal, das stärkste auf dem Markt erhältliche Schlafmittel, verschrieben. Als die Arbeit an *Something's Got To Give* begann, nahm Marilyn bereits seit zwölf Jahren regelmäßig Barbiturate« (Brown/Barham, 1992, S. 283).

Es war also kein Zufall, daß sie an einer Überdosis Schlaftabletten gestorben ist.

3. Die ersten Bezugspersonen

»Oh, how I wished I had a dad, too ...«
(Barris, 1995, S. 12)

Monroes erste Bezugsperson ist wie bei allen Kindern ihre Mutter, der dann schon recht bald andere Mütter folgen sollten, die sich um sie kümmerten. Ihren leiblichen Vater hingegen lernte sie vermutlich erst als Erwachsene kennen, wenn überhaupt. Starke Vaterfiguren spielten in ihrer frühen Kindheit kaum eine Rolle. Die wenigen vorhandenen Vaterfiguren waren immer ihren Frauen untergeordnet. Von der Sehnsucht nach einem richtigen Vater erzählte sie deshalb immer wieder in ihren Interviews. Die symbolische Funktion des Vaters hat sie auf eine sehr spezielle Art aufgenommen und diese Ebene war nicht richtig integriert. Durch den Bezug zu dieser zweiten Gestalt wird Monroe später in einer hysterischen-zwanghaften Form ihren Sex-Appeal organisieren. Monroes erste Bezugspersonen, mit denen sie ihr Leben lang in äußerst engen psychischen Verbindungen, die für sie von höchster Bedeutung waren, bleiben sollte, waren aber zwei Muttergestalten.

Allgemeiner muß man vorab sagen, insofern die Geschichte des Subjekts sich über seine ersten Bezugspersonen organisiert, gibt es immer einen Aspekt, welcher über alle Konflikte hinausgeht: das Subjekt liebt seine Eltern, egal was sie mit ihm angestellt haben. Insofern jeder Mensch immer auch ein wenig das Kind bleibt, das er einmal gewesen ist, bleibt auch diese ursprüngliche Erfahrung der Liebe zu den Eltern stets in ihm präsent. »As long as I can remember, I've always loved people«, sagte Monroe in ihrem letzten Interview (Barris, 1995, S. 12), und für sie gilt dies aufgrund ihrer psychischen Disposition gegenüber ihren Müttern in einer ganz besonders intensiven Art und Weise.

Es ist bekannt, daß Monroe nicht bei ihren leiblichen Eltern aufwuchs. Ihr Vater war schon lange vor ihrer Geburt nicht mehr mit ihrer Mutter zusammen. Ihre leibliche Mutter – Gladys Baker – gab sie nach zwölf Tagen zu Pflegeeltern. Norma Jeane Baker, so ihr Taufname, blieb bei den Bolenders bis sie sieben Jahre alt war. Die Bolenders wohnten »25 Kilometer« weit entfernt von ihrer Mutter (Spoto, 1994, S. 23). Für Monroe war dies später ihre erste große Enttäuschung, der sie häufig völlig verständnislos gegenüberstand: »Meine Mutter hat mich nicht gewollt. Wahrscheinlich ging ich ihr im Weg um, und es muß eine Schande für sie gewesen sein, daß ich überhaupt existierte« (Spoto,

1994, S. 25). Diese Beurteilung, daß sie von ihrer Mutter aufgrund einer *emotionalen Ablehnung* abgeschoben worden sei, war ungerecht.

Gladys Baker, damals 24 Jahre alt, war – soweit man weiß – einfach nicht in der Lage, das von ihr geborene Kind auch tatsächlich aufzuziehen. Die junge Mutter hatte zuvor bereits zwei Kinder geboren, welche auch bei anderen Leuten aufwuchsen (Spoto, 1994; S. 16f. Monroe, 1980, S. 7ff.). »Gladys hatte [von ihrer Mutter Della] nicht viel emotionale Sicherheit bekommen und wußte nun auch nicht, wie sie dieses Gefühl den eigenen Kindern vermitteln sollte« (Spoto, 1994, S. 17). Es war Monroes Großmutter Della, die Gladys vorschlug, ihr Kind bei den frommen Bolenders unterzubringen, welche in derselben Straße wie Della wohnten (Spoto, 1994, S. 25). Es ist anzunehmen, daß in der Anfangszeit die Großmutter ihre Enkelin öfter sah als die weiter entfernt wohnende Gladys, was Monroes *Geschichte* von dem Erstickungsversuch durch ihre Großmutter vor allem auf einer psychischen Ebene mehr Evidenz verleiht. So könnte Norma Jeane gespürt haben, daß es im Grunde ihre Großmutter war, die für ihre Abschiebung zu den Bolenders verantwortlich war. Jedenfalls spielte die Großmutter für das Verhalten ihrer Mutter eine entscheidende Rolle.

Für Gladys gab es aber noch andere Gründe, Norma Jeane wegzugeben. Eine alleinerziehende Mutter hatte in den 20er Jahren keinen besonders guten Ruf, vor allem, wenn sie wie Gladys in Scheidung lebte und kein Vater des Kindes anwesend war, um seine Aufgabe zu erfüllen. Außerdem war sie als Cutterin im Filmgeschäft voll erwerbstätig, und es gab niemand, der auf Norma Jeane hätte aufpassen können. Weiterhin wollte Gladys auf die von ihrer Mutter übernommene »Familientradition«, die darin bestand, ein leichtes Leben mit vielen Männern zu führen, anfänglich wegen Norma Jeane wohl auch nicht verzichten (Spoto, 1994, S. 24).

> »You know, my mother was a very attractive woman when she was young, but she used to say the beauty in the family was her mother. My grandmother was something – all the boys were after her« (Barris, 1995, S. 4).

Beide Frauen durchliefen viele Ehen und hatten etliche Männerbekanntschaften, was sich bei Norma Jeane fortsetzen sollte. Doch während Norma Jeanes Kindheit hatte Gladys immer weniger Männerbekanntschaften:

> »I know Mom loved me and tried to make my days happy ones, but most days she seemed sad and lonely. I'm sure it was because there was no man in her life« (Barris, 1995, S. 12).

Spoto schließt nicht aus, daß Gladys ihre Tochter auch ablehnte, weil sie ein Mädchen war (Spoto, 1994, S. 25). Dieser Aspekt ist meiner Ansicht nach äußerst wichtig, weil Gladys – wie viele Mütter – dazu neigte, das Verhalten ihrer eigenen Mutter bei sich in ihrem Verhältnis zu ihrer Tochter zu reproduzieren. Spoto beschreibt, wie Gladys und Della 1921, also fünf Jahre vor Norma Jeanes Geburt, eine Weile zusammen in einem Bungalow mit fünf Zimmern lebten. Beide arbeiteten nicht und gingen ihren Affären mit Männern nach. Da keine von ihnen die Monatsmiete zahlte, kam es schon nach vier Wochen zu heftigen, gegenseitigen Anschuldigungen. Die kurze Eintracht als Wohngenossinnen endete mit der Kündigung (Spoto, 1994, S. 17). In dieser Beschreibung ist von Verantwortung der 42 Jahre alten Mutter gegenüber ihrer 19jährigen Tochter nichts zu spüren. Beide wirken eher wie Rivalinnen, die auf ein- und derselben Stufe stehen. Sprach Gladys gegenüber ihrer Tochter von der Schönheit ihrer Mutter, die sie über ihre eigene stellte, so kann man sich vorstellen, wo in dieser Familie die Akzente gesetzt wurden. Das Verführen von Männern war hier wichtiger, als die Verantwortung für die eigenen Kinder zu übernehmen. Auch ist das gegenseitige Mißtrauen der beiden Frauen untereinander bemerkenswert, wenn jede die andere beschuldigt, das Geld für die Miete »verschwendet oder gestohlen zu haben« (Spoto, 1994, S. 17). Ein engerer Zusammenhalt schien hier völlig zu fehlen, und Spoto beschreibt durchgängig, daß Della ihrer Rolle als Mutter nur unzureichend nachgekommen ist, weshalb Gladys mit dieser Rolle große Schwierigkeiten haben mußte. »In jedem Fall war Gladys offensichtlich nur schlecht gerüstet für die Mutterrolle, und das war ihr bewußt« (Spoto, 1994, S. 25).

Monroe beschrieb ihre Mutter als eine hübsche Frau, die aber wie Buster Keaton nie lächelte (Monroe, 1980, S. 7). Gladys Baker war »eine feingebaute, lebhafte Frau mit einem zierlichen, straffen Körper, rotblondem Haar und lachenden grünen Augen«. Sie war stolz auf ihre Tochter und nahm sie, als sie laufen konnte, mit ins Studio. Norma Jeane war »ein sehr ungewöhnliches Kind«, »weil sie so brav stundenlang stillsaß« (Zolotow, 1962, S. 15). Auf einem Strandfoto mit ihrer zweijährigen Tochter wirkt Gladys Baker ziemlich ernst und sogar ein wenig pikiert (Spoto, 1994, S. 128f.).

Da Gladys ihre Tochter am Anfang regelmäßig besuchte, nahm sie im Leben von Norma Jeane eine wichtige Position ein. Monroe sagte über diese Besuche später in ihrer Autobiographie, welche Ben Hecht nach Interviews mit ihr verfaßte, folgendes:

»Der Tag, an dem meine Mutter in das Haus des Briefträgers kam und mich zu einem Besuch in ihre Wohnung mitnahm, war der erste glückliche Tag meines Lebens, an den ich mich erinnern kann« (Monroe, 1980, S. 9).

Daß eine Frau sich ganz allein nur um sie kümmerte, löst bei ihr eine große Freude aus. Doch die Besuche in der Wohnung ihrer Mutter waren ebenso von Angst begleitet.

>Ich fürchtete mich, wenn ich sie besuchte, und versteckte mich die meiste Zeit zwischen ihren Kleidern im Schrank ihres Schlafzimmers. Sie sprach kaum mit mir, außer um mir zu sagen: ›Sei nicht so laut, Norma‹. Sie sagte dies sogar, wenn ich abends im Bett lag und in einem Buch blätterte. Selbst das Geräusch beim Umblättern machte sie nervös« (Monroe, 1980, S. 10).

Norma Jeane versteckte sich die meiste Zeit in einem phantasierten Innenraum, einer uterinären Höhle, die der Kleiderschrank ihrer Mutter für sie darstellte. In dieser etwas regressiven Handlung zeigt sich, daß das Kind einen Raum aufsuchte, in dem es zumindest in seiner Vorstellung wieder vollkommen mit der abweisenden Mutter verschmelzen konnte. Gleichzeitig entwickelte dieses Kind gerade vor seiner Mutter deshalb so große Ängste, weil es sich nicht als vollkommen getrennt von dieser begriff und so eine äußerst starke Sensibilität für deren Ablehnung besaß.

Gladys Baker hingegen war nervös und streng, weil sie die symbiotischen Wünsche ihrer Tochter weder teilte noch richtig verstand, deren Anhänglichkeit ihr im Grunde sogar lästig war.

Es war dann für Norma Jeane das idealisierte *Bild* ihres Vaters in der Wohnung ihrer Mutter, welches die beiden Frauen voneinander trennte:

»An der Wand hing eine Fotografie. Außer dieser einen gerahmten Fotografie hingen keine Bilder an den Wänden. Jedesmal, wenn ich meine Mutter besuchte, stand ich mit angehaltenem Atem vor dem Bild und fürchtete, sie würde mir verbieten es anzusehen. Ich hatte festgestellt, daß man mir alles verbot, was mir Spaß machte« (Monroe, 1980, S. 10).

Als ihre Mutter Norma Jeanes Interesse entdeckte, schimpfte sie nicht mit ihr, sondern stellte das kleine Mädchen auf einen Stuhl, damit es das Bild besser betrachten konnte: »›Das ist dein Vater‹ sagte sie. Ich war so aufgeregt, daß ich beinahe vom Stuhl fiel« (Monroe, 1980, S. 10).

Die Mutter zeigte ihrer Tochter hier das Bildnis ihres *wirklichen* Vaters und manifestierte ihn so auf der symbolischen Ebene, als etwas, das zwischen ihnen stand. Die Tochter, deren Interesse schon zuvor auf dieses Bild eines Mannes gerichtet war, fiel dabei vor Freude fast vom Stuhl. In dieser fröhlichen Aufregung steckte aber sicherlich auch ein Funken Angst, denn der Vater stellte eine andere und völlig unbekannte Kraft dar, die grundsätzlich von der Mutter und Tochter verschieden war. Er ist *das,* was Norma Jeane von ihrer ödipalen Phase an begehren wird, als dasjenige, was sie nicht ist. Denn man kann nur begehren, was einem fehlt. Phantasien über den Vater überlagerten nun, wie sie in ihrer Autobiographie bekannte, das problematische Verhältnis zu ihrer Mutter. Er ist es, der in ihren Wünschen ihre Einsamkeit beenden soll.

»Ich war zum ersten Mal glücklich, als ich das Bild meines Vaters gefunden hatte. Jedesmal, wenn ich mich an sein Lächeln und den schrägen Hut erinnerte, empfand ich Zuneigung und fühlte mich nicht mehr allein« (Monroe, 1980, S. 10–11).

Das Bild des Vaters, auf den sich das Begehren der Tochter wie das der Mutter richteten, trennte die beiden voneinander und sollte für Norma Jeane zu einem ungefährlicheren Substitut ihrer engen Mutterbindung werden. Gladys führte dieses Bild des Vaters positiv ein – konnte sie sich damit doch der Verantwortung für die Zuneigung ihrer Tochter entledigen. Norma Jeans starke Reaktion auf diese Fotografie verweist bereits auf den irrealen und stark idealisierten Bezug, den sie zur männlichen Welt haben wird. Der Mann war das *äußere* Objekt ihres Begehrens und umgekehrt sollte ihre Entäußerung die Herstellung eines perfekten Bildes von Weiblichkeit sein. Eine Identifikation und Solidarisierung in ihrem Inneren, auf der Ebene eines echten Verstehens, gab es aber nur mit ihrer Mutter. »Wenn ich jetzt an sie denke, schmerzt es mich doppelt so sehr wie damals als kleines Mädchen. Es schmerzt mich für sie und für mich« (Monroe, 1980, S. 7).

Marilyn Monroe sollte immer wieder auf das Foto ihres Vaters in der Wohnung ihrer Mutter zurückkommen. Der Mann darauf hatte Ähnlichkeit mit Clark Gable, der durch *Vom Winde verweht* zum Frauenidol einer ganzen Generation geworden war und der Monroes Liebhaber in ihrem letzten vollendeten Film *The Misfits* spielen sollte. Und es war für Norma Jeane wichtig, daß er einen Schnauzbart trug, denn damit besaß er ein männliches Attribut, was sie niemals haben konnte. Aufgrund dieser Differenz, die ihr Begehren ausmachte, brauchte sie keine Angst zu haben, daß sie mit ihm verschmelzen könnte. Ihr erotisches Begehren schützte sie vor der paranoid-symbiotischen Verschmelzung mit ihm. Durch die Differenz Mann/Frau wird sie von ihrer Mutterimago getrennt. Weil ihr Vater ein Mann ist, kann sie ihre Mutterimago nur begrenzt auf ihn übertragen.

Doch Monroes leicht hysterischer Bezug zu Männern ließ diese Verhältnisse zu ihnen instabil sein und drohte sogar immer wieder die Differenz, die ihr Begehren ermöglichte, zu nivellieren. Die starke Maskerade, mit welcher sie sich später als eine Frau inszenierte, hat gerade am Anfang ihrer Filmkarriere etwas so Künstliches, daß man spüren kann, daß sie bloß aufgesetzt ist. Diese Momente einer bloß inszenierten Differenz kamen unter anderem dadurch zustande, daß ihre Verschmelzungsphantasien ihr doch immer viel wichtiger und wertvoller waren. Sie bilden letztendlich das Zentrum ihres Charakters.

Ihrer Mutter lagen solche symbiotischen Interessen entweder völlig fern, oder sie wehrte sich dagegen. So bestand beispielsweise ihre Arbeit als Cutterin im Filmgeschäft darin, Negativfilme nach Vorgaben anderer gezielt durchzuschneiden (Spoto, 1994, S. 18). Diese Fähigkeit zur Separation war nun vermutlich wiederum ein wichtiger Teil ihres Charakters, und Norma Jeanes Wunsch nach Verschmelzung war auch deshalb so groß, weil er in ihrer Kindheit völlig unerfüllt blieb. Ihre Mutter war eine selbstbewußte, eigenständige, relativ emanzipierte, amerikanische Frau, die wie Monroe es beschrieb, ernst und streng war. Ihr Interesse für die Filmkunst, die Branche in der sie arbeitete, war sicherlich eine Eigenschaft mit der Norma Jeane noch am meisten anfangen konnte.

Gladys Baker besuchte ihre Tochter anfangs häufig am Wochenende und unternahm Tagesausflüge mit ihr, die dann aber immer seltener wurden (Spoto, 1994, S. 27–28). Der kleinen Norma Jeane wurde lange nicht gesagt, daß es sich bei der ›Frau mit den roten Haaren‹ – Gladys trug ihre Haare damals gefärbt –, um ihre Mutter handelte (Spoto, 1994, S. 18–19). Als Monroe später wegen ihrer Karriere ihre Haare bleichen mußte, damit jenes Blond entstand, mit dem sie weltberühmt werden sollte, empfand sie das als einen Identitätsverlust. Vermutlich war dieses Empfinden ein *Nachhall* auf die gefärbten Haare ihrer Mutter, mit der sie schließlich jede Identifizierung vermeiden wollte, aber eben eine fundamentale besaß.

Da Norma Jeane lange in Unkenntnis darüber gelassen wurde, wer ihre wirkliche Mutter war, dachte sie, daß es die Frau sei, bei der sie lebte, also Ida Bolender. Das innerliche Drama, welches Norma Jeane erlebt haben muß als sie über diesen Irrtum aufgeklärt wurde, wurde in Monroes Autobiographie sehr deutlich gleich zu Beginn festgehalten:

»Ich hielt die Leute, bei denen ich lebte, für meine Eltern. Ich nannte sie Mama und Dad. Die Frau sagte eines Tages zu mir: ›Sag nicht Mama. Du bist alt genug, um es zu wissen. Ich bin nicht mit dir verwandt. Du lebst nur hier. Deine Mama wird dich morgen besuchen. Zu *ihr* kannst du Mama sagen, wenn du willst.‹ Danke, sagte ich. Ich fragte sie nicht nach dem Mann, den ich Dad nannte. Er war Briefträger« (Monroe, 1980, S. 7).

Diese Zurücksetzung, die Norma Jeane auch noch mit einem höflichen »Danke« beantwortete, war für das dreijährige Mädchen ein Schock, von dem sie später häufig sprach (Monroe, 1992, S. 14). Er befand sich genau auf der Ebene ihres Trennungstraumas. Sie hatte also gar keine *richtige* Mutter, und das war gerade für dieses Kind ein besonders großes Problem. Wollte ihre Großmutter sie angeblich ersticken, ihre Mutter sie nicht haben und ihre Stiefmutter nicht ihre Mutter sein, so war sie im Grunde von allen Müttern, die sie umgaben, verlassen worden. Da für Norma Jeane aber jede Zurückweisung durch mütterliche Instanzen eine Wiederholung des ersten schlecht verarbeiteten Geburtstraumas war, empfand sie diese Situation als besonders schlimm.

Für diese Frau hatte die anfängliche *Zweisamkeit* mit der Mutter eine so fundamentale Bedeutung, daß sie in ihrer Autobiographie anfängt, Marilyn Monroe und Norma Jeane Baker als voneinander verschiedene Personen zu beschreiben, die im Dialog miteinander ihre Persönlichkeit ergeben. Durch diese sicherlich wichtige Trennung zwischen öffentlicher Rolle und der Privatperson verdoppelte sie letztlich geschickt ihre Persönlichkeit und konnte sich so selbst als Zweisamkeit begreifen. Ihre kindlichen Phantasien, sich mit Filmstars auf der Leinwand zu identifizieren und sich zu verdoppeln, indem sie sie nachspielte, hatten genau dieselbe Struktur. Spielte Norma Jeane zunächst alle Filmfiguren nach, die männlichen auch, so sollte sie später eben nur noch eine Rolle spielen und diese perfektionieren: die von Marilyn Monroe. Aber Norma Jeane sollte nie mit Marilyn Monroe zu einer Person werden, sondern beide sollten unvereinbar bleiben, weil das stets abgelehnte Kind der Gegensatz war und blieb zu dem von allen geliebten Filmstar. Diese wichtige, von Monroe immer wieder unternommene Unterscheidung führte schließlich dazu, daß sie später anfing, gegenüber Freunden vom dem Filmstar in der dritten Person zu sprechen. Damit hatte aber, wie abzusehen war, Norma Jeane als ihre wichtigere und authentischere Persönlichkeit gesiegt. Diese beiden Figuren bildeten aber nicht nur einen Gegensatz, sondern lagen auf ganz unterschiedlichen Ebenen. Marilyn Monroe war eine artifizielle Filmfigur, welche vor allem das Objekt des männlichen Begehrens verkörperte, eine geschaffene Ikone, die männliche Wunschträume erfüllte – eine Inszenierung, die Monroe sehr viel Vergnügen bereitete. Norma Jeane Baker hingegen war das von ihren Müttern verlassene Kind, welches die Trennungen niemals vergessen konnte und immer auf der Suche nach einem symbiotischen Zuhause war. Etwas, was sie nur selten fand.

An der schroffen Art, mit der Ida Bolender Norma Jeane einweihte und ihre Mutterposition an die Frau mit den roten Haaren abgab, spürt man, daß es ihr wahrscheinlich nicht leichtfiel, dem kleinen, liebesbedürftigen Mädchen die Wahrheit zu sagen. Für Norma Jeane hatten, wie für viele Kinder, die

Ansprechnamen der Eltern – Mama und Papa – eine wichtige Bedeutung bei der Einführung in die Sprache, und das mußte auch die Bolenders, die ihr zunächst die Wahrheit verschwiegen hatten, ziemlich belastet haben.

Norma Jeane fand dann ihren eigenen Umgang mit diesem Problem:

>»Also wissen Sie, wie das ist: als ich noch ganz klein war, habe ich auf die erstbeste Frau gezeigt und gesagt, ›Oh, eine Mama?‹, und bei jedem Mann, ›Oh, ein Papa!‹«(Monroe, 1992, S. 14).

Damit wurden von ihr völlig willkürlich aus jedem Mann und jeder Frau einfach Eltern gemacht, was Monroe, die lebenslang auf der Suche nach Ersatzeltern war, wohl auch tatsächlich glaubte.

Die Bolenders hatten, da sie arm waren, ein geschäftliches Interesse an Norma Jeane. Sie bekamen für ihren Zögling 20 bis 25 Dollar pro Monat von Gladys Baker und betreuten mehrere Pflegekinder (Spoto, 1994, S. 25). »Doch sie war das einzige Kind, das so lange bei dieser Familie blieb; über ein Dutzend Kinder kamen, wuchsen heran und kehrten zu ihren leiblichen Eltern zurück (Spoto, 1994, S. 27). Dies muß für Norma Jeane ein weiterer Beweis dafür gewesen sein, daß ihre Mutter sie nicht wollte.

Sie besaß in dieser Zeit aber einen wichtigen Partner, nämlich das Pflegekind Lester, welches von den Bolenders tatsächlich adoptiert worden war und so den Status eines *richtigen* Sohnes hatte. Norma Jeane war damals ein »Jungen-Mädchen«, was auch die frühen Fotos von ihr beweisen, und von den beiden Kindern, die doch unterschiedlichen Geschlechts waren, wurde als »den Zwillingen« gesprochen (Mailer, 1993, S. 42). Besonders wichtig war, daß sich Norma Jeane durch ihre etwas männliche Prägung in dieser Phase, die nach Freud für Mädchen diesen Alters nichts Untypisches ist, nochmals in Lester wie in einer Art Spiegel selbst sehen konnte. Ihre geschwisterliche Bindung zu ihrem zwei Monate jüngeren Bruder, den sie vermutlich in mütterlicher Nachahmung auch etwas dominierte, ermöglichte es ihr, sich selbst nochmals in einem anderen zu sehen, eine Art Verdopplung zu erleben, die diesem uneigenständigen Kind mehr Sicherheit gab. Das Zwillingsmotiv wurde von außen an Norma Jeane und Lester herangetragen, doch man kann sich fast sicher sein, daß die enge Verbindung, die zwischen den beiden Kindern gesehen wurde, durch die große Anhänglichkeit der Schwester an ihren Bruder zustande kam. Der adoptierte Lester durfte Ida Bolender *Mama* nennen, und Norma Jeane erreichte durch ihre Identifikation mit ihm eine indirekte Aufwertung ihres eigenen Status. Die ursprüngliche Rivalität mit dem jüngeren Kind mit der besseren Position führte bei ihr zu einer Identifikation mit ihm. Als sie ihn aber einmal doch von ihrem gemeinsamen Dreirad stieß, bekam sie eine Tracht Prügel mit dem Rasiermesserriemen (Mailer, 1993, S. 43), was ihre leibliche Mutter tolerierte, als sie es erfuhr, und deutlich zeigt, wie sehr das jüngere Kind bevorzugt wurde.

Viele Jahre später sollte Monroe mit dem Fotografen Milton Greene ein ähnliches, geschwisterliches Verhältnis eingehen und mit seiner Hilfe ihre Unabhängigkeit gegenüber Hollywood beweisen. Beide sagten sich als sie sich kennenlernten ins Gesicht, daß jeweils der andere noch nicht Erwachsenen geworden sei. Ihr Verhältnis war demzufolge keines zwischen Mann und Frau, sondern eines zwischen Bruder und Schwester (Summers, 1988, S. 167) – wobei auch Monroe innerhalb dieser Bindung dominierte und umgekehrt der verheiratete Milton für sie einen sehr engen Kontakt zu einer Muttergestalt unterhielt, die Ähnlichkeit mit den Müttergestalten hatte, die Monroe gut aus ihrer Kindheit kannte. Es handelte sich dabei um Miltons Ehefrau Amy Greene. Die Fotos, die Milton Greene von Monroe aufnahm, zeigten sie von einer ganz neuen, einfühlsamen und romantischen Seite. Er bemühte sich, mehr ihre Scheu und ihre emotionale Tiefe zu zeigen, als bloß ihren aufgesetzten Posier-Pin-up-Sex-Appeal. Dieses Verhältnis läßt annehmen, daß zuvor auch Lester bei den Bolenders für seine Schwester eine große Hilfe gewesen war, und daß er vielleicht eine gewisse, kindliche Einfühlung besessen hatte.

Monroe wohnte 1955 während ihrer Zeit in New York an den Wochenenden regelmäßig bei Milton Greene, seiner Frau, die ebenfalls als Fotomodel gearbeitet hatte, und ihrem Sohn. Die Greenes besaßen ein Landhaus in Connecticut. Während Monroes ständiger Odyssee auf der Suche nach Ersatzeltern bot diese Kleinfamilie ihr eine Weile ein sicheres Heim.

Es gibt nun eine sehr eigentümliche Fernsehaufzeichnung aus dieser Zeit, bei der man vielleicht einen Eindruck gewinnen kann, wie Monroe sich innerhalb ihrer ersten Ersatzfamilie verhalten hat. Am Karfreitag 1955 kam das Fernsehen zur Frühstückszeit zu den Greenes und nahm einen zuvor geplanten Live-Auftritt von Monroe in der Interviewsendung *Person to Person* auf (Summers, 1988, S. 175). Monroe, die neben Miltons Frau Amy Greene auf einem Sofa sitzt, wirkt ziemlich schüchtern und spricht mit einer solch sanften Behutsamkeit, daß man zu spüren glaubt, daß ihre Worte, die hier fast ohne jeglichen erotischen Witz sind, unter der Aufsicht der Frau stehen, die unmittelbar neben ihr sitzt. Bei manchen Fragen wird Monroe von Amy Greene direkt und unterstützend angeschaut. Die beiden nebeneinander sitzenden Frauen bilden in dem Interview eine solidarische Einheit, wobei Amy Greene die Stärkere ist.

Der etwas rauhe, klare aber typisch amerikanische Frageton des männlichen Interviewers Murrow wird immer wieder von Monroe in sehr sanften, verletzlichen Tönen und mit einem nachfolgenden entschuldigenden Lächeln beantwortet. Sicherlich war der Inhalt dieses Interviews, das eine Art *Unabhängigkeitserklärung* von Hollywood und seinen männlichen Regisseuren darstellte, auch für sich genommen schon äußerst brisant. Monroe erklärte zum Beispiel, daß sie auch gerne in Tragödien mitspielen möchte, und lächelte dann aber sofort in die Kamera als wolle sie sich für diese Forderung bei ihrem Publikum sogleich wieder entschuldigen. Es waren nur tastende, vorsichtige Selbstbehauptungsversuche, welche kaum, nachdem sie von ihr gesagt waren, schon wieder etwas zurückgenommen wurden.

Summers beschrieb die Situation so: »Ihre [Monroes] Stimme zitterte, und verglichen mit ihrer kühl und geschliffenen formulierenden Gastgeberin macht der erfahrene Star einen amateurhaften Eindruck« (Summers, 1988, S. 175). Monroe »bat Mrs. Greene einige Male, für sie zu antworten« (Spada, 1983, S. 102); und Zolotow berichtet, daß sich Amy Greene gegenüber Monroe ohnehin überlegen fühlte. So machte sich die gebürtige Kubanerin, welche sich mit Monroes zweitem Ehemann DiMaggio gerne über Baseball unterhielt, öffentlich über Monroes *angebliche* Belesenheit lustig und schickte sie anschließend zum Brote schmieren in die Küche (Zolotow, 1962, S. 240).

Monroe, die immer ein starkes Abhängigkeitsverhältnis zu Frauen entwickelte, die ihre Mutterimago vertraten, nahm dieses resolute Verhalten vermutlich widerspruchslos hin und bewunderte einfach Amys durchsetzungsfähige aber dabei auch damenhafte und elegante Art, gegenüber der sie sich unterlegen fühlte. Sie erkannte sie als eine mütterliche Autorität an. Daß Monroe bei diesem Interview so ungewöhnlich schüchtern war und ihre sonst kokette Art, unangenehme Männerfragen mit einem erotischen Flirt abzuservieren, fehlte, lag wahrscheinlich daran, daß sie durch ihre Gastgeberin gehemmt wurde.

Milton Greene, der neben seiner Frau etwas höher auf der Sofalehne saß, unterstützte Monroe ebenfalls, aber aus einer anderen, männlichen Perspektive. Er achtete darauf, daß der Interviewer nicht zu weit ging und beschützte sie vor ihm. Monroe hatte vor diesem Interview zuvor große Angst gehabt (Spoto, 1994, S. 312). Sie war bis dahin nur selten *live* im Fernsehen aufgetreten und sicherlich noch nie mit eigenen Forderungen.

Man kann sicher sagen, daß dieses Gespräch mehr mit Norma Jeane Baker als mit Marilyn Monroe geführt wurde. Wie viele ihrer Freunde andeuteten, konnte man hier tatsächlich die schüchterne Privatperson sehen, welche in ihren Filmen immer von dem leuchtenden Star überdeckt war. Monroes Sprechen, welches ganz von einer zärtlichen Empfindsamkeit geprägt ist, stiftete hier eine solch verschwommene, seltsame Stimmung, daß der Interviewer mit seinem etwas groben, aber klaren, männlichen Tonfall deutlich dagegenhalten mußte, um diese Stimmung zu durchbrechen. Allein schon wie er bei jeder Frage stets ›Marilyn‹ sagte und so durch den Aufruf ihres Namens an die symbolische Ebene und an die Sex-Ikone appellierte, stellte den Versuch dar, die *unterirdische* Verbindung der beiden Frauen zu unterbrechen, was ihm aber nicht gelang.

Die Spiegelung in einer anderen Frau war ein Mittel, das Monroe allerdings viel variantenreicher und komplexer immer wieder als Grundbedingung auch am Filmset einsetzte, wo sie stets von einer ihrer Schauspiellehrerinnen umgeben war. Diese Frauen standen zwar einerseits durch die ständige Kontrolle von Monroes darstellerischer Leistung über ihr, aber Monroe identifizierte sich auch ein Stück weit mit ihnen und konnte sich so an ihnen festhalten. Das war der Grund, weshalb sei beim Drehen neben dem Feedback, das sie benötigte, um besser spielen zu können, immer auf der Anwesenheit ihrer Lehrerinnen bestand und sich auch in erster Linie an ihnen und nicht an dem Regisseur orientierte.

Erschreckend und beeindruckend zugleich war die verletzliche Instabilität, mit der sie in diesem Interview sprach, wo sie neben einer Frau saß, die im Gegensatz zu ihren Lehrerinnen nicht an der Inszenierung ihres Sex-Appeals interessiert war. Amy Greene und Marilyn Monroe waren eng befreundet und obwohl Amy sich häufiger kritisch gegenüber Monroes Karriere geäußert hatte und sicherlich ein wenig neidisch auf ihre Popularität gewesen war – zumal ihr Mann Monroe sehr verehrte – war ihr Verhältnis von großer Sympathie getragen. Später bemerkte Monroe, daß sie von Amys graziöser Ordnung ziemlich fasziniert gewesen sei. Sie sei die ordentlichste Frau gewesen, der sie je begegnet wäre »selbst das Ausleeren eines Aschenbechers war bei ihr eine anmutige Handlung ...«. Und gegenüber Miller soll Monroe geäußert haben, »daß Amys unterirdischen Kräfte etwas leicht Verschlagenes gehabt hätten« (Mailer, 1992, S. 200). Diese Angst vor der Verschlagenheit der resoluten Frau schüchterte Monroe ein, die gleichzeitig versuchte, sich Amy zu unterwerfen, um mit ihr symbiotisch verbunden sein zu können.

Das wirkliche Zentrum von Monroes Charakter wurde in dieser Fernsehsendung sehr deutlich sichtbar. Das berühmte Sexsymbol hatte durch seine großen Verschmelzungswünsche die Gabe, eine solche weiche und behutsame Zärtlichkeit zu zeigen, daß ihr Ausdruck über das, was andere Menschen hier zustande bringen, weit hinausgeht. Auf diesem leicht psychotisch *hingehauchten* Niveau, das vor allem durch das Gefühl einer fehlenden, trennenden Grenze zur Mutter begleitet wurde, war Monroe eigentlich zuhause. Diese symbiotische Fähigkeit hatte sie nahezu allen anderen Schauspielerinnen voraus.

Führte diese Symbiose zu großen Glücksgefühlen, weil sie eine Verschmelzung ermöglichte, welche ihre sonstige Einsamkeit beendete, so war sie gleichzeitig auch begleitet von einem großen Mißtrauen, weil diese Verschmelzung immer wieder von Ablösungen durchbrochen war, die aber für sie einen existentiellen Charakter hatten. Durch die Symbiose konnte jede Trennung zum fundamentalen Problem werden, auf welche Monroe häufiger mit starken Aggressionen reagierte. Diese Aggressionen wurden aber oft nicht direkt zugelassen, sondern durch Projektion auf das Mutterimago übertragen und die eben noch gefeierte, paradiesische Mutterimago, mit welcher sie eine Einheit gebildet hatte, wurde nun zur bösartigen Verfolgerin, welche ihr nach dem Leben trachtete.

In Monroes früher Kindheit gab es zwei wichtige Mutterfiguren, welche man trotz einiger, wesentlicher Gemeinsamkeiten unterscheiden muß. Im Vergleich zu Ida Bolender, die wie eine durchschnittliche, brave Hausfrau aussah, wirkte Gladys Baker anspruchsvoll und kokett (Spoto, 1994, S. 129). Ida Bolender hatte Ähnlichkeit mit Arthur Miller, und Monroes erste körperliche Reaktion auf ihn zeigte, daß sie ihn zuvor schon sehr gut kannte. »Er trat zu ihr, und sie fühlte wie eine Wärmewelle ihr ins Gesicht stieg« (Zolotow, 1962, S. 269).

Gladys hingegen war wohl am meisten ein Vorbild für Norma Jeane selbst, was sich eben auch in ihrem Künstlernamen »Monroe«, der der Mädchenname ihrer Mutter war, widerspiegelte. Da Norma Jeane die ersten sieben Jahre in gut behüteten Verhältnissen bei den Bolenders verbrachte, sind Ida Bolender und später Arthur Miller im nachhinein gesehen, die konstantesten, längsten und wichtigsten Beziehungen in ihrem ganzen Leben. Und Ida Bolenders Aussage »sie habe Norma Jeane geliebt, ›als wäre sie mein eigen‹«, war sicherlich nicht frei erfunden, auch wenn Monroe später manchmal behauptete, daß sie in den ersten Lebensjahren völlig vernachlässigt worden sei (Mailer, 1992, S. 43).

4. Eine Erziehung zur Sauberkeit

»Dishes, dishes, dishes. I knew I was going to grow up to be a dishwasher. That's all I ever learned.«
(Luijters, 1991, S. 10)

Monroes Erziehung durch die Bolenders sollte ihrem Leben eine Richtung vorgeben, der sie nicht nachkommen konnte, und welcher sie allein schon durch ihre Berufswahl sehr deutlich widersprach. Arthur Miller, der Norma Jeane Baker in ihrer vierjährigen Ehe so gut kennenlernen sollte wie sonst wohl kaum jemand, hat sich zu ihrer Erziehung sehr kritisch geäußert:

»Ihre Mutter war geisteskrank und versuchte irgendwann, Marilyn zu zerstören. Dazu kam der religiöse Hintergrund einer streng puritanischen Erziehung. Ausgerechnet das, was Marilyn tat, galt als besonders verdammungswürdig – die Schauspielerei, die Arbeit im Showgeschäft. So lag auf ihrem ganzen Leben immer nur der Makel des Verbotenen und der Sünde. Wenn sie vor die Kamera trat, rebellierte sie dagegen, um anschließend tief in ihrem Inneren auf die Bestrafung zu warten« (Arthur Miller im Bücher-Journal-Extra, Erstsendung 1987, ZDF).

Miller, der zu Monroes Erziehung durch seine Ähnlichkeit mit Ida Bolender per Übertragung einen sehr guten Zugang hatte, benennt hier genau die beiden psychischen Niveaus, auf denen sich Monroes Konflikte befanden: Zum einen der fundamentale Überlebenskampf gegen eine Mutterimago, von der Monroe in ihren leicht paranoiden Vorstellungen zuweilen annehmen konnte, daß sie sie zerstören wollte, und zum zweiten der Kampf gegen eine rigide, puritanische Erziehung, die sie in ihren ersten sieben Lebensjahren bei den Bolenders erfahren hatte.

Die Angst, von ihrer Mutterimago zerstört werden zu können – Monroes eigentliches Problem –, resultierte aus der bereits ausführlich beschriebenen fundamentalen Störung zu ihren ersten Bezugspersonen, an deren Anfang die *Vision* von dem Erstickungsversuch durch ihre Großmutter stand, den Miller stets auf die Mutter verschob, was genauso möglich und psychisch gesehen sogar naheliegender war (Miller, 1989, S. 492).

Solche bedrohlichen Vorstellungen traten in abgewandelten Formen bei Monroe immer wieder auf und betrafen meistens sehr *enge* Bindungen zu weiblichen Bezugspersonen, mit denen sie sich einerseits identifizierte und denen sie sich andererseits hierarchisch untergeordnet fühlte. Die leicht paranoiden Drohungen, die diesen Verhältnissen innewohnten, entwickelten meistens erst dann ihren vollen Gehalt, nachdem sich Monroe von solchen Frauen getrennt hatte. So sollte sie unter starken paranoiden Angstvorstellungen leiden, nachdem sie das Arbeitsverhältnis zu ihrer ersten Schauspiellehrerin Natasha Lytess wortlos aufgelöst hatte, und daß obwohl Lytess ihr in keinster Weise gedroht hatte (Zolotow, 1962, S. 281). Die Auflösung dieser Bindung hatte für Monroe aber vor allem deshalb so einen bedrohlichen Charakter, weil sie mit der Lytess eine sexuelle Affäre eingegangen war, und Monroe aufgrund ihrer psychotischen Tendenz später unter einer Homophobie litt. Denn Sex mit einer Frau bedeutete für sie, daß die *rettende*, da trennende väterliche Instanz nun völlig fehlte.

Ähnliche Ängste wie gegenüber der Lytess, allerdings in einer viel abgemilderteren Form, entwickelte sie gegenüber ihrer Freundin Amy Greene, von der sie wie gesagt annahm, daß ihre unterirdischen Kräfte etwas leicht Verschlagenes an sich gehabt hätten. War deren Mann, der Fotograf Milton Greene, für sie so etwas wie der alles verstehende und ebenfalls traurig gestimmte Bruder, der genauso introvertiert war wie sie selbst, so sah Monroe in der resoluten Amy wohl so etwas wie eine gemeinsame Mutter, die etwas mit ihr rivalisierte – wobei ihr Status als Miltons Ehefrau dabei niemals in Frage stand. Die attraktive Amy war ebenfalls wie Monroe ein Fotomodel gewesen und hatte eine Zeitlang als Covergirl posiert. Aber schon vor ihrer Ehe mit Milton Greene hatte sie eingesehen, daß sie für eine Top-Model-Karriere zu klein war und hatte deshalb diesen Beruf aufgegeben (Monroe, 1994, S. 19). Amy konnte also Monroes Probleme verstehen, und die Freundschaft zwischen diesen beiden Frauen basierte teilweise auf einer Identifikation, denn Monroe bewunderte die Kubanerin auch für ihr Durchsetzungsvermögen und ihr energisches und zugleich graziles Verhalten. Amy berichtete, daß sie gern zusammen Auto fuhren, wobei hier die gemeinsame Körpererfahrung ganz im Vordergrund stand: »Wir setzten uns ins Cabriolet und kurvten mit heruntergelassenem Verdeck über den Highway. Wir spürten beide gern den Fahrtwind im Gesicht und die Wärme der Heizung an den Beinen« (Summers, 1988, S. 169). Dieses symbiotische Gefühl einer spiegelnden Verdopplung der eigenen Persönlichkeit durch das gemeinsame Körperempfinden konnte dann bei Monroe in ein ebenso großes Mißtrauen umschlagen und arge Aggressionen gegen die Frau, mit der sie zuvor solche schönen Erlebnisse gehabt hatte, auslösen. Die endgültige Trennung von Natasha Lytess erzeugte große Ängste bei Norma Jeane. Die Trennung von Milton Greene und seiner Frau führte zu einem tiefen Mißtrauen auf beiden Seiten.

Monroe hat viele ambivalente Verhältnisse, wie zum Beispiel das zu ihrer Mutter, schließlich ganz abgebrochen. Die Mutterimago konnte also erst dann richtig *böse* werden, wenn die Symbiose in der Realität keine Grundlage mehr hatte.

Gegenüber abgelegten Ehemännern hingegen sagte Monroe im nachhinein niemals etwas Negatives. Doch ihre existentielle Mutterbindung betraf auch Männer, die unter ihren unvorhersehbaren Stimmungsschwankungen zu leiden hatten. So mußte auch Milton Greene einsehen, daß Monroe, weil sie »schizoid« war, wie er richtig erkannte, »absolut genial und freundlich« sein konnte und »dann wieder genau das Gegenteil« (Summers, 1988, S. 168). Laurence Olivier bemerkte dasselbe: »Marilyns Persönlichkeit hatte zwei Seiten, die nichts miteinander zu tun hatten. Es wäre wohl nicht ganz falsch, sie als schizoid zu beschreiben; ihre zwei Seiten hätten verschiedenartiger nicht sein können« (Olivier, 1985, S. 203). Ihre völlige symbiotische Hingabe einerseits und im Gegenzug ihre paranoiden Abstoßungen andererseits lieferten einen solch unberechenbaren Kontrast, daß der Umgang mit ihr zuweilen äußerst anstrengend war.

Es gibt aber neben dieser ziemlich verworrenen Ebene, auf der sich Monroes oft großartige aber doch auch sehr schwieriger Emotionalität hauptsächlich abspielte, noch eine zweite, welche ich bisher noch nicht genau beschrieben habe. Diese Ebene war verbindlicher und sorgte für eine einigermaßen vorhersehbare Stabilität in ihren Beziehungen. Sie bildete sich im Rahmen ihres Ödipuskomplexes aus und war mit ihrer Erziehung durch die Bolenders verbunden.

Wenn der Theaterschriftsteller Miller, die Berufswahl seiner ehemaligen Frau zur Schauspielerin als eine Katastrophe beschrieb, weil sie damit ständig gegen ihre Erziehung rebellierte, so vergaß er, dabei zu erwähnen, wie sehr sie ihren Beruf liebte und was er ihr bedeutete. Schauspielerin zu sein, *Marilyn Monroe* zu werden, bedeutete, die armselige Kindheit von Norma Jeane Baker eine Weile vergessen zu können. So konnte sie jemand anderes sein, den nicht diese großen und düsteren Probleme aus der Vergangenheit verfolgten. In ihrer Berufswahl kann man erkennen, wie sehr Monroe gegen die Geschichte ihrer Sozialisation ankämpfte, und es steht außer Frage, daß Miller in diesem verzweifelten Kampf selbst einige *Boxschläge* einstecken mußte, denn in dem Ringen seiner Gemahlin um ihre Identität war er aufgrund seiner mütterlichen Position in ihrem psychischen Haushalt ganz sicher selbst eine Zielscheibe. Nur durch seinen väterlichen Teil, auf den sich ihr etwas hysterisches Begehren richtete, und durch seine leicht zwanghafte Art konnte er Monroe überhaupt unter Kontrolle halten. Ihr Verhältnis wurde oft als ein Lehrer-Schüler-Verhältnis beschrieben, und Monroe hat in der Tat von Miller einiges gelernt.

Auf der ödipalen Ebene, auf der Monroes Identitätskampf stattfand und auf der sie einigermaßen stabile Bezüge zu anderen herstellen konnte, verband sich eine etwas zwanghafte Tendenz mit einer ungewöhnlichen Nähe zur Hysterie. Hier bildete sich ihr symbolisches Verhältnis zum Anderen heraus, und die Situierung dieser Ebene stand ursprünglich in einem engen Zusammenhang mit der etwas zwanghaften Ida Bolender. Auf diesem ödipalen Niveau, auf dem sich sowohl die Frage nach den psychischen Bedeutungen der Geschlechterrollen, als auch der Eintritt in die Gesellschaft durch das Verständnis des symbolischen Universums dem Subjekt erschließen, hatte Norma Jeane den Nachteil, von den Ansichten einer Autoritätsperson bestimmt zu werden, die ihr teilweise unverständlich bleiben mußten, weil sie ihrem Charakter so sehr widersprachen. Litt Monroe innerhalb ihrer weiblichen Sozialisation unter zuwenig Zuneigung durch ihre Pflegemutter, so hat sie deren Regeln zwar in ihr Über-Ich übernommen, aber entwickelte trotzdem gerade in ihrem Verhältnis von Gerechtigkeit völlig andere Vorstellungen. Für Monroe war Ida Bolenders Moralverständnis viel zu gefühllos, um von ihr nicht ohne einen inneren Widerspruch akzeptiert werden zu können.

Monroes Über-Ich, das sich aufgrund eines verlorenen Rivalitätskampfes zwischen Mutter und Tochter um die Gunst des Vaters im weiblichen Ödipuskomplex bildete, war in Frage gestellt. So konnte aber eine der wichtigsten Wirkungen dieses Komplexes, die darin besteht, daß sich die Tochter wesentliche Eigenschaften der Mutter aneignen kann, nachdem sie deren Vorteil im Kampf um den Vater anerkannt hat, nicht richtig vollzogen werden. Ihre symbiotischen Gefühle allein schon verhinderten, daß Norma Jeane Ida Bolenders leicht zwanghafte Moralkonzeption völlig annehmen konnte. Hinzu kam, daß sie sich durch ihre leicht belebbare paranoide Tendenz schließlich von vornherein in einer schwierigen Ausgangssituation befand, in welcher ein zuweilen ausbrechendes, panisches Mißtrauen gegenüber ihrer Mutterimago schnell vorherrschend wurde.

Die Gefühlskälte, mit der für Norma Jeane das bloße Befolgen von Regeln verbunden war – die ihr außerdem häufig absurd erschienen – widersprach grundsätzlich ihrer Mentalität, und sie sollte in ihrem Leben große Schwierigkeiten damit haben, sich an bestimmte gesellschaftliche Konventionen zu halten. Es war eben nicht nur bloße Aufsässigkeit, wenn sie vor Kameras Dinge tat, bei denen ihre Pflegeeltern rot angelaufen wären; es entsprach auch ihrer tiefen Überzeugung.

Die Bolenders waren sehr religiös und hielten zum Beispiel das Kino für einen verbotenen Ort.

»Es war eine Sünde ins Kino zu gehen«, erklärte Norma Jeane eine der Prinzipien der Bolenders. Ida warnte sie: ›Wenn die Welt untergeht, und du sitzt im Kino, weiß du was dann passiert? Du verbrennst zusammen mit all den anderen bösen Menschen« (Spoto, 1994, S. 28–29).

Für die Bolenders lautete deshalb die Devise »wir gehen in die Kirche, nicht ins Kino« (Spoto, 1994, S. 29). Norma Jeane hat dann, weil die apokalyptische Drohung ihrer Pflegeeltern für sie tatsächlich eine psychische Wirklichkeit besaß, wenn sie im Kino war, anfangs immer gebetet, daß während dieser Zeit die Welt nicht untergehen möge. Diese Weltuntergangsphantasien, die aufgrund ihrer leicht psychotischen Tendenzen für sie eine psychische Realität besaßen, basierten eigentlich auf der Möglichkeit, daß das ganze symbolische Universum gefährdet sei. Die Phantasien vom Weltuntergang werden bei Norma Jeane stets in jenem religiösen Kontext, in welchem sie diese zum ersten Mal kennenlernte, vorhanden bleiben. Übersetzen kann man diese Phantasie ziemlich einfach damit, daß die Mutterimago, welche für sie die Welt *darstellte*, dann für immer und ganz verloren wäre. Davor hatte dieses Kind mehr Angst als vor allem anderen.

Norma Jeane, die einmal wöchentlich zur Kirche und zum Religionsunterricht gehen mußte, war aber auch für diesen Ort zu begeistern. Sie fand den Kirchgang immer spannend, und sie fühlte sich später, wenn sie dort war, in einer Art *Trance*. »The singing and services always excited me. I was sort of in a trance. There I was, dressed in my best clothes« (Barris, 1995, S. 12). Dieses feierliche Gefühl, in den besten Kleidern, die sie hatte, in der Kirche zu sitzen, ließ sie förmlich *abheben*. Die Kirche und die Art ihrer Kleidung sollten für Norma Jeane in einem besonders bedeutungsvollen Zusammenhang bleiben.

Wenn Laurence Olivier später Monroe in dem Film *The Prince and the Showgirl* in ihrer Rolle als Elsie völlig von einer inneren Freude erfüllt und fast wie hypnotisiert zeigte, als sie bei den Krönungsfeierlichkeiten in einer Londoner Kirche zusehen durfte, so entsprach diese ungewöhnliche und lange Sequenz ohne Dialog in dem Film wohl tatsächlich Monroes kindlichem Empfinden. Wie Olivier selbst beschrieb, war es auch ganz unkompliziert, diese Szene mit ihr zu drehen, während sonst die Dreharbeiten mit Monroe bei diesem Projekt äußerst schwierig gewesen waren. Monroe befolgte hier einfach seine Anweisungen, die er ihr in dieser stummen Szene direkt während der Aufnahme zurufen konnte (Olivier, 1982, S. 208). Olivier zeigt eine Monroe, die demutsvoll zur Decke der hohen Kirche schaut während der Klang einer Frauenstimme engelsgleich durch die Kirche hallt. Dann fährt die Kamera in einem ihren Blick nachvollziehenden Schwenk auf ein Kirchenfenster, und man erkennt darauf zunächst eine gezeichnete Burg, die dann von

Olivier in einer Überblendung durch eine echte ersetzt wird – was wohl die Phantasie dieses Mädchens zeigen soll, das in der bloß gemalten Burg weniger ein Symbol als vielmehr eine echte Burg erkennen kann. Schließlich sieht man Elsies Gesicht tatsächlich wie in Trance, und sie ist so ergriffen von der wuchtigen Musik und der Zeremonie, daß ihr eine Träne die Wange herunter läuft.

Monroe konnte sich für religiöse Zeremonien wirklich enorm begeistern, ohne von deren Gehalt tatsächlich überzeugt zu sein. An diesem Ort und insbesondere durch den Gesang konnte sie in Trance fallen, weil dies vor allem eine Form war, mit ihrer religiös überzeugten Mutterimago zu verschmelzen. Diese romantische Auffassung von Metaphysik, die Monroes Wesen ausmachte, unterlief die ödipale Fragestellung, weil sich in ihr weder der Mann als Objekt ihres Begehrens wirklich in einer übergeordneten Position des Vaters befand, noch die Mutterimago als Gewissensinstanz beim *Wort* genommen wurde.

Für Monroes Sozialisation spielte der religiöse Kontext, in dem er verlief, eine entscheidende Rolle. Die Bolenders waren Anhänger der Vereinigten Pfingstgemeinde, deren Grundsatz es ist, sich dogmatisch an die Bibel zu halten (Spoto, 1994, S. 29ff.). »Für die Pfingstler ›gilt‹ die Bibel und zwar auf eine einfache, direkte und unproblematische Weise« (Hauth, 1995, S. 133). Sie glauben an eine religiöse Beseelung durch den heiligen Geist, wie sie an Pfingsten stattfand. Durch eine Art Zungensprechen des Gläubigen wird ihm die Bibel nahegebracht. Es gibt in diesem sehr speziellen Religionsverständnis keine Interpretationsspielräume in der Auslegung, sondern einen einfachen dogmatischen Kanon, welcher Regeln von dem, was Gut und Böse ist, vorschreibt. Und die Bolenders hielten sich fest an diese Regeln. »Der große Vorteil ihres Glaubens bestand ihrer Überzeugung nach in der Gewißheit ihrer moralischen Aufrichtigkeit, und der allein war ein sicherer Weg zur Erlösung« (Spoto, 1994, S. 29). Die Einhaltung einer dogmatischen Ethik ist der einzige Weg, welcher ins Himmelreich führt. Dieses Weltverständnis legt den Akzent keineswegs auf Gefühle, sondern auf moralische Aufrichtigkeit und Sauberkeit.

Dabei wird einem moralisch korrekten *Sein* der Vorzug gegenüber dem schönen *Schein* gegeben. Alle Formen von schöner Kunst, die immer mit dem Schein arbeiten und für Norma Jeane allein schon durch ihre psychotische Tendenz von der Realität nur schwer unterscheidbar waren und ihr auch – weil sie attraktiver waren – viel besser gefielen, hatten für die Bolenders keine besondere Bedeutung. Den Bolenders fehlte ein Verständnis des schönen Scheins, welches für Monroe das Elixier des Lebens darstellte. So empfanden die Bolenders zum Beispiel körperliche Attraktivität als einen Nachteil. Monroe, die einen ausgeprägten Narzißmus gegenüber ihrem Körperbild unterhielt, sollte sich später deutlich gegen diese Abneigung des Ästhetischen wehren und sogar darauf hinweisen, daß Attraktivität bei kleinen Mädchen zu loben wäre, auch wenn sie gar nicht vorhanden sei: »Niemand hat mir als Mädchen gesagt, ich sei hübsch. Aber man sollte allen Mädchen sagen, sie seien hübsch, auch wenn es nicht stimmt« (Grant, 1992, S. 7). Damit hatte sie aber die Stimulans des Schönen, auch wenn es nur Schein ist, völlig begriffen. Was Norma Jeane an der Kirche genauso wie am Kino liebte, war die Kraft der Inszenierung, welche die Bolenders in der Kirche nicht beachteten und beim Kino sogar verachteten. Diese einfachen und armen Leute, die strikt nach einem Moralkonzept lebten, waren ergriffen vom Gesetz und nicht vom Gesang, wobei das Religionsverständnis der Pfingstler durch das Zungensprechen durchaus einen irrationalen Zug besitzt. Dieser kunstvollen Komponente ihrer Religiosität schenkten die Bolenders aber wohl kaum eine besondere Beachtung.

Geradezu skandalös war die Art, wie sie ihre Kinder auf den richtigen Weg bringen wollten in bezug auf den Konsum von Genuß- und Rauschmitteln. Waren bereits Alkohol und Zigaretten strengstens verboten, so mußte Norma Jeane schon als Kind jeden Abend Gott versprechen, während ihres Lebens die Finger von diesen *Lastern* zu lassen, und dieses Gesetz auch leise aufsagen:

>»Jeden Abend mußte ich beten, damit ich nicht in die Hölle komme. Ich mußte sagen: ›Ich verspreche, daß ich mit Gottes Hilfe mein ganzes Leben lang keinen Alkohol kaufen, trinken, verkaufen oder verschenken werde. Ich werde mich des Tabaks enthalten und Gottes Namen nicht mißbrauche« (Spoto, 1994, S. 29).

Es ist geradezu unglaublich, wie gerade ein kleines Kind solche Verbote, die nun wirklich ganz außerhalb seines eigenen Erfahrungshorizontes liegen und deutlich Probleme aus der Erwachsenenwelt wiedergeben, präventiv herunter beten soll. Auch forderten diese totalitären Ansprüche, welche Monroe kaum jemals vergessen konnte, die völlige Entsagung und lehrten keinen vernünftigen Umgang mit Rausch- und Genußmitteln. Der zwanghafte Zug dieser Auffassung ist deutlich erkennbar darin, daß schon die *Berührung* mit Alkohol als ein Tabu gesetzt wurde.

Solche strengen Verbote sind besonders gefährlich, wenn das Subjekt versucht, sich über sie hinwegzusetzen, weil die in dieser frühen Phase des Lebens erlernten Anweisungen völlig verinnerlicht werden und sich deshalb auch gar nicht auflösen lassen. Die ersten Gewissensansprüche sind sicherlich transformierbar, aber wenn das Subjekt versucht, diesen Knoten ganz zu lösen, verliert es auch die emotionale Verbindung zu seinen ersten Bezugspersonen, ebenso wie den Referenzpunkt seines symbolischen Verstehens. Monroe sollte sich jedoch später auch über einige dieser Regeln völlig hinwegsetzen.

Forderte das rigide und unverständliche Verbot der Bolenders die völlige Askese bei Genußmitteln, so war Monroes Überschreitung in bezug auf den Alkoholkonsum genauso massiv wie dieses verinnerlichte Verbot. Daß ihr Konsum, wie oft beschrieben wurde, am Ende gar keine Grenzen mehr kannte, lag vermutlich unter anderem daran, daß die ihr anerzogene Grenze schon nach dem ersten Glas überschritten worden war.

Eine andere Folge ihrer abendlichen Gebete, die zeigt, wie tief ihre Erziehung Monroes Verhalten prägte, war, daß sie laut Miller ihre Filmtexte oft zunächst mehr betete, als daß sie sie sprach (Miller, 1989, S. 491).

Norma Jeanes eigentliches Problem mit der religiösen Erziehung aber war, daß sie nicht an einen *väterlichen* Gott in dem Sinne eines Gesetzgebers glauben konnte. Für sie war ein richtiger Vater, den sie in einer hysterischen Form heiß liebte und begehrte, keine Autorität, weil in ihrer Welt alle Gesetze mütterlicherseits durch Ida Bolender vermittelt worden waren. Die enge Bindung an die Mutter, deren An- und Abwesenheit jene leicht psychotischen Gefühle auslösten, ließ gar keine andere Entwicklung zu. Ihre Idealisierung der Vaterfigur konnte sich zwar an das Bild eines Gottes heften, der aber keine Über-Ich-Funktion hatte. Oder sie konnte Gott *matriarchalisieren*, was sie auch manchmal getan hat. Dies widersprach dann aber der religiösen Auffassung in der Kirche. Kurzum, die christliche Trias Vater, Sohn und Heiliger Geist war für Monroe eine Farce. Wenn überhaupt, hätte für sie die *Mutter Maria* die Wegweiserin ins Himmelreich sein können, doch mit dieser Jungfrau konnte sie vermutlich auch nicht viel anfangen.

Sie entwickelte deshalb später als erwachsene Frau einen spielerischen Umgang mit der Religion, der mehr ihrem Wesen entsprechen sollte. »Vor ihrer Heirat mit Arthur Miller trat Marilyn zum jüdischen Glauben über, später nannte sie sich ganz unbekümmert eine ›atheistische Jüdin‹« (Summers, 1988, S. 18). Jüdin war sie aus Liebe zu Miller geworden, wobei sie sich sogar mehr für die jüdischen Gebräuche und Gerichte begeistern konnte als er (Summers, 1992, S. 221), und Atheistin war sie aus der Überzeugung heraus, daß Gottvater für sie keine allzu große Bedeutung hatte. In ihrer Kindheit hatte sie aber keine Chance zu durchschauen, daß für sie das religiöse System keine echte Relevanz besaß und glaubte tatsächlich an das, was man ihr beigebracht hatte.

Monroe hat die Folgen, welche die seltsamen Moralvorstellungen der Bolenders bei ihr hinterließen, selbst sehr eindringlich beschrieben. Unmittelbar nachdem das siebenjährige Kind die Bolenders verließ, zog es zusammen mit ihrer Mutter in einen Bungalow, in dem Gladys einige Zimmer an ein englisches Ehepaar untervermietet hatte.

»Das Leben war auf einmal ziemlich zwanglos und aufregend, völlig anders als bei der ersten Familie. Wenn sie arbeiteten, arbeiteten sie schwer, und den Rest der Zeit amüsierten sie sich. Sie tanzten und sangen gerne, sie tranken viel und spielten Karten und hatten viele Freunde. Irgendwie war ich schockiert, weil ich so religiös erzogen war – ich dachte, sie würden alle in die Hölle kommen. Ich habe stundenlang um ihr Seelenheil gebetet« (Spoto, 1994, S. 36).

Norma Jeanes stundenlanges Beten, bei dem sie darum bat, daß Gott den sündigen Menschen in ihrer Umgebung verzeihen möge, war typisch für ihr Verhalten in moralischen Fragen. Sie warf anderen Menschen ihr Fehlverhalten selten vor. Durch diese Introversion der Moral forderte Monroe andere nicht dazu auf, sich besser gegenüber ihr zu verhalten, sondern sie erwartete es einfach und ging häufig weg, wenn dies nicht geschah. Neben diesem *echten* Problem eines passiven Moralverständnisses, zeigt sich hier aber wie sehr dieses Kind von den weltfremden Ansichten der sektiererischen Bolenders verblendet worden war. Obwohl die damalige Prohibition in diesem Verständnis vermutlich keine geringe Rolle spielte, so war diese zugespitzte religiöse Verbindung zwischen Hölle und Rauschmitteln auch schon in dieser Zeit anachronistisch.

Umgekehrt spürte Norma Jeane sofort die belebende Wirkung, welche eine künstlerisch ausgerichtete Lebensauffassung gegenüber einer nur moralischen besitzt. Mit Hilfe des englischen Ehepaares sollte sie die ersten Ansätze zu einer Schauspielausbildung unternehmen. So brachten ihr die Engländer, die Filmdoubles waren, neben dem Kartenspielen das Jonglieren und Tanzen bei.

»I learned how to juggle oranges, dance the hula, and how to play gin rummy. They even worked on improving my diction. That's why even to this day I have a slight British overtone in my diction if you listen carefully. To this day, listen carefully when I speak in my films – you can detect these overtones in my speech« (Barris, 1995, S. 25).

Ihre Sprachübungen, welche hier mit der Aneignung eines englischen Akzents ihren Anfang nahmen, auf den sie sehr stolz war, werden ein sehr wichtiges Feld ihrer weiteren Schauspielausbildung werden, denn Natasha Lytess wird vor allem mit ihr an ihrer Aussprache arbeiten.

Aber mehr noch zeigt sich hier, daß Norma Jeane ziemlich schnell bereit war, die Bedenken, welche aus ihrer moralischen Erziehung resultierten, zu überwinden und völlig begeistert an einer künstlerischen Lebenswelt teilzunehmen. Bestand ein wesentlicher Konflikt in dem Monroeschen Widerspruch darin, eine Kunst auszuüben, welche ihre Moral ihr einst untersagt hatte, so versuchte sie, irgendwie doch beidem nachzukommen. Die künstlerischen Tätigkeiten entsprachen dabei zwar mehr ihrem eigenen Wesen, aber aufgrund ihrer Erziehung benötigte sie immer eine moralische Unterstützung, welche gegen die alten Vorstellungen Partei bezog. Monroe brauchte immer eine mütterliche Instanz am Filmset, die ihr erlaubte, was Ida Bolender ihr einst verboten hatte. Sie konnte den moralischen Anspruch, der ihr anerzogen worden war und den sie verinnerlicht hatte, nicht unterschlagen, sondern bloß umarbeiten. Er gehörte zu den Eigentümlichkeiten ihres Wesens, die Miller besonders auffiel, der diese moralische Seite an ihr vielleicht am deutlichsten gesehen hat.

Allgemeiner läßt sich sagen, daß Monroe durch die Bolenders eine Menge gesellschaftlicher Konventionen in einer so rigiden Form kennengelernt hatte, daß es ihr völlig unmöglich war, all diese Regeln tatsächlich anzunehmen. Es sollte zu ihrem Wesen gehören, sich nicht unbedingt an Konventionen zu halten. Sie sagte selbst dazu: »Hätte ich alle Regeln befolgt, hätte ich nichts erreicht« (Grant, 1992, S. 62). Ihr Problem war aber, daß sie, indem sie das Befolgen einiger wichtiger Regeln aus ihrer Kindheit in einer ebenso totalen Form ablehnte, letztendlich für sich auch keinen sinnvollen Umgang mit ihnen finden konnte:

Die Bolenders brachten Norma Jeane *Pünktlichkeit*, *Sauberkeit* und *Ordnung* bei, und sie sollte in all diesen drei Punkten seltsame Verhaltensweisen entwickeln. Monroes Unpünktlichkeit ist berühmt, und sie hat viele wichtige Leute oft stundenlang warten lassen. Sie kam zu Dreharbeiten, Proben, Verabredungen, Filmpremieren und sogar zu ihrem Auftritt an Kennedys Geburtstag zu spät. Während Billy Wilder annahm, Monroe habe einfach ein anderes Zeitverständnis, und sie selbst behauptete, damit die mangelnde Aufmerksamkeit in ihrer Kindheit zu kompensieren, ist anzunehmen, daß es sich hier vor allem um eine Reaktion auf das Zeitverständnis der Bolenders handelte. Monroe behauptete zwar in Interviews immer wieder, es läge daran, daß sich Norma Jeane nun dafür rächte, daß niemand sie früher habe sehen wollen. Da aber ihre Verspätungen ihr selbst sehr schadeten, ist wohl eher anzunehmen, daß es sich hier nicht um einen fast schon bewußten Rachefeldzug als vielmehr um einen unbewußten Widerstand handelte. Die Bolenders hatten ihren Kindern einen strengen Zeitplan vorgegeben. »Die Zeiten für Essen, Arbeiten und Spielen wurden strikt eingehalten, und Abweichungen mußten um jeden Preis vermieden werden« (Spoto, 1994, S. 31). Monroes ständige Verspätungen sollten ihrem Image als Schauspielerin sehr schaden und ihre Professionalität schließlich ernsthaft in Frage stellen.

In ihrer Sauberkeitserziehung, sicherlich einer der wichtigsten Punkte innerhalb ihrer Erziehung, sollte Monroe einigen Humor und ganz offensichtlich eine etwas zwanghafte Struktur entwickeln. So war sie später entweder ungepflegt oder übertrieben sauber. Wenn sie niemanden wichtigen traf, so berichtete ihr Zimmermädchen, wurde auch nicht geduscht (Lena Pepitone/Stadiem 1979, S. 21). Hatte sie aber eine wichtige Verabredung, badete sie häufig gleich mehrfach »und sie schminkte sich vier- oder fünfmal aufs neue, bis sie schließlich mit mehreren Stunden Verspätung auftauchte« (Wayne, 1994, S. 222). Diese nervöse Vorbereitungszeit, in der sie versuchte, ihr Äußeres zu einem Idealbild zu perfektionieren, war auch ein wichtiger Grund, weshalb sie häufig zu spät am Filmset erschien.

Auf der anderen Seite wurde ihr äußeres Erscheinungsbild wie gesagt von anderen oft als ungepflegt empfunden. Dies fiel einem Mitschüler in Strasbergs Schauspielschule auf: »Sie hatte die dreckigsten Fingernägel, die ich je bei einer schönen Frau gesehen habe« (Leaming, 1999, S. 185). Und auch Anna Freuds Haushälterin in England fiel auf, daß Monroe auf ihre äußere Erscheinung privat keinen Wert legte: »Die hat nach nix ausg'schaut, ein hübsches junges Mädel halt, aber nicht sehr gepflegt« (Berthelsen, 1989, S. 139).

Monroes Körperpflege war also ziemlich abhängig von ihrem Gegenüber. Ihre wirklich große Leidenschaft als Folge ihrer Sauberkeitserziehung war aber das Geschirrspülen. Und als sonst ziemlich unbegabte Hausfrau sprach sie besonders gern über ihre *überqualifizierten* Fähigkeiten bei dieser Tätigkeit:

»She was especially proud of her dishwashing and held up the glasses for inspection, explaining she had more experience than anyone at washing dishes from the foster homes of her childhood. It was both a reminder and a disclaimer of her ›waif‹ past« (Rosten, 1980, S. 15).

Damit erfüllte sie die Idealvorstellung der amerikanischen Kultur, in welcher der Weg vom Tellerwäscher zum Millionäre für jeden möglich ist. Dieses Thema beschäftigte sie tatsächlich so sehr, daß sie es sogar in einem ihrer Gedichte thematisierte, und hier bezieht es offensichtlich die symbolische Position, mit der es ihr vermittelt worden ist:

»... what I want to tell –
is on my mind
taint Dishes
taint Wishes
it's thoughts
flinging by
before I die
and to think
in ink«
(Rosten, 1980, S. 54–55).

Monroes Gedicht deckt hier in einer sehr liebevollen und lustigen Art den Zusammenhang auf, mit dem die Bolenders ihre Reinlichkeitserziehung motiviert hatten. Gleichzeitig gibt sie damit zu, daß sie genau diesen Zusammenhang übernommen hat. Dreckiges Geschirr (taint dishes) und dreckige Wünsche (taint wishes) gehören zusammen und beschäftigen ihre Gedanken (is on my mind). Mit der Reinigung des ersteren soll per Verschiebung vor allem das zweite gereinigt werden. Diese für den Zwang typische Ersatzhandlung motiviert das große Sauberkeits- und Ordnungsinteresse der Bolenders. Das Gesetz der Reinigung betraf also die schmutzigen Wünsche in der Sexualität, und damit war es kein Zufall mehr, daß Monroe häufig ziemlich verdreckt herumrannte, denn genau so kam sie sich schließlich oft vor.

Innerhalb der Regression auf die anale Phase im Zwang wird die Sexualität mit dem Schmutz, welchen das Subjekt anal absondert, zusammengebracht, weil beide Lustzentren, das anale und das genitale, hier miteinander verbunden werden. Situieren sich die ersten Moralvorstellungen ehedem über das Besitzdenken und den Tausch von Geben und Nehmen auf der analen Ebene, so wird die Moral jetzt in einem verstärkten Maß gegen die Sexualität in Anschlag gebracht. Die *übertriebene* Sauberkeitsmoral im Zwang entspricht also ganz allgemein einer Verdrängung von erotischen Wünschen. Und das war auch der Grund, weshalb die Bolenders das Schöne besonders in der Form körperlicher Attraktivität ablehnten, weil dieses eine unübersehbare Beziehung zum Erotischen unterhält.

Bei den Bolenders war also nicht Schönheit, sondern Sauberkeit das oberste Gebot. Norma Jeane wurde beigebracht, sich stets sauber zu kleiden, und sie mußte schon sehr früh bei der Reinigung des Hauses mithelfen. »Ich war sieben, aber ich übernahm meinen Anteil an der Arbeit. Ich putze die Böden, wusch das Geschirr ab und erledigte Besorgungen« (Monroe, 1980, S. 15).

Als sie kurz vor ihrem zwölften Geburtstag von einem 13jährigen Cousin zu sexuellen Handlungen gezwungen wurde, sollte sie danach die Badewanne tagelang »fast zwanghaft« nicht mehr verlassen haben (Spoto, 1994, S. 61). Obwohl hier die Nötigung zu einer sexuellen Handlung durch einen gemeinen Cousin ihren Zwang zur Reinigung auslöste, zeigt sich anhand ihrer Reaktion recht deutlich, daß Monroe unbewußt genau das Schema verfolgte, welches sie bei den Bolenders gelernt hatte. Sie versuchte, die sexuellen Berührungen des Jungen und die durch sie verursachte Schuld abzuwaschen.

Deshalb betonte sie immer wieder ihre Meisterschaft im Reinigen von Geschirr, weil dieser Vorgang durch ihre Kindheit einen hohen symbolischen Wert besaß. So adressierte sie an ihre Nachfolgerinnen in einem Interview:

»I used to tell them, for instance, that I worked for 5 Cent a month and I washed one hundred dishes, and my stepkids would say, ›One hundred dishes!‹ and I said, ›Not only that, I scraped and cleaned them before I washed them. I washed them and rinsed them and put them in the draining place, but‹, I said, ›thank God I didn't have to dry them‹« (Rollyson, 1987, S. 211–12).

Ihre Betonung, daß sie das Geschirr nicht abtrocknen mußte, zeigt neben dem geringeren Arbeitsaufwand, daß der Wert der symbolischen Handlung ganz auf dem Saubermachen der *Massen* von Geschirr lag. Gott, bei dem sich dafür bedankte, forderte wie ihre mütterlichen Autoritätspersonen nur das Reinigen nicht das Abtrocknen. Auch wenn Monroe die Schulung ihrer Begabung für das Geschirrspülen häufig in ihre Waisenhauszeit verlagerte – was der Realität teilweise widersprach und zu ihrer Mythenbildung gehörte – war sie in ihrem Symbolgehalt und ihrem religiösen Kontext nur allzu deutlich ein Resultat aus ihrer Erziehung durch die Bolenders.

Allerdings ist der Einfluß dieser Erziehung in bezug auf ihr eigenes Zwangsverhalten auch nicht zu überschätzen. Denn wenn sie sich auch mit Ida Bolenders Verhalten im Ringen um den Vater ein Stück weit identifizierte, so kam doch ein erheblicher Eigenanteil hinzu. Das heißt, es wäre falsch, Monroes zwanghafte Tendenz nur als Nachahmung ihrer Autoritätsperson begreifen zu wollen, die sie schließlich auch in vielen Aspekten ablehnte. So ist beispielsweise Monroes spezifisches Faible für sauberes Geschirr zwar durch die Erziehung der Bolenders deutlich vorgegeben, aber eben letztendlich in seiner besonderen Ausprägung ihr eigener Komplex, der allerdings längst nicht so eine Priorität in ihrer psychischen Organisation besaß, wie analoge Komplexe bei den Bolenders. Denn bei Monroe ging der Ernst, mit dem die Bolenders ihre Sauberkeitsideale vertraten, ziemlich verloren.

Die Religion – der Diskurs, auf dem die Bolenders ihr Realitätsbild begründeten – gehört insgesamt durch seine Hervorhebung der Gewissensinstanz und seinen ritualisierten Abläufen zur Diskursform des Zwangs. Wenn aber innerhalb der jüdisch-christlichen Religionsgeschichte Jesus, der mehr hysterisch als zwanghaft argumentiert, in der Bergpredigt, die vielen Gebote um das eine Gebot der Liebe ergänzt hat und damit den gesamten Kanon transformierte, so war dies eine wesentliche Erneuerung, ein echter Fortschritt, innerhalb dieses Diskurses. Denn von nun an mußten alle Gebote durch das Nadelöhr der Liebe gehen. Von dieser Erneuerung war aber im religiösen Verständnis der Bolenders, nichts zu spüren. Sie hielten, obwohl sie sich auf Pfingsten bezogen, an einem dogmatischen Religionsverständnis fest, in dem das christliche Element einer alles regulierenden Liebe fehlte.

Norma Jeane ist dieser Unterschied vielleicht aufgefallen, jedenfalls bezog sich ihr eigenes Religionsverständnis nicht auf das Gesetz, sondern unmittelbar auf Christus. So war einer ihrer Lieblingssongs in ihrer Kindheit, den sie in der Sonntagsschule gelernt hatte, »Jesus liebt mich« (Mailer, 1993, S. 43). Sie war sicherlich sehr angetan von dieser Gestalt, denn in der christlichen Nächstenliebe artikulierte sich für sie der Wunsch nach einer zwischenmenschlichen Symbiose mit allen Menschen. Was sie damals noch nicht nachvollziehen konnte, war, daß Jesus keine Sexualität besitzt, und obwohl sie seine Idealisierung der Vaterfigur zweifellos übernehmen konnte, führte doch gerade ihre direkt erotische Bezugnahme auf den Vater zu einem weiblichen Verständnis, welches über das seine weit hinausging. Ein religiöses Verständnis, in welchem der Beischlaf mit Gott wirklich zum Ziel der eigenen Liebesvorstellungen wird, findet sich *nur* bei einigen christlichen Mystikerinnen des Mittelalters.

Das alltägliche Verhalten, anhand von religiösen Motiven zu organisieren, führte aber bei den Bolenders immer wieder dazu, jegliches Fehlverhalten als Verdammungsurteil Gottes zu interpretieren. »Unordentlichkeit, Widerworte oder schlechtes Benehmen« bei den Kindern wurden als ein »Zeichen der Sünde« gesehen (Spoto, 1994, S. 31). Durch diese religiöse Stigmatisierung wurde Norma Jeanes Benehmen von außen permanent in einen Schuldzusammenhang gestellt, dem sie kaum etwas entgegensetzen konnte.

Entscheidend hinzu kam aber ihre innere Haltung. Die Schuldgefühle im Zwang resultieren immer daraus, daß in der Phantasie die beneidete Autoritätsperson vom Subjekt ermordet werden soll. Die In-Frage-Stellung der Über-Ich-Instanz hat demnach eine äußerst aggressive Struktur, die auf einen Mord hinausläuft. Dieser Mord ist nicht zu verwechseln mit den paranoiden Zerstörungsphantasien aus Monroes früher Kindheit, weil sich seine Motivation auf das Begehren von einem Dritten bezieht. Während die Paranoia in einem spiegelnden Dualismus verbleibt, in welchem die Selbstauslöschung und die des *Anderen* exakt dasselbe sind, weil Mutter und Kind eine Einheit bilden, basiert dieser Mord auf einer hierarchisierten Triangulation. In der paranoiden Struktur ist das Subjekt durch seinen erhöhten Narzißmus auf die Selbstliebe fixiert, und die Zerstörung des *Anderen* ist hier immer auch eine Selbstzerstörung. Der Mord im Ödipus- (oder genauer bei Frauen im) Elektrakomplex, richtet sich auf eine überlegene Rivalin, die mit ihr im Kampf um die Gunst des väterlichen Begehrens steht. Diese Rivalin hat aber diesen eigentlichen sinnlosen Kampf schon von vornherein gewonnen, weil sie und nicht das Kind mit dem Vater liiert ist.

Monroes psychotische Tendenz verhinderte, daß dieser Kampf, der in gewisser Hinsicht das Fundament für unsere Gesellschaft liefert, von ihr tatsächlich in vollem Maße ausgetragen werden konnte. Sie schreckte davor zurück, weil für sie dieser Mord sehr rasch den kompletten Verlust ihrer Mutterimago bedeuteten konnte. Durch ihre großen Ängste, die ausschließlich um diesen Verlust kreisten, drohte sie immer wieder von der Ebene eines symbolischen Mordes an der überlegenen Rivalin in die Zerstörungsphantasien von sich selbst und dem *Anderen* zurückzufallen, innerhalb derer dann dieser imaginierte Mord die bedrohliche Form eines kompletten Weltverlustes annehmen konnte.

Andererseits vollzog sie den symbolischen Mord aber doch, der dann allerdings von einem Selbstmord kaum zu trennen war, und sie litt dafür unter großen Schuldgefühlen, die sich vermutlich bis zu massiven Depressionen steigern konnten.

Monroes Trauer über Menschen, die starben und ihre Mutterimago symbolisierten, war immens hoch, insbesondere wenn es sich dabei um Männer handelte, welche sie als ein sexuelles Wesen akzeptiert und vielleicht sogar benutzt hatten. So konnte sie sich vor Heulen kaum mehr *einkriegen* als ihr wichtigster *Sugar Daddy* Johnny Hyde gestorben war, und Natasha Lytess fand sie einige Tage darauf gerade noch rechtzeitig, um sie vor einem Selbstmord zu retten. Es ist anzunehmen, daß auch Monroes gelungener Selbstmordversuch eineinhalb Jahre nach der Scheidung von Miller immer noch eine Reaktion auf seinen Verlust war.

In ihrer Kindheit verlor sie den Kampf um den Vater, wie fast alle kleinen Mädchen, weil der Vater die Mutter begehrte, und sie wollte daher so werden wie Ida Bolender, die ihr erstes reglementierendes Vorbild war. Die Rivalin war also von nun an nicht mehr *nur* sie selbst, sondern steht in einer Hierarchie über ihr. Doch die Trennung zwischen ihnen fand nur teilweise statt, und der Ödipuskomplex verlief bei Monroe stark innerhalb einer paranoiden Bahn, in der die Hierarchie sich immer wieder aufzulösen drohte und sie zwischen sich und ihrer Mutterimago nicht mehr zu unterscheiden wußte. Diese Verdopplung war für andere schwierig, die mit ihr zusammenarbeiteten. Monroe unterwanderte die üblichen Hierarchien am Filmset, und selbst Regisseure, die eine eher weibliche Einstellung hatten, wie beispielsweise Olivier oder Cukor, konnte sie nicht genügend respektieren. Zudem konfrontierte sie alle Regisseure mit ihren Schauspiellehrerinnen, auf die sie immer bedingungslos hörte, weil diese nur für sie ganz allein da waren. Es kam oft zu drastischen Konflikten, weil Monroe ihre Regisseure nicht anerkannte.

Wenn spätere Sublimationen des Ödipuskomplexes, der sich bei Monroe am stärksten aufgrund der Annahme der Geschlechterdifferenz durchsetzen konnte (gemordet wird gleichgeschlechtlich – begehrt wird das andere Geschlecht), darin bestanden, danach zu trachten, einen gesellschaftlichen Vorteil zu erringen – wobei sich dahinter die anfängliche Motivation verbarg, eine bessere Stellung beim Liebesobjekt zu bekommen – so kann man diese Neigung bei ihr deutlich in ihrem Sex-Appeal erkennen, der darin bestand, andere Frauen durch ihre größere Attraktivität bei Männern zu überbieten.

Monroe konnte durch ihr Konkurrenzverhalten an Stabilität gewinnen, weil das neurotische Mordmotiv im Zwang eine weit organisiertere Form von Aggression darstellt, als die Zerstörungsphantasien in der Paranoia. Da ihr persönlichster Wunsch aber gerade diese ödipale Ebene immer wieder unterlief, reagierte sie oft mit bloßen Angstaffekten auf dieses Thema. Und ihre Schuldgefühle, insofern sie durch Mord- und nicht durch Zerstörungsphantasien zustande kamen, hatten bloß einen sekundären Status. Ich würde sagen, daß Monroe unfähig zu gezielten Aggressionen gegenüber anderen war, ohne sich selbst zu gefährden. Sie neigte deshalb dazu, ihre Mordphantasien auf ihre Elternimago zu projizieren. So las Monroe in den Pausen bei den Dreharbeiten zu *Niagara* tiefenpsychologische Literatur, und ihren Fotografen »fragte sie etwas zusammenhangslos: ›War es nicht Freud, der von den Eltern als den Mördern ihrer Kinder sprach?‹« (Carroll, 1997, S. 11).

Aber ihre Mord- und noch mehr ihre reinen Zerstörungsphantasien lösten bei ihr starke Schuldgefühle aus. Ihre große *Ambivalenz* gegenüber Autoritätspersonen mit den Charakterzügen ihrer Mütter und ihre später geradezu schon absurde Züge annehmende Ablehnung von bestimmten Konventionen, beinhaltete in ihrem etwas zwanghaften Kern die Phantasie, die rivalisierende Mutter getötet zu haben. Sie zerstören zu können und zu wollen, löste bei Monroe bereits präventiv große Depressionen, Ängste und noch viel stärkere Schuldgefühle aus. Ihre Mordphantasien haben also für sie eigentlich sogar einen entlastenden, da begreifbaren Charakter. Die an die Apokalypse heranreichende Zerstörung empfand sie als viel bedrohlicher. Ihre Schuldgefühle traten aber sicher in beiden Fällen auf.

So wohnte Monroe eine Weile aus Kostengründen bei ihrer Schauspiellehrerin Natasha Lytess, in deren Wohnung sie sich zwar um die Pflege ihres Körpers intensiv kümmerte, jedoch nichts dazu beitrug, die Umgebung in Ordnung zu halten.

> »Wenn Natasha sich über den Dreck beschwerte, sah Marilyn sie nur verletzt an: ›Ihre Augenbrauen verzogen sich, sie ließ die Schultern hängen, und auf ihrem Gesicht lag ein Ausdruck unendlichen Schuldgefühls. Für sie bedeutete die kleinste Zurechtweisung Verdammung‹« (Spoto, 1994, S. 169).

Bei der erwachsenen Frau rief diese Kritik an ihrer mangelhaften Ordnung durch eine mütterliche Autoritätsperson nicht nur große Schuldgefühle hervor, sondern ein Gefühl der *Verdammung*, das einen nahezu existentiellen Charakter hatte. Wenn sie durch ihr Verhalten die Sympathie von Natasha auch nur für einen Moment verloren hatte, so empfand diese Frau das ganz sicher wie eine Katastrophe. Ihre Schuldgefühle warfen dabei für sie die Mauer einer durch *Disharmonie* entstandenen Trennung auf.

Monroe sollte während ihrer Ehe mit Miller einmal auf ihre Schuldgefühle in einem Interview näher eingehen. Sie bezog sich dabei auf Kafkas Kurzgeschichte *Das Urteil* und widersprach der gängigen Auffassung, daß diese Geschichte bloß das jüdische Schuldverständnis darstelle: »Es handelt eigentlich von allen Menschen. Es geht um dieses Gefühl, daß wir uns alle irgendwie schuldig machen« (Spoto, 1994, S. 321). Und in der Tat liegt die jüdischkafkaeske Auffassung der Schuld, die meistens aus einem nahezu unbekannten Gesetz resultiert, dessen Anspruch aber gleichzeitig so hoch ist, daß er für das Subjekt unerreichbar wird, ganz in der Nähe von dem, was für Norma Jeane das Gesetz war. Es ist kein Zufall, daß sie sich gerade auf diese Kurzgeschichte bezog. In ihr beschreibt Kafka die Vorwürfe eines alternden Vaters, der durch seinen Sohn vernachlässigt wurde. Der Sohn soll auch, so der Vater, einen seiner Freunde, der in großen Schwierigkeiten war, einfach im Stich gelassen habe, wobei der Sohn von den Problemen dieses Freundes gar nichts wußte. Demgegenüber hebt der Vater das sexuelle Anliegen seines Sohns hervor, der seine Braut tatsächlich sehr innig liebt. Er habe sich nur mit ihr verlobt, weil sie ihre Röcke für ihn angehoben habe, »die widerliche Gans«, sagt der Vater, während er diese Geste peinlicherweise auch noch vor dem Sohn nachahmt (Kafka, 1983, S. 30). Wie immer bei Kafka handelt es sich um eine groteske Szenerie, in der die Sexualität aufs äußerste unterdrückt wird und einem irrsinnigen Ekel weichen muß. Umgekehrt ist Marilyn Monroe nun gerade der erotische Filmstar, dem in *The Seven Year Itch* der Rock hoch geflogen ist, um damit auf lange Zeit ganze Heere von Männern zu betören. Mit so einer Art von Frau könnte also der Sohn in Kafkas Erzählung durchaus verheiratet gewesen sein. Nachdem nun der durch seine Vernachlässigung vom Vater für schuldig befundene Sohn sein Todesurteil von diesem verkündet bekommen hat, rennt er eine Bedienstete fast über den Haufen, die laut »Jesus« ruft, was in dem Zusammenhang der Handlung zweifelsohne auch eine Anspielung auf die Passion von Christus ist (Kafka, 1983, S. 32). Denn der Sohn wird sich aufgrund des schlimmen Urteils seines Vaters freiwillig in die Wellen stürzen. Wichtig an dieser Stelle ist neben dem Selbstmordmotiv aus Schuldgefühlen, die Vermittlung von diesen durch eine ziemlich *seltsame*, jegliche Sexualität verurteilende Elterninstanz. Es handelt sich um eine übersteigert dargestellte Elternautorität, deren moralische Forderungen und Regeln das Kind, egal wie es handelt, niemals befolgen kann.

Obwohl Monroes Interesse an Kafka zu diesem Zeitpunkt deutlich von Miller geleitet war, für den diese Geschichte vermutlich eine wichtigere Bedeutung hatte und der Monroe später in *After the Fall* jegliches ernsthafte Verständnis von Schuld leichtfertig absprechen sollte, bezeugt doch ihre Anteilnahme, daß sie Kafkas Narration über eine entsetzliche moralische Verurteilung nachempfinden konnte. In seiner Darstellung einer völlig überzeichneten, elterlichen Autoritätsperson konnte Monroe ein wenig ihr eigenes Verhältnis zu Ida Bolender und dann auch zu Gladys wiedererkennen. Allerdings hatte Kafka nur ein Bewußtsein von seiner eigenen, ausschließlich neurotischen Problemstellung; von Monroes symbiotischer und etwas psychotischer Weltauffassung, die diese Ebene tatsächlich entschieden erweiterte, hatte er nicht die geringste Ahnung.

Die Forderungen, welche Gladys Baker und Ida Bolender an Norma Jeane stellten, hatten aber wie bei Kafka einen absurden Charakter, denn sie konnte sie, ob sie es nun wollte oder nicht, gar nicht einlösen. So war zum Beispiel der besagte Sauberkeitsanspruch der Bolenders von vornherein unerfüllbar. »Marilyn erinnerte sich, daß sie sich als Kind für die Bolenders nie sauber, annehmbar und ansehnlich genug fühlte. ›Man kann sich immer noch mehr Mühe geben‹« (Spoto, 1994, S. 32).

Das Moment der Anerkennung des Kindes, welches sicher versucht hat, den Anspruch seiner Eltern zu befolgen, fehlt hier aber nicht aufgrund einer absichtlichen Verweigerung, sondern in den Augen der Bolenders konnte Norma Jeane gar nicht sauber genug sein, weil ihre Sexualität schließlich immer wieder den Schmutz produzierte, den man nicht abwaschen kann. Daß die Bolenders dabei einen Akzent ganz auf ihre Kleidung legten, zeigt wie gerade Norma Jeanes Körperverhüllung ein Bild des Makels bildete, welches für die Bolenders niemals die gewünschte Reinlichkeit erreichen konnte. Das wirkte auf das Kind, das diesen Hintergrund vielleicht spürte aber nicht verstehen konnte, natürlich absurd und wurde dann später von Monroe in übertriebenen Reinigungsritualen oder völliger Vernachlässigung des Äußeren in ebenso absurden Formen fortgesetzt.

In einem weiteren Punkt sollte Monroe den Bolenders und damit auch einer weiteren Konvention unserer Gesellschaft stets widersprechen. Ordnung zu halten, empfand diese Frau als einen ziemlichen Blödsinn. Monroe galt als undiszipliniert und chaotisch. Billy Wilder amüsierte sich einmal sehr ausgiebig über die Unordnung auf ihrem Autorücksitz:

»Es sieht aus, als hätte sie alles kreuz und quer, über- und durcheinander hingeworfen, weil der Feind ins Land gebrochen ist und seine Armeen vor Pasedena stehen. Da liegen Blusen, lange Hosen, Kleider, Gürtel, alte

Schuhe, alte Flugzeugbillets – vielleicht auch alte Liebhaber, was weiß ich – wie Kraut und Rüben durcheinander. In meinem ganzen Leben habe ich noch keine so scheußliche Unordnung gesehen. Über das Ganze ist zwanglos eine Handvoll Strafzettel verteilt. Strafzettel für falsches Parken, für zu rasches Fahren, und weiß Gott was. Ich fragte sie danach. Macht sie sich denn keine Gedanken darüber? Ja, nein – wie käme sie dazu? Mache ich mir Gedanken darüber, ob morgen die Sonne wieder scheint?« (Zolotow, 1962, S. 166).

Ihre Antwort auf seinen Vorwurf wirkt zunächst wie eine schlagfertige Bemerkung, mit der sie die möglichen Sorgen über Strafzettel, die eine vom staatlichen Gesetz befugte Instanz, nämlich die Polizei, ausschreibt, einfach beiseite schiebt. Es scheint, als interessiere Monroe sich nicht für das Gesetz. Schaut man sich ihre Antwort aber genauer an, so stellt sie in ihr die tiefergehendere, globale, existentielle Frage nach dem täglichen Fortbestehen der Sonne. Diese wie ein bloßer Witz wirkende Bemerkung eröffnet einen universalen, existentiellen Horizont, der gegenüber dem kleinbürgerlichen, zwanghaften Anliegen von Ordnung durch Konventionen in Anschlag gebracht wird. Damit hat Monroe die neurotische Frage nach dem Zwang der Ordnung aber in ihrer leicht psychotischen Art mit der Frage nach dem Fortbestehen der Welt beantwortet.

Als Norma Jeane auf ihrer ersten Fotoreise mit André de Dienes sein Auto, auf welches sie achten sollte, einfach verließ, um einige Lebensmittel einzukaufen, wurde dem Fotografen ein Teil seiner Ausrüstung gestohlen. Den Tränen nahe hörte sie sich seine Aufzählung dessen, was durch ihre Schuld alles abhanden gekommen war, an. »Dann sagte sie auf einmal unvermittelt: ›Aber mein Gott, das ist doch kein Weltuntergang, André. Fast alle unsere Sachen waren im Kofferraum. Es gibt Schlimmeres, oder nicht?‹« (de Dienes, 1986, S. 68).

Das, was ihrer Ansicht nach wirklich Schlimmes passieren konnte, wirkt hier wieder wie die als ein Allgemeinplatz hingeworfene Vorstellung vom Weltuntergang, den sie in einer religiösen Ausformulierung kennengelernt hatte. Deshalb berief sie sich auch in einer lapidaren Form auf Gott, wobei damit gleichzeitig de Dienes gemeint war, der ihr ein schlechtes Gewissen einzureden versuchte. Der wie beiläufig hingeworfene Spruch vom Weltuntergang eröffnet einen Fragehorizont, in dem wieder die gesamten Weltverhältnisse in Frage gestellt werden. Man könnte ihre Antwort so übersetzten, daß der durch sie verschuldete Diebstahl nicht die Weltverhältnisse in Frage zu stellen vermag. Und tiefer interpretiert heißt es: Ihre Schuld ist zu gering, als daß sie von ihrer Mutterimago verdammt werden könnte, welche sich dann von ihr abwenden würde. Ihre Argumentationsstruktur, die bloß wie eine alltägliche Redewendung wirkt, war genau dieselbe wie gegenüber Wilder.

Viel häufiger aber als mit dem Anklingen ihrer unbewußt apokalyptischen Weltauffassung, reagierte Monroe auf den von ihr so wahrgenommen, übertriebenen Ordnungssinn der anderen mit einem vitalen Enthusiasmus, den sie dann einfach bewußt dagegen setzte. Das konnte sie, weil jeder etwas zwanghafte Mensch bei ihr eine große Freude darüber auslösen konnte, daß sie nun wieder mit ihrer verlorenen Mutterimago zusammen war.

Umgekehrt konnte sie sich aber auch dem Vorwurf, unordentlich zu sein, insbesondere wenn er von Frauen, die ihrer Mutterimago ähnelten, geäußert wurde, nicht entziehen. Sie fühlte sich dann wieder in ihre Kindheit zurückversetzt und konnte den von dort an sie gestellten Ansprüchen nur noch schwer widersprechen.

War die Tat, welche ihr Gewissen installiert hatte, eine Mordphantasie gewesen, so lag ihre tatsächliche Schuld dann darin, den Ansprüchen der Bolenders niemals nachkommen zu können und ihnen schließlich trotzig und irrational zu widerstehen. Darüber hinaus hatten die Bolenders dem kleinen Mädchen auch noch beigebracht, daß eine Schuld durch Bestrafung gesühnt werden kann, denn sie erzogen ihre Kinder mit Schlägen. In Monroes psychischer Ökonomie verursachte diese Form körperlicher Züchtigung einen *lebenslänglichen* Masochismus, der nur wenig auf einen vorhergehenden Sadismus zurückgeführt werden kann, sondern vor allem ein direkter Ausläufer des Todestriebes war und auf eine Versöhnung mit ihrer Mutterimago durch die Sühne ihrer Schuld abzielte. Diese masochistische Neigung sollte es ihr schließlich ermöglichen, sich selbst zu er-morden und außerdem ihren Körper mit Drogen und Alkohol vollzupumpen. Ihr unmittelbares Verhältnis zum Todestrieb konnte nur deshalb zu einer aggressiven Ausführung gelangen, weil sie als Kind schon eine vollkommen beabsichtigte Gewaltausübung gegen ihren Körper als Strafe kennengelernt hatte. Das Gewaltmoment in ihrer Erziehung durch die Bolenders hinterließ bei der sensiblen Norma Jeane eine nahezu traumatische Struktur, und sie hat in ihrer Kindheit gewiß deshalb große Ängste ausstehen müssen.

War es fast unmöglich bei Ida Bolender als einer *rechtsprechenden* Instanz unschuldig davon zu kommen, so stellte ihr Mann, der Postbote Albert Bolender, die *ausführende* Gewalt dar und stand häufiger schweigend und bedrohlich neben seiner Frau (Spoto, 1994, S. 31). Weil die Schläge in ihrer Kindheit mit *Ledergürteln* und *Rasiermesserriemen* (Mailer, 1993, S. 43) verübt wurden, besteht kaum ein Zweifel darüber, daß es ihr Ersatzvater war, der sie ausführte. Dieser Mann, der wie Lacan sagen würde, eher eine blasse Position gegenüber der Herrschaft seiner Frau einnahm, übernahm dafür die Aufgabe der körperlichen Bestrafung. So lernte Norma Jeane lange vor der männlichen Sexualität die männliche Gewalt in der Form von Schlägen kennen. Etwas, was dieses zärtliche Kind nur sehr schwer verarbeiten konnte und das eine bleibende Furcht vor Männern hinterließ.

Sie sagte später über die Bolenders:

»Sie waren fürchterlich streng. Ohne Bosheit. Es war ihre Religion. Sie erzogen mich unerbittlich und haben mich auf eine Art und Weise zurechtgewiesen, wie man es meiner Meinung nach niemals tun sollte: mit Ledergürtelschlägen« (Monroe, 1992, S. 14).

Doch für Monroe sollte sich dieses Gewaltmoment durchaus wiederholen. So ließ sie DiMaggios Schläge über sich ergehen, ohne ihn deshalb anzuzeigen (Summers, 1988, S. 138ff). Einmal fragte sie sich gegenüber Susan Strasberg nach einem Streit mit Miller, warum er sie nicht wegen ihrer schlechten Manieren einfach geschlagen habe: »Er hätte mich schlagen sollen« (Spoto, 1994, S. 384). Ihre absurden Gewaltphantasien gegenüber Miller waren das Resultat einer durch Gewalt vermittelten Moral und der verzweifelten Ansicht, daß sie so ihre Schuld gegenüber ihm loswerden könnte. Im unbewußten Hintergrund ihrer Schuldgefühle ihm gegenüber verbarg sich aufgrund seiner Ähnlichkeit mit Ida Bolender aber auch ihre infantile Zerstörungsphantasie. Sie wünscht sich deshalb so offen, von ihm geschlagen zu werden, weil nur auf dieser Ebene, welche eine analsadistische Komponente enthält, der neurotische Zwangsmechanismus griff, der ihre psychotische Problematik überlagerte. Die latent psychotische Ebene in ihrem Verhältnis zu Miller wurde ohnehin von ihm immer wieder nur durch seine väterlichen, männlichen Anteile aufgelöst. Ihr Ruf nach dem »Schlag mich« war der fast schon ohnmächtige Ruf nach dem starken Vater, der sie von den verwirrenden und tiefen Schuldgefühlen gegenüber ihrer Mutterimago befreien sollte. Miller schlug Monroe aber im Gegensatz zu DiMaggio nie.

Das Gewaltmoment in der Erziehung der Bolenders verband sich also mit ihren eigenen archaischen Vorstellungen, die aus der für den Zwang typischen Regression in die analsadistische Phase stammen. Denn durch diese Regression werden erotische Phantasien stark mit Gewaltphantasien verwoben und dann um so stärker verboten. Das hieß für Norma Jeane, daß die väterliche Gewalt als ein purer Sadismus verstanden wurde, ganz unabhängig davon, ob sie nun als solcher gemeint war oder nicht. Die sadistische Vaterimago lieferte so das Pendant zu ihrer masochistischen Einstellung, in der alles, was sie als machtverfolgende Unterdrückung empfand, später als Ausübung sadistischer Interessen gelesen wurde – *auch* wenn dieses nicht der Fall war.

So verglich sie Billy Wilder mit einem tyrannischen Diktator. In Laurence Olivier sah Monroe häufiger einen weißen Sklavenhalter und wurde dabei selbst zu seiner schwarzen Sklavin. Damit unterstellte sie beiden Filmregisseuren, daß sie ihre Macht zu sadistischen Zwecken mißbrauchten, was nicht *unbedingt* der Fall war und zumindest bei Wilder sicherlich keineswegs seiner Art entsprach.

Umgekehrt verehrte sie John Huston, der ganz offenkundig eine sadistische Ader besaß. Gegen diese durfte sie in *The Misfits* auch in ihrer Rolle als Roslyn in einem atemberaubenden Wutanfall, der in ihrem Repertoire einzigartig dasteht, heftig aufbegehren. Diese berühmte Szene befindet sich am Ende des Films, wo sie gegen den irreal gewordenen männlichen Traum von Freiheit anschreit. Die Cowboys versuchen, die kläglichen Restbestände von Wildpferden, die dann zu Hundefutter verarbeitet werden sollen, einzufangen. In diesem sinnlosen Unternehmen spürt Roslyn das gesamte Problem der männlichen Realitätsbewältigung. War Monroe schon zuvor in *Bus Stop* durch den Lassowurf eines Cowboys in ihrer Rolle als Cherie selbst mit einem Pferd identifiziert worden, wogegen sie sich heftig gewehrt hatte, so wird sie nun als Roslyn dem Standardgebaren der Männerwelt eine noch viel tiefergehende Absage erteilen. Die Sätze, welche ihr hier von Miller auf den Leib geschrieben wurden und durchaus ihre persönliche Meinung wiedergeben, diskreditieren das männliche Verhalten *insgesamt* als zerstörerische Machtaneignung der Welt, gegen die sich ihre gesamte Emotionalität richtete, die die Welt nicht erobern, sondern harmonisch mit ihr verschmelzen möchte.

Psychoanalytisch gesehen wird ihre heftige Aversion gegen den männlichen Sadismus, mit dem sie sich kaum zu identifizieren vermochte, sofort deutlich. Weil Monroes Mordphantasien sich zu nahe an ihren Zerstörungsphantasien befanden, ertrug sie es in diesem Film ebenso wie als Privatperson nicht, wenn Tiere vor ihren Augen sterben mußten. Ihr Mitgefühl ging soweit, daß sie als Jugendliche einmal eine Kuh von der Weide ins Haus holte, damit diese nicht im Regen stehen mußte. Für Monroe war das Töten der Wildpferde nicht bloß ein Mord, den sie allerdings aus moralischen Gründen ebensowenig akzeptiert hätte, sondern in ihm zeigte sich der *Zerstörungswille* der Männer. Gegen diesen Zerstörungswillen, der für sie die größte aller Gefahren darstellte, schrie sie in ihrer gesteigerten Aggression an.

Feministisch gewendet kann man Monroe ebenso wie Roslyn einfach als eine überzeugte Anhängerin der introvertierten, romantischen Mutter-Kind-Dyade verstehen. So verstanden lehnte sie den extrovertierten Zug der patriarchalen Welteroberung, dem immer notwendig ein sadistischer Impuls innewohnt, entweder aus moralischen Gründen ab, oder versuchte, ihn in der verspielten Form ihrer erotischen Verführung für sich zu gewinnen.

Andererseits bewunderte Monroe Männer gerade wegen ihrer Fähigkeit, sich auch ganz offensichtlich destruktiv zu verhalten, und das Spannungsverhältnis zwischen ihr und ihnen entstammte aus ihrer unterschiedlichen Mentalität in bezug auf ihre Möglichkeiten zur Zerstörung. Sie empfand diesen Unterschied häufig als sehr belebend und anregend, denn Männer konnten so viele, großartige, kraftvolle Dinge tun und sagen, die ihr nicht einmal zu denken möglich waren. Monroe bewunderte männliches Draufgängertum, und sie mochte ihren klaren Blick auf die Wirklichkeit.

Ihr Gewissen duldete aber nur wenig Sadismus bei sich selbst. Denn alle Formen von eigenen sadistischen Phantasien drohten, die Nabelschnur zu ihrer Mutterimago zu durchtrennen. Deshalb gab sie sich lieber leicht masochistischen Phantasien hin, bei denen sie mit ihrer Mutterimago und schließlich auch mit Jesus, der durch sein Opfer die Schuld von der Welt nimmt, im Einklang bleiben konnte. Andererseits entwickelte sie oft eine Zuneigung und ein starkes Vertrauen zu Menschen, die sich eine etwas sadistische Haltung offen zugestanden. In gewisser Hinsicht versuchte sie sogar, solche Männern, die ein Faible für ihren Hintern hatten, besonders anzusprechen. Denn Monroe trug als eine der ersten amerikanischen Frauen gerne sehr enge Jeans, in welchen ihr üppiger Hintern besonders gut zu sehen war. In *The Misfits* gibt es eine Stelle, wo Gay (Gable) ihrem Hinterteil bei einem gemeinsamen Ausritt auf Pferden besondere Beachtung schenkt.

In ihrer Kindheit wurde sie gewiß vor allem bestraft, indem man sie auf diese Stelle schlug. Weil das Gesäß im Zwang weiterhin als ein böses Lustzentrum mit Priorität angesehen wird, ist es sehr wahrscheinlich, daß die Bolenders ihr an diesem sensiblen Körperteil Schmerzen zufügten. Es war schließlich die böse Lust, die sie vor allem bestrafen wollten. Es ist anzunehmen, daß Norma Jeane diesen Zusammenhang auf einer unbewußten Ebene verstanden hat.

Für ihre etwas hysterische Einstellung gegenüber Männern spielte die Gewaltausübung eine entscheidende Rolle, weil sich in ihr eine männliche Bedrohung realisierte, die dieses Kind durch seine enge Mutterbindung und durch den Einfall des Dritten, des Vaters, schon früh verspürt hatte. Diese Gewaltausübung bestätigte also in einer drastischen Form ihre psychische Realität, in der männliches Verhalten ohnehin als das Unbekannte, Fremde, Gefährliche und schließlich Idealisierte auftrat.

Ihr häufig devoter Körperausdruck, den sie zur Verführung der Männerwelt benutzte, war eine Folge ihrer leicht masochistischen Haltung. Monroes charmante und wirklich eingeschüchterte Haltung gegenüber Männern kann man gerade in ihren frühen Filmen, zum Beispiel in Hustons *The Asphalt Jungle,* deutlich sehen. In Fritz Langs *Clash by Night* reagierte sie dann in ihrer

Rolle als Peggy schon ziemlich trotzig auf die verspielte Gewalt ihres zukünftigen Ehemanns, und ihr Verhältnis zueinander wurde von Filmkritikern eher als ein sadomasochistisches beschrieben. Ihr kam dabei die typisch weibliche Rolle zu, die ein wenig sadistische Eroberung durch die Männer mit einer Mischung aus flirtender Faszination einerseits zu mögen und andererseits zu begrenzen. Die Beziehung der beiden Darsteller zueinander basiert so mehr auf einem Machtaspekt als auf wirklicher Zuneigung, was für Langs Charaktere typisch ist. Monroes wirkliche Fähigkeiten, die von weit stärkeren Emotionen und auch einer weit eindringlicheren Darstellung von Erotik getragen wurden, konnte sie in diesen Film aber so kaum richtig plazieren, da sein Regisseur einer solchen Haltung selbst arg mißtraute. In *Clash by Night* liefert Monroe wie in einigen ihrer frühen Filme deshalb nur den naiven Hintergrund für das düstere Drama der unterkühlten Hauptprotagonisten, welches sich hier dann auch ganz auf den Machtaspekt konzentriert.

Bei den Dreharbeiten zu diesem Film führte Langs persönlicher Sadismus, den dieser in seiner Ungeduld gegenüber einer damals noch ziemlich unbekannten und völlig verängstigten Schauspielerin wohl ziemlich offen austobte, dazu, daß er die junge Monroe mit ihrem Hang zum Perfektionismus am Set einige Male zum Heulen brachte und sie unter einem starken Hautausschlag litt. Diese hysterische Reaktion zeigt wie sensitiv ihr Körper auf Aggressionen reagierte, was eine Folgeerscheinung ihrer gewaltsamen Erziehung war.

Hatten die Bolenders kein Problem damit, ihre Kinder zu schlagen, so gab es auf der anderen Seite ein echtes Berührungsdefizit. Ab dem Zeitpunkt ihrer infantilen, genitalen Sexualität dürfte Norma Jeanes Körper wohl kaum mehr von ihren Müttern zärtlich berührt worden sein. Dieses Berührungsproblem, teilte nämlich Ida Bolender mit Gladys Baker. In ihrer Autobiographie stellte Monroe fest, daß Grace, eine Freundin ihrer Mutter, bei der Norma Jeane später leben sollte, »der erste Mensch« war, »der mir zärtlich über den Kopf strich oder mir die Wange tätschelte« (Monroe, 1980, S. 15). Da es ziemlich unglaubwürdig ist, daß Norma Jeane keine Zärtlichkeit von den anderen Kindern und dabei insbesondere von ihrem Ziehbruder Lester bekommen hat, ist hier wohl vor allem der erste bewußte zärtliche Kontakt durch eine mütterliche Bezugsperson gemeint. Grace gab dem jungen Mädchen etwas, das Ida Bolender und Gladys ihr schon lange verweigert hatten. Auffällig in Monroes Beschreibungen über ihre leibliche Mutter ist, daß diese nicht nur wenig mit ihrer Tochter kommunizierte, sondern vor allem gar keinen *körperlichen* Bezug zu ihr aufbaute. »Sie hat mich nie geküßt oder mich in die Arme genommen und kaum mit mir gesprochen« (Monroe, 1980, S. 7). Aufgrund dieser Berührungsunfähigkeit ihrer beiden Mütter basierte Monroes starkes Körpergefühl neben der erschreckenden Behandlung durch männliche Schläge wohl vor allem auf ihren frühkindlichen Erfahrungen, später dann auf ihrem narzißtischen Autoerotismus und wahrscheinlich auf einem sehr zärtlichen Verhältnis zu Kuscheltieren, ihrem Hund und zu den anderen Pflegekindern, insbesondere vielleicht zu ihren jüngeren Geschwistern.

Ihre Sehnsucht nach Verschmelzung, die besonders gut körperlich möglich ist, wurde in ihrer Kindheit von ihren Müttern also nicht richtig gestillt. Im Gegenteil, das junge Mädchen wurde sehr bald schon auf Distanz gehalten. Das fing sicherlich damit an, daß sie schon sehr früh von Ida Bolender eine Milchflasche bekam. Der bereits früh abgebrochene Körperkontakt zu ihren ersten Bezugspersonen sollte Monroes ausgeprägten Wunsch nach Verschmelzung sehnsuchtsvoll verstärken ebenso wie ihre Körpersensibilität.

Innerhalb zwanghaft orientierter Verhaltensweisen ist das Berühren das zentrale Verbot:

»Da die Zwangsneurose zu Anfang die erotische Berührung, dann nach der Regression die als Aggression maskierte Berührung verfolgte, ist nichts anderes so geeignet zum Mittelpunkt eines Verbotssystems zu werden« (Freud, 1986, S. 37).

Das Gegenteil von Berührung ist Isolation und genau damit operiert der zwanghaft orientierte Mensch, der alles voneinander getrennt und geordnet haben möchte. Der ambivalente Charakter, mit welchem er dem Phänomen sonst gegenüber steht, wird durch das Abgetrenntsein der Dinge voneinander aufgehoben. Im Zwang wird meistens nicht verdrängt, sondern das zu Verdrängende wird per Verschiebung voneinander isoliert, damit aus seinem ursprünglichen Zusammenhang gerissen und so unkenntlich gemacht. Oft wird durch Versachlichung jeder emotionale Bezug abgetötet. Das etwas zwanghafte Verhalten von Ida Bolender verursachte so in vieler Hinsicht eine Distanzierung, die auf Norma Jeane immer wie eine kühle Abweisung gewirkt haben muß.

Es ist offensichtlich, daß die Isolierung im Zwang der Zerlegung in der Paranoia ebenso wie der Dissoziation innerhalb der Schizophrenie nahesteht, während genau umgekehrt der essentielle Wunsch nach Verschmelzung, das andere wesentliche Charakteristikum in der Schizophrenie, eine starke Beziehung zur Verdichtung in der Hysterie unterhält. Drängen die ersten psychischen Prozesse, wenngleich auf völlig verschiedenen Niveaus, zur Auflösung, so insistiert das zweite auf dem Wunsch nach Vereinigung.

Norma Jeanes auferlegte Isolation, die eines der größten Probleme ihres gesamten Lebens werden sollte, erzeugte immer eine enorme Sehn-Sucht.

Wenn Monroe in *The Misfits* die betrunkene Roslyn spielt, welche herumtaumelnd vor den erstaunten Männerblicken damit anfängt, einen Baum innig zu umarmen, oder wenn sie sich, wie auf einem Foto von Milton Greene, an der Statur von einem griechischen Diskuswerfer eng umschlingend festhält (Monroe, 1994, S. 30f.), dann wird deutlich sichtbar wie sehr sich diese isolierte und einsame Frau nach einer völligen körperlichen Vereinigung, die auch fast ohne jede Erotik auskommt, sehnte. Sie wollte die erschreckenden Ansichten, welche sie in ihrer Kindheit kennengelernt hatte, vergessen und behielt durch ihre in vielen Dingen unbarmherzige Erziehung ein starkes physisches, wie psychologisches Anlehnungsbedürfnis, in dem dann eine *mütterliche* Vatergestalt zu dem Liebesobjekt wurde, welches sie die körperliche und seelische Abweisung durch ihre beiden ersten Mütter vergessen lassen sollte.

Allerdings galt das Berührungsverbot, welches diese starken Sehnsüchte auslöste, keineswegs schon für den Säugling, welcher vermutlich trotz aller Einschränkungen sehr zärtlich behandelt worden ist. Solange Ida Bolender Norma Jeane als ein *asexuelles* Wesen begreifen konnte, hat sie das Kind vermutlich sogar sehr zärtlich betreut, und diese Erfahrung sollte Norma Jeane in ihrem Leben nie vergessen. So wurde hier der erste, großartige Baustein ihres Weltbezugs in einer äußerst positiven Form gesetzt. Aber dann begannen die Schwierigkeiten, denn das Kleinkind wurde vom Zeitpunkt seiner infantilen, genitalen Sexualität an heftig abgelehnt. Es war Norma Jeanes beginnende Sexualität, mit der ihre Mütter keinesfalls in Berührung kommen wollten.

Monroes berühmte spätere Reaktion auf ihre körperliche Zurückweisung war ihre perfekte Stilisierung zum erotischen Körper, den nun wirklich alle Männer anfassen wollten. Und es war von ihr auch nur konsequent, sich *massenweise* das von den Männern zu holen, was ihre Mütter ihr schon ziemlich früh verweigert hatten. Billy Wilder verbalisierte diesen Wunsch, den Monroe als eine haptische Kinoillusion suggerierte, so: »Sie sieht auf der Leinwand so echt aus, daß man meint, man brauche nur die Hand auszustrecken, um sie zu berühren« (Spoto, 1994, S. 279).

Überhaupt wird in Monroes Beschreibungen ihrer Kindheit der gewaltsame aber auf ihren Körper Bezug nehmende Mann leider niemals wirklich als ein Problem beschrieben. Später wird ihr DiMaggio versehentlich den Daumen brechen, ohne daß sie daraus eine große Sache machte. Sie hatte ihn in einem Flugzeug von Hinten umarmt und dieser Mann, der keine Zärtlichkeiten in der Öffentlichkeit mochte, reagierte darauf wie im Affekt. Er nahm ihre Hand und riß sie so heftig nach oben, daß ihr der Daumen brach (Monroe, 1994, S. 34). Sie hatte sein Tabu von zärtlicher Berührung in der Öffentlichkeit durchbrochen und sah vielleicht sogar sein Handeln unbewußt als eine gerechte Bestrafung an. Als er ihr wegen ihres Auftritts in *The Seven Year Itch*, wo ihr der Rock hochflog, am ganzen Körper blaue Flecken verpaßte, erlebte Monroe das vermutlich als eine direkte Wiederholung ihrer kindlichen Welt. Und wiederum machte sie kein großes Aufheben davon (Monroe, 1994, S. 34). Ihre Ehe wurde dann nach neun Monaten wegen seelischer aber nicht wegen körperlicher Grausamkeiten geschieden (Summers, 1988, S. 152). Der eifer- und fernsehsüchtige DiMaggio zog es nämlich neben seinen Schlägen vor, bei einem Streit mit seiner Ehefrau tagelang nicht mehr mit ihr zu sprechen. Diese psychische Bestrafung, die Monroe an ihre Mütter erinnerte, lieferte für sie den Scheidungsgrund. Seine väterlichen Schläge steckte sie weg, denn auch bei der Scheidung war von körperlicher Gewalt keine Rede.

DiMaggio ließ sich anders als später Miller mit seiner Frau auf keine richtige symbolische Vermittlung ein. Dafür sollte er Monroes Vorschlag befolgen, sich wie sie selbst in Psychotherapie zu begeben, »was ihm, wie er später gesagt haben soll, ›das Leben rettete‹« (Victor, 1999, S. 80). DiMaggio wurde aber von Monroe niemals als ein gewalttätiger Mann denunziert, sondern eher noch liebevoll mit Kosenamen wie »mein Schläger« beschrieben, was ein mehr oder weniger eindeutiger Hinweis war, denn sie hatte ihren Mann, wie sie in Interviews sagte, nie beim Baseballspielen gesehen (Spoto, 1994, S. 256). »›Joes größter Schläger‹, erzählte sie mit Vergnügen Jet Fore, einem Freund im Studio, ›ist nicht der, den er auf dem Sportplatz schwingt‹« (Summers, 1988, S. 141). So hatte sie den Zusammenhang zwischen der etwas sadistischen Gewalt und der männlichen Sexualität wohl durchschaut, und gerade der Sex mit DiMaggio wurde von ihr auch stets als herausragend beschrieben. Vielleicht war dies der Grund, weshalb sie seine Gewalt nicht an die Öffentlichkeit zerrte. Seine Gewalt war zu nahe an seiner Sexualität, die sie sehr an ihm schätzte.

> »›Sie sagte, in ihrem ganzen Leben sei niemand so gut im Bett gewesen wie Joe‹, berichtet Amy Greene, ›aber irgendwann müsse man aus dem Bett steigen und reden. Und das konnten sie eben nicht‹« (Summers, 1988, S. 141).

Auch Albert Bolender wurde von Monroe nicht als ein Täter angeklagt, der sie geschlagen hatte, sondern im Gegenteil als der einzige Ratgeber, an den sie sich in ihrer Kindheit wenden konnte:

> »Ich saß morgens auf dem Rand der Badewanne, sah zu, wie er sich rasierte, und stellte ihm Fragen – wo Osten oder Westen lag, oder wie viele Menschen es auf der Welt gab. Er war der einzige, der je meine Fragen beantwortete« (Monroe, 1980, S. 7).

85

In ihrer auf ein großes Publikum ausgerichteten Autobiographie werden stets die Vaterfiguren emotional positiver gezeichnet, als ihre Mütter. Sie versuchte so schon bald, der Enttäuschung, die ihre Mütter ihr bereitet hatten, zu entkommen. Gleichzeitig haben ihre Mütter ihr soviel mehr *bedeutet*, daß später Miller und auch schon DiMaggio, durch ihren femininen Charakter und ihre leicht zwanghaften Art eindeutig von Monroes Mutterimago abzuleiten sind. So war DiMaggio ein »Ordnungsfanatiker« (Summers, 1988, S. 141) und Miller ein bißchen wie ein zurückhaltender Einsiedler, der während ihrer Ehe zeitweilig unter einer Schreibhemmung litt, und der es trotz seiner gesamten Anstrengungen nicht schaffen sollte, diese labile Frau vor den Folgeerscheinungen ihrer schwierigen Kindheit zu beschützen.

Monroes Beziehungen waren sehr lange durch ihre unverarbeiteten Kindheitserfahrungen stark belastet. In ihren Beziehungen neigte sie dazu, die Welt innerhalb der einmal vorgezeichneten, negativen Bahnungen erneut wahrzunehmen und so gar keine neuen Erfahrungen mehr zu machen. Doch von diesem negativen Potential wollte sie sich spätestens ab 1955 befreien.

Gegenüber der *Times* erklärte Miller, der ihre Probleme kannte, noch bevor sie verheiratet waren, folgendes:

»Statt am Leben zu verzweifeln, wozu sie wirklich allen Grund gehabt hätte, bewahrte sie ihre Fähigkeit zu fühlen und nach einer wahren Beziehung zu suchen. Sie will sich nicht mehr wegwerfen, damit hat sie aufgehört. Man hat ihr so oft vorgebetet, sie sei ein schlechtes Mädchen, sei nichts wert, daß sie ein starkes selbstzerstörerisches Potential aufbaute. Sie ist im Begriff, sich davon zu befreien«« (Summers, 1988, S. 197).

Letztendlich sollte sie diesen Kampf verlieren, und ihr *destruktives* Potential, welches sie nicht nach Außen wenden konnte, ohne sich selbst in große Mitleidenschaft zu ziehen, sollte sie schließlich selbst zerstören.

Norma Jeanes Abwertung zu einem *schlechten Mädchen*, welche sich bei den Bolenders vor allem auf ihre Sexualität bezog, läßt sich sehr konkret an einem äußerst wichtigen Ereignis in ihrer Kindheit erläutern. Als sie fünf Jahre alt war hatte sie einen ihrer ersten großen, öffentlichen Auftritte, bei dem sie zusammen mit einer Gruppe von Kindern bei einem religiösen Umzug im Freien teilnahm. Hier geschah Norma Jeane ein unvergeßliches Mißgeschick. Sie bildete unabsichtlich einen schwarzen – und das heißt in der Sprache der Bolenders *schmutzigen* – Fleck in einem weißen, christlichen Kreuz. Monroe hat es selbst genau beschrieben:

»Unter den schwarzen Roben trugen wir alle weiße Gewänder, und auf ein bestimmtes Zeichen hin sollten wir die Roben abwerfen und dadurch das schwarze Kreuz, das wir bildeten, in ein weißes verwandeln. Aber ich war so fasziniert von den Menschen, dem Orchester, den Bergen und den Sternen am Himmel, daß ich völlig vergaß, auf das Zeichen des Dirigenten zu achten. Und dann stand ich da – der einzige schwarze Fleck in einem weißen Kreuz. Die Familie, bei der ich lebte, hat mir das nie verziehen« (Spoto, 1994, S. 33).

Norma Jeanes kindliche Faszination für ihre Umgebung und auch ihr tranceartiger Zustand, mit dem sie sich vermutlich schon damals der religiösen Zeremonie hingab, war so groß, daß die Menschen, die Musik, die Sterne und die Berge sie davon abhielten, sich auf das kleine Zeichen des Dirigenten zu konzentrieren. Ein Kind mit einem tatsächlich zwanghaften Verhalten würde genau umgekehrt ziemlich nervös nur auf dieses *eine* Signal achtgeben und alles andere darüber vergessen. Nicht so Norma Jeane, die ganz hingerissen war von dieser Verschmelzung von Menschen durch diese Feierlichkeit. Sie hatte augenscheinlich keinen richtigen Sinn für das einfache symbolische Spiel, welches von der binären Codierung von Gegensätzen handelte. Sie brach völlig unfreiwillig mit der an sie herangetragen Konvention und blieb ein dunkler, böser, schmutziger Fleck in einem hellen, guten, reinen Kreuz.

Aber wer interessiert sich schon für die simple Symbolisierung von Gut und Böse in einem Repräsentationssystem von Schwarz und Weiß angesichts der vielen schönen Dinge, die es auf der Welt gibt? Wie Miller über sie sagte, konnte Monroe eine Blume so verwundert ansehen als hätte sie noch nie zuvor eine gesehen (Mailer, S. 257), und in ihrem ganzen Leben spielten Phantasien eine wichtigere Rolle als ein dogmatisches und engstirniges Verhältnis zu Symbolen. Sogar ihren Status als Sexsymbol empfand sie als unsinnig, wobei nicht der Sex, sondern die Reduktion auf ein Symbol das Problem darstellte, weil sie damit in ihren Augen eher als eine Sache und nicht mehr als ein Mensch gesehen wurde (Grant, 1992, S. 26). Die Welt war für Monroe viel zu vielfältig, um sich auf ein Zeichensystem reduzieren zu lassen.

Wenn dann Weiß auch die Farbe werden sollte, die sie am liebsten trug, zumal diese Farbe Blondinen einfach am besten steht (Arnold, 1988, S. 17), so kann sie die schuldvolle Bedeutung dieses schmutzigen Flecks, der wie in einer ersten Momentaufnahme ihre gesamte Mentalität in den Augen der Bolenders bezeichnete, nie mehr wegwischen. Wie man in ihrer weiteren Biographie erkennen kann, wollte sie dies aber spätestens ab ihrer Pubertät auch gar nicht mehr.

In einer etwas abgewandelten Form dieses Ereignisses, die Monroe Miller erzählte, trugen die Mädchen Umhänge, die auf der einen Seite rot und auf der anderen weiß waren. Während des Wiedererweckungsliedes wurden diese Umhänge dann von dem sündigen Rot zum reinen Weiß gewendet, und Norma Jeane, ganz glücklich darüber, daß sich alle Mädchen daran erinnerten, vergaß einfach, dasselbe auch selbst zu tun. So wurde sie in der durch die Mädchen gebildeten, riesigen, weißen Fläche in den Bergen in der Umgebung von Los Angeles zu dem einzigen roten Punkt in einem weißen Kreuz. Das brachte ihr vermutlich zum ersten Mal eine Menge Aufmerksamkeit ein, doch diese hatte einen äußerst negativen Charakter. Gegenüber Miller, dem sie dieses Ereignis so erzählte, als wäre es gestern und nicht 25 Jahre zuvor gewesen, soll Monroe verständnisvoll über ihren Fehler, denn sie als Kind gemacht hatte, gelacht haben.

»Aber sie wurde für ihr Mißgeschick geschlagen und wie man ihr sagte, von Jesus persönlich verurteilt – ein Beispiel für Gottes unversöhnliche Ablehnung. ›Jesus vergibt doch den Menschen, aber das haben sie nie gesagt. Im Grunde haben sie nur Ohrfeigen verteilt, wenn man etwas falsch machte‹« (Miller, 1989, S. 492).

Wie sie richtig bemerkte, war das religiöse Verständnis der Bolenders eben nicht geprägt vom christlichen Verzeihen, welches Jesus gepredigt hatte, sondern von dem sturen Befolgen der Regeln, das bei Zuwiderhandlungen Bestrafung forderte. Sie empfand schon als Kind diese Vorgehensweise häufig als völlig ungerecht und konnte sie auch nicht nachvollziehen. Je weniger aber ihr Bewußtsein mit dieser engstirnigen Auffassung von Moralität anfangen konnte, desto größer war ihre Bereitschaft, diesen Regeln unbewußt nachzukommen.

So sollte dieses Ereignis enorme Folgen haben und in der Geschichte von Norma Jeanes Unbewußtem eine deutliche Spur hinterlassen. Sicherlich sind die Folgeerscheinungen nicht allein auf dieses eine singuläre Ereignis zurückzuführen, aber ein ziemlich offensichtlicher Zusammenhang ist leicht rekonstruierbar.

Schon einige Jahre später entwickelte Norma Jeane eine *Zwangsphantasie*, welche für die zukünftige Schöpfung von Marilyn Monroe einen wichtigen Ausgangspunkt lieferte. So entwickelte das junge Mädchen am Ende ihrer Latenzzeit als eine mögliche Reaktion auf dieses Kindheitserlebnis einen *Ausziehzwang*, der darauf abzielte, sich nun vor einer religiösen Gemeinschaft komplett zu entkleiden. Es handelte sich also, wenn man diesen Zwang als ein Symptom begreift, um einen typisch neurotischen Kompromiß, weil er einerseits das ursprünglich geforderte Ausziehen oder Wenden der Robe noch enthält, aber andererseits nun das komplette Entkleiden forderte und damit die Motive der ehemaligen Szene sehr entstellt wiedergibt.

Ihr Exhibitionismus stellte sich aber vor einer religiösen Gemeinschaft, und das heißt hier nichts anderes als vor einer zwanghaft orientierten Gesellschaft, als ein völliger Tabubruch dar, weil sie damit darauf insistierte, daß der Mensch ein sexuelles Wesen sei. Genau diese Tatsache wollten die Bolenders aber nun gerade am liebsten zudecken, also verdrängen. Man könnte also von der Rückkehr einer verdrängten Sexualität sprechen, die gerade durch die abwertende Haltung innerhalb Norma Jeanes Sozialisation dazu neigte, an dieser Stelle, welche ihre Kleidung betraf, durchzubrechen.

War es zuvor das sündige Rot oder schmutzige Schwarz, welches sich nicht in ein reines Weiß umgewandelt hatte, so sollte es nun in ihrer Phantasie der nackte Körper sein, mit dem sie die religiöse Gemeinschaft mehr oder weniger sogar gegen ihren eigenen Willen schockierte. Diese Phantasie datierte Monroe in ihrer Autobiographie zwischen ihr neuntes und elftes Lebensjahr, also vermutlich in die Anfangszeit ihrer Pubertät als sie im Waisenhaus lebte:

>Ich glaube, der Wunsch, beachtet zu werden, hatte etwas mit meinen Schwierigkeiten bei den sonntäglichen Kirchenbesuchen zu tun. Kaum saß ich in der Kirchenbank, die Orgel spielte und alle sangen einen Choral, überkam mich der Drang, mich auszuziehen. Ich wünschte verzweifelt, nackt vor Gott und allen anderen zu stehen. Ich mußte die Zähne zusammenbeißen und auf den Händen sitzen, damit ich mich nicht auszog. Manchmal mußte ich inbrünstig beten und vor Gott bitten, mich daran zu hindern, die Kleider von mir zu werfen. Ich träumte sogar davon. Im Traum betrat ich in einem Reifrock die Kirche, unter dem ich nichts trug. Die Leute lagen auf dem Rücken, ich ging über sie hinweg, und sie blickten zu mir hoch. Mein Drang, mich nackt zu zeigen, und meine Träume wurden von keinem Gefühl der Scham oder Sünde begleitet. Wenn ich davon träumte, daß die Leute mich ansahen, fühlte ich mich weniger einsam« (Monroe, 1980, S. 16).

Monroes Ausziehzwang, welcher sich gegen den Zwang einer verbotenen Sexualität richtete, zielte auf den intimen Wunsch ab, ihre Sexualität tatsächlich zu veröffentlichen. Dieser von ihr verdrängte Wunsch bahnte sich nun seinen Weg, und das Subjekt versuchte, sich gegen ihn zur Wehr zu setzen. Es ist in ihrem Tagtraum deutlich, daß nicht wirklich die Gefahr bestand, daß sie sich die Kleider vom Leib riß, aber es reichte, daß sie glaubte, daß diese Möglichkeit bestünde, um sich auf die eigenen Hände zu setzen.

Monroes erotischer Exhibitionismus sollte in ihrem Leben glücklicherweise keine bloß zwanghafte Phantasie bleiben. Mit seiner Hilfe sollte sie sogar weltberühmt werden, und es war *ihre* persönliche Leidenschaft, sich dem

Blick anderer Menschen nackt anzubieten (Summers, 1985, S. 51). So zog sie sich 1949, um einen Kaffeefleck aus ihrem Kleid zu waschen, vor der entsetzten Herausgeberin des Fotoplaymagazins gleich ganz aus. Und das ist nur ein Beispiel von vielen, die zeigen, daß sich hinter ihrer beruflichen Professionalität eine persönliche Passion verbarg (Summers, 1985, S. 68).

Es war für Monroe typisch, durch ihr Ausziehen Aufmerksamkeit zu erlangen. Norma Jeane wußte, daß ihr Körper, vor allem wenn er nackt war, das Interesse der Bolenders reizte, und diese Aufmerksamkeit, welche mit ihrer Pubertät noch einen kräftigen Schub nach Vorne bekommen hatte, war es, die sie um jeden Preis wollte. Sie liebte zwanghafte Menschen, insbesondere Männer, weil sie diese mit ihrer Sexualität sehr intensiv faszinieren konnte. Monroe wollte schließlich eine erotische Sensation sein. Sie wollte selbst ein Tabubruch, eine Wunscherfüllung des verdrängten, sexuellen Wunsches sein und dabei gleichzeitig niemandem zu nahe treten. Damit drehte sie ihre Kindheitserfahrung um und wendete den roten Umhang mit Absicht *nicht* mehr auf Weiß. Weil in ihrem Exhibitionismus aber vor allem der Wunsch nach dem Ende ihrer Einsamkeit zum Tragen kam, war es auch hier wieder ihr Wunsch nach der Symbiose mit einer zwanghaften und religiösen Mutterimago, der sich hinter der erotischen Provokation verbarg. Sex war so gesehen immer nur ein Mittel, die Verschmelzung mit dem anderen zu erreichen, dessen Aufmerksamkeit sie durch ihre Nacktheit auf sich ziehen wollte.

Nach Freud und Lacan können sich die Frauen entschädigen, denen im patriarchalen Zeichensystem der Phallus als Organ abgesprochen worden ist, indem sie ihren ganzen Körper, der Objekt des männlichen Begehrens ist, als ein phallisches Attribut ausstellen. Der weibliche Narzißmus, der in modischen Formen einen permanenten Kult um das Aussehen der Frau betreibt, kompensiert so im Nachhinein die Niederlage, welche den Frauen im Vergleich der Geschlechtsorgane unter der Vorherrschaft eines männlichen Zeichensystems beigebracht worden ist. Die Maskerade der Frau ist damit eine Vortäuschung der phallischen Dimension in der Form, phallischer Körper für den Mann sein zu können und damit gleichzeitig die eigene Kastration verschleiern zu können. Diese Performance der Maske, welche den Mangel des fehlenden Phallus kaschiert, wurde von Monroe perfekt betrieben und hatte auch für sie selbst die Wirkung einer Täuschung.

Ihr Exhibitionismus behielt immer eine etwas zwanghafte Form und dies, obwohl sie ihn vom ursprünglichen Ausziehzwang zu einer äußerst erotischen Körperinszenierung ummodelte. Aufgrund dieser Zwanghaftigkeit kann man sehen, wie sich Monroes Exhibitionismus deutlich im Umfeld des Ödipuskomplexes situierte.

Die Bitte, daß Gott sie daran hindern sollte, sich auszuziehen, war ein Anrufen ihrer Gewissensinstanz, die hauptsächlich von Ida Bolender gebildet worden war. Insofern es sich aber bei Gott um *einen Mann* handelt, ist er auch eine idealisierte Vatergestalt. Der Zwang wurde von Monroe in der gewöhnlichen Form als etwas von außen kommendes beschrieben, als etwas, das sie nicht mehr steuern konnte, als etwas, das über sie kam, als etwas, das sie jetzt beherrschte – wie ein mißratener Befehl des Über-Ichs, dem sie nicht ausweichen konnte, der aber deutlich vom Es getrieben wurde. Der verdrängte, innere Wunsch kehrte somit wie ein äußerer Zwang zurück.

In ihrem anschließend geschilderten nächtlichen Traum wird dann der Wunsch ihres Tagtraums erfüllt. Hier, wo die Zensur auf ein niedrigeres Niveau heruntergeschaltet ist, fehlt dann auch Gott. Ihr ungewöhnlicher Wunsch wird hier noch deutlicher, denn sie ist gar nicht nackt, sondern bloß mit einem Reifrock bekleidet, unter dem sie allerdings nichts trägt. Auf dem Fehlen der Unterwäsche und insbesondere des Slips liegt hier der ganze Akzent, denn das Publikum befindet sich an einer Stelle, von wo es ihr unter den Rock schauen kann. Damit bestand also einer ihrer unbewußten Wünsche darin, den Menschen in der Kirche ihr primäres, weibliches Geschlechtsorgan zu zeigen. Ganz allgemein sollte damit sicher wieder das Verbotene im Zwang schlechthin, der Ort ihrer sexuellen Lust, für die anderen sichtbar werden.

Konkreter könnte hier in ihrem Verständnis ein vollkommen berechtigter Trotz gegen die Anerkennung ihres Kastriert-Seins mitgeschwungen haben, wobei sie mit der männlichen Welt in Konkurrenz trat. Es könnte heißen: ›Seht her, ich habe den Phallus nicht, denn ich bin eine Frau, aber mir fehlt trotzdem nichts, um völlig erotisch zu sein.‹ Daß Monroe später in ihrem privaten Exhibitionismus es oft ablehnte, Unterwäsche zu tragen, legt eine solche Interpretation nahe. Allerdings bestand ihre Hauptleidenschaft darin, sich ganz auszuziehen (Summers, 1985, S. 51).

Es handelt sich in jedem Fall um eine Phantasie, welche sich in dem Feld eines Übergangs von dem autoerotischen Bereich zum ödipalen situiert. Ihr Exhibitionismus war nicht nur mit einem phallischen Narzißmus verknüpft, sondern auch mit einem Gewissensanspruch. Außerdem kannte er wohl die ödipale Forderung nach dem Aufgeben der imaginären, phallischen Organisation, lehnte diese aber ab. Diese Forderung lautet, auf einer unbewußten Ebene die Kastration zu akzeptieren und damit das eigene Begehren vom Begehren des anderen in einer Form abhängig zu machen, in der dieser der einzige sein wird, der es erfüllen kann. Dem setzte Norma Jeane in ihrer Sexualität eine narzißtische Körperlichkeit entgegen, die schon in sich abgeschlossen erscheint und die exhibitionistisch vorzeigbar ist.

Auf einer bewußteren Ebene lautete die ursprüngliche Forderung des Über-Ichs, auf weiteren autoerotischen Genuß zu verzichten und sich ganz asketisch Gott zu widmen. Dagegen aber rebellierten nun ihre Es-Strebungen. Monroe sollte genau umgekehrt heftige Inzestphantasien mit dem Vater entwickeln, also ein stark erotisiertes Verhältnis zu Gott einnehmen, was sich auch in ihrer Tagesphantasie zeigte, wo sie gerade gegenüber Gott ihre ungewöhnlich lasziven Wünsche äußerte – auch wenn er sie davon abhalten sollte. Es ist ziemlich sicher, daß ihre autoerotischen Handlungen in ihrer Pubertät eine wichtige und herausragende Stellung einnahmen.

Eine treibende Kraft ihrer gesamten optischen Brillanz war diese starke, unbewußte Vorstellung von einem exklusiven Exhibitionismus, mit dem sie auf unbeschwerte Art und Weise die Tabus einer ganzen Generation überschreiten sollte. In Monroes weiterer Entwicklung dieses Themas, sollte sie tatsächlich ihren Exhibitionismus mit einer charmanten Form der Verführung verknüpfen. In *The Seven Year Itch* konnte ihr dann in der Tat die gesamte Welt unter den Rock schauen und *Gott sei Dank* trug sie darunter eine Unterhose (Luijters, 1991a, S. 82), was peinlicherweise in ihrem Privatleben schließlich nicht immer der Fall war. Allerdings hätte die Zensur in der Filmindustrie diese Szene auch gar nicht anders erlaubt.

In einer anderen Version des Traumes berichtete Monroe von dem Freiheitsgefühl und der gleichzeitigen Rücksichtnahme, die mit ihrem Entkleidungswunsch einhergingen:

»Ich träumte, daß ich völlig unbekleidet in der Kirche stand, und alle Leute lagen vor mir auf dem Boden der Kirche zu Füßen, und ich stieg nackt, erfüllt von einem Gefühl der Freiheit, über die Gestalten hinweg, die ausgestreckt am Boden lagen, und gab acht, dabei auf niemanden zu treten« (Spoto, 1994, S. 31f.).

In dieser Version zeigt sich ein weiterer Kompromiß. Denn in diesem Traum, in dem sie sich wie in ihrer Zwangsphantasie völlig nackt zeigte, berichtet sie von einer *Überschreitung*, welche keine mehr ist, denn ihre Freiheit setzte sich nicht über das Mitgefühl zu den anderen Menschen hinweg, wenngleich sie diese in ihrem Traum erniedrigte und zu ihren Füßen situierte. Aber sie möchte auf niemanden treten, was sich damit übersetzen läßt, daß sie niemanden verletzen wollte. Monroes Rebellion gegen die sittlichen Konventionen war immer bestimmt von einer Moral, welche diesen Aufstand nur sehr zaghaft und vorsichtig zu Wege brachte. Ihre emotionale Verbindung zu zwanghaften Personen war viel zu tief und zu existentiell, als daß sie hier *große Sprünge* hätte wagen können, ohne in Gefahr zu geraten, sich emotional selbst zu verletzen – was trotzdem häufig genug geschehen ist. Monroe war deshalb immer bemüht, ihre erotischen Eskapaden ein wenig herunterzuspielen und ihre Harmlosigkeit zu betonen.

Deshalb deutete sie den Grund für ihren Wunsch, nackt in der Kirche zu stehen, selbst auch eher harmonisch mit ihrer Umgebung und gar nicht aufsässig oder revolutionär:

> »Ich glaube, ich wünschte, sie sollten mich nackt sehen, weil ich mich der Kleider schämte, die ich tragen mußte – das immer gleiche verblaßte Kleid der Armut. Nackt war ich wie die anderen Mädchen und nicht ein Kind in Waisenhausuniform« (Monroe, 1980, S. 16).

Doch dieses Argument, welches nachweislich auf Tatsachen basierte – Norma Jeane war damals, wie einer Lehrerin an ihrer Schule auffiel, tatsächlich *underdressed* (Spoto, 1994, S. 66) – verdrängt den exhibitionistischen Aspekt. Dieser bildete aber das Zentrum ihres Wunsches, während der soziale Aspekt darin eher ein Nebenthema war. Ihr Wunsch richtete sich in einer durchaus aggressiven Form gegen die religiöse Gemeinde, welche sie durch ihre *hemmungslose* Tat zu Boden zwingen wollte. Außerdem wendete er sich damit gleichzeitig massiv gegen ihre mütterliche Autorität. Das Ablegen der Kleidung, die bei den Bolenders nie sauber genug sein konnte, empfand sie als das Ablegen aller Hemmungen. Dies kann man wie ein zentrales Bild verstehen, mit dem Monroe sich der auferlegten prüden Konventionen ihrer Erziehung entledigen konnte, die einfach nicht in Einklang mit den etwas psychotischen Tendenzen ihres Charakters zu bringen waren.

Dabei sollte ihr Exhibitionismus auch für sie selbst immer eine mutige und etwas unverschämte Tat bleiben, denn sie konnte die Regeln, welche ihr die Bolenders beigebracht hatten, zwar überschreiten, aber vergessen konnte sie sie nicht. Deshalb lösten Anklagen von älteren Frauen, die sie wegen ihrer Freizügigkeit im erotischen Bereich diskreditierten, bei Monroe ebenfalls Schuldgefühle aus und konnten ihren Lebensstil tatsächlich in Frage stellen.

Obwohl man viele ihrer erotischen Aktionen einfach als einen Teil ihres Berufes verstehen könnte, hatte Monroes Exhibitionismus gerade hier etwas deutlich persönliches. So wollte sie beispielsweise immer dann nackt ihre Rolle spielen, wenn die Person, die sie spielte, auch wahrscheinlich nackt war, obwohl dies gar nicht nötig gewesen wäre. So saß sie in *The Seven Year Itch* nackt in einer Badewanne, obwohl ein Badeanzug vorhanden war, und der Schaum sie sowieso komplett bedeckte. Sie meinte aber, sie könne dann besser spielen. In *Bus Stop* lag sie nackt unter einer Bettdecke als Bo (Don Murray) sie weckte, was beim Drehen eher störte, weil es niemand sehen sollte und es doch bei den Proben immer wieder zu sehen gewesen war (Monroe, 1994, S. 69f.). In *The Misfits* war es ähnlich, und Huston selektierte den Take gegen ihren Willen aus, wo ihr die Bettdecke herunter rutschte und sie barbusig vor Clark Gable stand (Mailer, 1992, S. 303f.). Schließlich in *Something's Got to Give*, ihrem letzten unvollendeten Film, schwamm sie nackt in einem Swimmingpool, nachdem sie sich des hautfarbenen Badeanzugs, der für diese Szene vorgesehen war, einfach entledigt hatte. Aber diesmal löste sie damit eine publicityträchtige und von ihr gut vorbereitete PR-Aktion aus, die sie weltweit nochmals auf die Titelblätter der Illustrierten brachte (Brown/Barham, 1992, S. 166f.).

Monroe kokettierte schon sehr früh in ihrer Karriere mit einer äußerst freizügigen Kleidung, die viel Busen zeigte und ihren Hintern durch enge Jeans optimal zur Geltung brachte. Daß einer ihrer wichtigsten Charakterzüge, der darauf aus war, die Menschen mit dieser außergewöhnlich offensiven Haltung gegenüber dem, was ihre Kleidung *noch* verdeckte, zu faszinieren, nicht bloß das Produkt einer professionellen Film- und Fotoindustrie war, sondern ganz persönlich einer Zwangsphantasie, die einmal in einer Kirche entstanden war, entsprungen ist, sollte eigenartige Folgen haben. Denn Monroes Sex-Appeal war seltsamerweise vermischt mit der moralischen Konvention von Unschuld, was oft von ihren Rezipienten bemerkt und an ihr besonders gelobt wurde. Konnte sie in ihrer kindlichen Ausdrucksart vielleicht auch gar nicht anders als unschuldig wirken, so war Norma Jeane sicherlich auch aufgrund ihrer Erziehung darum bemüht, *Marilyn Monroe* möglichst unschuldig wirken zu lassen.

Umgekehrt war ihre gesamte Arbeit als *Schau*-spielerin sehr schnell mit Schuldgefühlen verbunden. Sie hatte oft große Ängste, sich zu zeigen, und es kostete sie viele Nerven, die Hemmungen in aller Öffentlichkeit fallen zu lassen. Obwohl sie von ihrer Freizügigkeit völlig überzeugt war, konnte sie ihren eigenen Hemmungen gerade gegenüber anderen Menschen nicht wirklich entkommen. Wenn sie auch privat häufig nackt *herummarschierte* und immer nackt schlief, wie oft berichtet wurde, zeigt das weniger eine wirkliche Freiheit, sondern vielmehr, daß Monroe sich stets gegen ihre eigenen Hemmungen wehren mußte.

Hinzu kam, daß die 50er Jahre in bezug auf eine sexuelle Aufgeklärtheit noch nicht sehr weit entwickelt waren, und Monroe tatsächlich in eine der ersten sexuellen Revolutionen involviert gewesen war. Sie war zwar mit ihrer Art *unschuldiger* Sexualität, der nichts Schmutziges anzuhaften schien, denn das durfte es nicht, sicherlich ihrer Zeit voraus – und ist es irgendwie immer noch. Aber ihre anerzogenen, verinnerlichten Moralvorstellungen, welche für ihre eigenartige Erscheinung mitverantwortlich waren, lagen sicherlich schon damals hinter dem Zeitgeist zurück. Sie kommen heute vielen Menschen lächerlich vor, aber gerade sie ermöglichten erst diese brisante Mischung aus moralischer Unschuld und lasziver Erotik, die Monroe ausmachte.

Wenn man sie auf ihren ersten Werbefotografien betrachtet, ist sie dort noch ganz das Ergebnis ihrer Erziehung: das saubere, unschuldige Mädchen von nebenan. Auf einem ihrer ersten Fotos für einen Illustriertentitel (sie ist 19 Jahre alt) trägt Monroe »eine Schürze und liebkost ein Lämmchen« (Arnold, 1988, S. 29). Auf diesem Foto von André de Dienes ist die barfüßige, brav gekleidete Norma Jeane, die im Sand hockt, deutlich solidarisch mit dem *christlichen* Lämmchen dargestellt (Dienes, 1986, S. 23) und steht damit noch ganz im Kontext ihrer Erziehung. Doch auch de Dienes fotografierte sie damals schon in leicht erotischen Posen, in denen der brave Rahmen dieser Erziehung schon überschritten wurde und Norma Jeane mit vor dem Bauch zusammengeknotetem Hemd verführerisch der Kamera mehr anbot als bloß ihr nettes Lächeln.

Innerhalb ihres Es-Über-Ich-Konflikts brachte Norma Jeane gegen die unterdrückende Sexualmoral der Bolenders eine massive *Erotisierung* ins Spiel, die das verdrängte Moment, welches den Zwang ausübte, durch ihre deutlich ausgeprägten *Rundungen* immer wieder ins Bewußtsein treiben sollte. Schon als Teenager trug sie deshalb ihre Kleidung meistens eine Nummer zu klein, damit das, was darunter war, für jedermann stets deutlich zu erkennen war. Monroe versuchte, das, was ihrer Auffassung nach ihre Mutterimago war, welche sie ursprünglich zu ersticken und dann zu hemmen drohte, einfach abzulegen, indem sie sich auszog und sich damit auch vor ihr auszog, damit nicht sie selbst, sondern umgekehrt nun diese Mutterimago gehemmt sein sollte.

Vor allem ihr etwas hysterischer Bezug zu ihrem Vaterimago ermöglichte ihr eine solche Handlungsweise. Denn seit jeher standen ihre hysterischen Phantasien, die um die Idealisierung der Vaterimago kreisten, in einem großen Gegensatz zu den etwas zwangsneurotischen Verhaltensweisen ihrer Ersatzeltern. So träumte sie schon als kleines Mädchen unzählige Male von dem Bild ihres Vaters, der immer ein bißchen aussah wie Clark Gable. »Jedesmal, wenn ich mich an sein Lächeln und den schrägen Hut erinnerte, empfand ich Zuneigung und fühlte mich nicht mehr allein« (Monroe, S. 10–11). Die leicht erotischen Träume von dieser Vaterfigur, die sich dann bei der erwachsenen Frau zu regelrechten Inzestphantasien steigern sollten, sprengten den engen Rahmen, den ihr die Bolenders angeboten hatten und gingen unter anderem auf den Einfluß ihrer leiblichen Mutter zurück.

Gladys, welche Norma Jeane in dieser frühen Zeit kaum kannte, aber von der sie schließlich wußte, daß sie ihre *wirkliche* Mutter war, benahm sich nicht nur koketter, sondern insgesamt auch viel weltlicher als Ida Bolender, und das kleine Mädchen profitierte sicherlich von diesem Gegensatz. So rauchte ihre Mutter, wie viele Männer, gerne Zigaretten, während ein solches Verhalten für Ida Bolender eine Sünde war und schließlich auch zuviel Dreck machte (Mailer, 1993, S. 44). Monroe, die selbst später eine Weile rauchte, gab es aber bald wieder auf und orientierte sich in diesem Punkt wohl doch an Ida Bolender. Auch wenn ihre Mutter ihr gezeigt hatte, daß Rauchen durchaus nichts Verbotenes sein mußte, sollte es für Norma Jeane doch etwas Gefährliches bleiben, weil es sich auf die Atmung und ihre Angst zu ersticken bezog.

Ihre Berufswahl, Filmschauspielerin zu werden, richtete sich aber nur gegen die Erziehung der Bolenders, gehörte die Filmkunst doch durchaus zu dem leidenschaftlichen Interessensgebiet ihrer Mutter. Diese schwärmte als Cutterin selbst sehr von der Filmkunst und versuchte, dieses Faible auch an ihre Tochter weiterzugeben. Außerdem hatte Gladys viele wilde Abenteuer mit Männer hinter sich und lebte keineswegs in solch geregelten Verhältnissen wie die Bolenders, und das konnte Norma Jeane sicherlich spüren.

Durch Gladys sollte Norma Jeane das Kino kennenlernen und, wenn dieses Kind vielleicht auch ursprünglich aus einer Kirche kam, so wollte es aber doch schon sehr bald unbedingt in die Lichtspielhäuser, weil die Irrealität dieser *Illumination* sie einfach begeisterte. Das Kino konnte ihren Traum von der Liebe viel eindringlicher zeigen, als die bloßen Worte der predigenden Nachfolger Christi. Monroes künstlerische Weltauffassung wurde also, wenn überhaupt, in dieser Zeit von ihrer Mutter unterstützt.

War es eine Familientradition, die von Großmutter, Mutter und dann von Norma Jeane geteilt wurde, viele Männer zu verführen, so hat sie daraus schließlich ihren Beruf gemacht. Es sollte zu ihrer künstlerischen Hauptaufgabe werden, die Männer in den dunklen Kinosälen reihenweise erotisch zu betören.

Diese Verführung hatte bei Monroe allerdings etwas hysterisches, weil sie auf einer Unmöglichkeit basierte. Nicht nur, daß es eine Verführung mittels eines Mediums war, und sie in Wirklichkeit eine ziemlich unscheinbare Person war, sie lockte damit auch viele Männer an, die sie gar nicht mochte, oder genauer gesagt sogar aus der Nähe gesehen als etwas ekelig empfand. Monroe konnte vermutlich mit *richtigen* Männern, die sich innerhalb einer patriarchalen Tradition bruchlos mit einer rein männlichen Symbolik identifizierten, kaum etwas anfangen, weil sich ihr Begehren vor allem auf solche richtete, die Ähnlichkeit mit ihrer Mutterimago besaßen. So waren Typen wie Joseph Cotten, Robert Mitchum, Don Murray oder auch Clark Gable keine Männer, die für sie wirklich als Lebenspartner in Frage gekommen wären, weil sie sich viel zu sehr in einer maskulinen Welt organisiert hatten. Monroe verstand sich als eine Künstlerin, weil ihre Verführung im Kino oft inszeniert war. Sie konnte gegen den Zwang ihren *Esprit* der Verführung im Maskenspiel der

Geschlechterdifferenz in einer leicht hysterischen Form einsetzen, aber das Zentrum ihrer Objektwahl wurde durch ihre Mutterimago bestimmt.

Ihre existentielle, lebenslangen *Suche nach der verlorenen Mutter* (welche sie mit Proust teilte, mit dem sie sich verbunden fühlte) führt dazu, den patriarchalen Mann zwar vielleicht als einen Freund begrüßen zu können, aber als Partner letztendlich völlig abzulehnen. Mit den Männern, die sie wirklich liebte, war der Taumel der verschmelzenden Gefühle dann allerdings grenzenlos, weil sie in ihnen vor allem eine mütterliche Mentalität wiederfinden konnte und gleichzeitig durch die Differenz der Geschlechter eine erotische Spannung und eine Grenze garantiert waren. Monroes Männer hatten stets etwas leicht zwanghaftes und folgten, wie sie selbst, immer einem mütterlichen Gesetzeskodex. Umgekehrt sollte auch ihr erotisches Gebaren als Pin-up-Girl durch die Mittel körperlicher Fetischisierung vor allem genau die Phantasien dieser etwas zwanghaften Männer bedienen.

Ganz deutlich wird dieser Zusammenhang in Billy Wilders Film *The Seven Year Itch*, wo sie das Objekt des Begehrens eines solchen Mannes ist und in ihrer Rolle in diesem Film immer wieder betont, daß sie die Situation elegant findet. »I think it's just elegant«, lautet hier ihr Standardsatz, und umwerfend elegant ist sie hier vor allem selbst. Diese Möglichkeit, Phallus für einen Mann zu sein, war es, wovon sie fasziniert war. Die nicht mehr kontrollierbaren Handlungen des nervös zuckenden Daumens ihres Filmpartners zeigen es an. Der Daumen symbolisiert nun auch den Phallus, wobei das Subjekt ständig befürchten muß, daß es ihn wie bei der Kastration verlieren könnte. In diesem Film wimmelt es – wie Truffaut bemerkte – nur so von Phallussymbolen.

In der Monroeschen Perfektionierung zu einem lebendigen, blonden Pin-up-Girl, das in ihren Filmen gerne durch Verführung die völlige Aufmerksamkeit von etwas zwanghaften Männern auf sich zieht, kann man deshalb soviel von ihrem Enthusiasmus sehen, weil hier auch eine persönliche Begeisterung mitschwingt. Wilder hat diesen Aspekt dann in seinem zweiten Film, den er mit ihr drehte, noch viel bewußter herausgearbeitet, denn es ist kein Zufall, daß Tony Curtis in *Some like it Hot* einen neurotischen Millionär vortäuscht, der im Aussehen ein wenig Arthur Miller ähnelt. Und die Szene, in der sie als gutes amerikanisches Mädchen, durch ihre Art zu küssen, seine Hemmungen auflöst, liefert nicht zufällig den Höhepunkt des Films.

Resümierend kann man sagen, daß sich Norma Jeanes ödipalen Probleme, wie bei allen Menschen, viel später entwickelten als ihre psychotischen Störungen. Das ist der Grund, weshalb sie bei Monroe einen sekundären Status besaßen. Der Verarbeitungsgrad der ödipalen Situation war aufgrund ihrer psychotischen Tendenzen nur unvollständig ausgeprägt. Trotzdem waren gerade die von ihr geführten Konflikte auf dieser Ebene äußerst wichtig, denn sie führten teilweise zu einer Vermittlung, die über ihr symbiotisches Anliegen hinausging. Leider konnte Monroe diese Ebene nicht vollständig entwickeln. Damit hätte sie sich den Charakter ihrer Mutterimago besser erschließen können, der nun auf einer symbolischen Ebene erkennbar wäre. Norma Jeane hätte so endlich all die Hindernisse verstehen und vielleicht auch akzeptieren können, die eine echte Verbindung zu ihrer Mutterimago verhinderten oder gefährdeten.

Außerdem hätte sie sich selbst besser verstehen können, denn ein wichtiger Teil ihres eigenen Charakters war durch ihre Mutterimago geprägt. Die Vermittlung zwischen Mutter und Tochter hätte bei ihr zu einem Verständnis ihrer Identifizierung mit ihrer Mutterimago führen können, die damit einen symbolischen Gehalt erhalten hätte und sich so von der bloß imaginären und leicht paranoiden wie schizoiden Struktur ein Stück weit hätte ablösen können.

In diesem Zusammenhang ist es sehr wichtig, daß Monroes neurotische Konflikte auch den Ausbruch der sonst übermächtig werdenden psychotischen Gesinnung verhinderten. Denn auf der ödipalen Ebene, wenn auch manchmal erschreckend instabil, gab es den sekundären Bezug auf den Vater und damit die nötige Trennung von ihrer Mutterimago. Nur mit der Hilfe der Installierung der Vatermetapher konnte überhaupt symbolische Vermittlung an die Stelle von bloß spiegelnder Identifizierung treten, welche immer eine tödliche aggressive Spannung enthielt.

Monroes etwas hysterisches Begehren nach dem Vater fing auch ihre paranoiden Tendenzen auf, weil sie damit das Niveau wechselte, oder, um es in Freuds Worten auszudrücken, diesen Bezug wie ein Gegenmittel anwenden konnte, denn »die Paranoia zerlegt, so wie die Hysterie verdichtet« (Freud, 1993b, S. 116). Deshalb war die erotische Verdichtung, in welcher der Sex ihre Welt im Innersten zusammenhielt, Monroes persönlicher *Königsweg* gegen ihre paranoiden Tendenzen. Denn so konnte sie Anwandlungen von paranoiden Dissoziationen stets mit Hilfe von hysterischen Assoziationen wieder rückgängig machen. Und auch das, was der Zwang voneinander isolieren wollte, konnte mit Hilfe von Eros stets wieder verschmolzen werden.

Aufgrund der Etablierung der ödipalen Ebene, die leider in sich so instabil war, das sie immer von äußeren Bezugspersonen abhing, konnte Monroe das Abdriften in ihr psychotisches *Meer* verhindern. Deshalb waren Arthur Miller – weit mehr noch als vorher Joe DiMaggio –, Monroes Schauspiellehrerinnen und einige andere sehr gute Freunde für sie wie stabile Rettungsanker, die ihr helfen konnten, ihren eigenen Charakter zu festigen. Miller hat dies in einem besonderen Ausmaß getan, weil er eine sehr enge Bindung mit ihr einging, und an einer wirklichen Vermittlung zwischen ihnen beiden stark interessiert war. Monroe sagte einmal, daß sie mit DiMaggio ein großartiges Paar »in der Stummfilmzeit« abgegeben hätte, wodurch sie zu verstehen geben wollte, daß in dieser Ehe eine Vermittlung per Kommunikation ziemlich gefehlt hatte (Luijters, 1991a, S. 82).

Wie sehr Miller auch in Monroe selbst die tief verinnerlichten Charakterzüge von Ida Bolender hervorholte, kann man in einem gemeinsamen Interview unter freiem Himmel, bei dem sie ihre zukünftige Heirat gemeinsam ankündigten, sehen. Monroe wischte hier die Flusen von Millers Pullover, so als wäre er ihr nicht sauber genug. Wieder ist es die Kleidung, auf die sich ihre Aufmerksamkeit richtete.

Für sie führte die Beziehung mit Miller vor allem am Anfang zu einer viel größeren Selbstsicherheit. »Dank Arthur Millers Hilfe bin ich ausgeglichener. Ich war immer ein unsicherer Mensch; Arthur hat mir geholfen, dieses Gefühl zu überwinden« (Summers, 1988, S. 196). Durch diese Bindung konnte sie ihre psychotische Tendenz mehr als sonst überwinden und sich so auf einer neurotischen Ebene halten, was sich darin äußerte, daß sie Miller damit *nervte*, alle seine Wörter auf unbewußte Anspielungen mit Hilfe von Freuds *Psychopathologie des Alltagslebens* hin zu deuten.

Monroe fühlte sich deshalb in einem neurotischen Terrain so wohl und empfand solche Menschen einfach als hinreißend, weil sie auch wie eine einfühlsame Abdichtung gegenüber ihren psychotischen Problemen wirkten. Neurotiker konnten scherzhaft verbalisieren, was sich sonst an Inhalten in ihrer Wahrnehmung zu *realisieren* drohte. Sie gaben der *latent* psychotischen Frau ein stabiles Realitätsbild von sich selbst und versuchten, auch ihr großes, paranoides Mißtrauen gegenüber anderen Menschen abzubauen.

Umgekehrt konnte sie Miller durch ihre hysterischen Impulse, die nun nicht mehr so stark auf das Verführen der vielen unbekannten Männer in der Masse oder auf die Suche nach einem idealisierten Vater aus waren, ziemlich vitalisieren, und von Monroes infantilem, unmittelbaren Bezug zur Welt war er eine Weile sogar sehr beeindruckt.

Doch trotz ihres gemeinsamen Faibles für das Dramatische, welches sie als Schauspielerin verkörperte und er als Theaterschriftsteller immer wieder neu erfand, scheiterte diese Ehe letztendlich vermutlich an Monroes psychotischer Mentalität. Weil Miller ihren Willen zur Verschmelzung zwar verstehen, aber nicht wirklich teilen konnte, war Monroe deshalb immer mehr darauf angewiesen, sich ihren Wunsch künstlich mit Hilfe von Alkohol und Drogen zu erfüllen. Er stand dem Desaster, wie er selbst schrieb, mit einer so abhängigen und anhänglichen Frau verheiratet zu sein, schließlich einfach hilflos gegenüber.

5. Eine wahnsinnige Mutter

»My mother? Sure I had a mother, doesn't everyone has a mother?«
(Barris, 1995, S. 4)

Als Norma Jeanes Hund Tippy, der sie täglich zur Schule begleitete, von einem
wütenden Nachbarn wegen seines lauten Bellens erschossen wurde, war ihre
Trauer darüber so groß, daß die Bolenders sich gezwungen sahen, das kleine
Mädchen an seine Mutter zurückzugeben. Der Hund, der deutlich die Züge eines
Substituts trug, welches die mangelnde Mutterliebe ersetzte, war so etwas wie
eine Art Übergangsobjekt gewesen, das aber kein richtiges war, weil Norma Jeane
die Ablösung von ihrer Mutterimago *niemals* vollziehen würde. Der Tod dieses
Tieres löste nun die endgültige Rückgabe des Pflegekindes an seine leibliche
Mutter aus. Monroe sollte sich ihr Leben lang mit Tieren eng verbunden fühlen.
Sie identifizierte sich häufig mit ihnen und wollte ihnen helfen. Auch Tippy war
zuvor ein herumstreunender Hund gewesen, den sie zu sich aufgenommen hatte.
Sie schrieb in der Schule einen Aufsatz »Der Hund, bester Freund des
Menschen«, für den sie einen Füllfederhalter gewann (Victor, 1999, S. 20).

Es ist anzunehmen, daß der heftige Gefühlsausbruch des kleinen Mädchens,
welcher die gesamte Tragik ihrer Lebensauffassung wiedergab, die immer von
einem traurigen Gefühl der Trennung von der Mutter bestimmt war, den sturen
Bolenders wohl einfach zu lange dauerte. Ungefähr Anfang Juni wurde das Tier
ermordet, als Norma Jeane Ende Juni immer noch trauerte, reiste ihre Mutter
an, beide begruben den Hund gemeinsam, und Gladys Baker nahm ihre Tochter danach notgedrungen mit zu sich (Spoto, 1994, S. 33–34).

Diese Reaktion von Gladys muß Norma Jeane enorm viel bedeutet haben,
denn zeigte sich in ihr nicht mehr oder weniger, daß sie eine *richtige* Mutter
hatte, die sich von nun an tatsächlich um sie kümmern wollte? Hatte Gladys
schon zuvor einmal drei Wochen mit ihrer Tochter zusammen im Gästezim-
mer der Bolenders verbracht, als das kleine Mädchen einen Keuchhusten hatte
(Mailer, 1992, S. 44), so sollte nun die junge Frau den Versuch wagen, die
Verantwortung für ihre Tochter ganz zu übernehmen. Endlich war Norma
Jeane wieder mit ihrer Mutter zusammen und hatte diese nun sogar ganz für
sich alleine.

Auf der anderen Seite besaß Ida Bolender vermutlich schon seit gewisser
Zeit kein besonders gutes Verhältnis mehr zu ihrem Pflegekind, welches auch
viel länger bei ihr blieb als die anderen Pflegekinder. So soll sie bereits an dem

ungefähr zwei Jahre zurückliegenden Abend, nachdem Norma Jeane den schwarzen Flecken in dem weißen Kreuz gebildet hatte, daran gedacht haben, das unaufmerksame Kind abzuschieben. »›Ich muß das stille kleine Mädchen loswerden‹, sagte Ida Bolender abends zu ihrem Mann, ›sie macht mich nervös‹« (Spoto, 1994, S. 33). Zufällig hörte Norma Jeane diese Bemerkung.

Es ist wahrscheinlich, daß die Bolenders Gladys ins Gewissen geredet haben, denn die fast einunddreißigjährige Frau war keineswegs darauf vorbereitet, ihre Tochter zu sich zu nehmen. Zuerst wohnte sie dann zusammen mit Norma Jeane in einem kleinen Appartement. Kurz darauf kaufte sie mit einem Darlehen ein eigenes Haus und vermietete einige Zimmer an ein englisches Ehepaar und deren Tochter. Diese Familie arbeitete beim Film, der Mann als Schauspieler und Double für George Arliss, die Frau als Gesellschaftsstatistin (Mailer, 1992, S. 47) und ihre Tochter, von der Norma Jeane sicherlich fasziniert war, als »ein Double von Madeleine Carrol« (Monroe, 1992, S. 14).

Doch die Zeit, in der Gladys und Norma Jeane zusammen lebten, war nicht besonders lang und reichte nur von Ende Juni 1933 bis zum Anfang des Jahres 1934. Das folgende Fiasko, welches die endgültige Trennung für Norma Jeane von Gladys *bedeutete* und sie schließlich sogar in das Waisenhaus von Los Angeles bringen sollte, ereignete sich schon kurz darauf. Es muß so schlimm gewesen sein, daß Monroe später manchmal abstritt, jemals mit ihrer Mutter zusammen gelebt zu haben. So verleugnete sie in einem wichtigen Interview von 1960 diese Tatsache zuerst. »Ich habe nie bei meiner Mutter gelebt. Es wurde das Gegenteil behauptet, aber nur das ist die Wahrheit.« Schließlich gab sie aber doch zu, daß sie drei Monate mit ihrer Mutter in deren Haus gelebt hatte, wobei sie Gladys während dieser Zeit kaum zu Gesicht bekommen habe (Monroe, 1992, S. 14). In einem späteren Interview machte Monroe dazu konkretere Angaben: »Sometimes I would get see her only early in the morning or at night« (Barris, 1995, S. 13).

Bereits im Oktober 1933 verfiel Gladys Baker in eine tiefe Depression, hervorgerufen durch den Selbstmord ihres Großvaters, den sie nicht einmal gekannt hatte. Sie glaubte, weil sowohl ihre Mutter als auch ihr Vater wahnsinnig geworden waren, daß auf der Familie ein Fluch lastete (Spoto, 1994, S. 12/26/38–39). Der Freitod des Großvaters schien diesen Fluch zu bestätigen. »Abends schlich sie durch das Haus, murmelte Gebete und las laut aus der Familienbibel vor« (Spoto, 1994, S. 39). Als ihre Depressionen nicht nachließen, wurden ihr Psychopharmaka verschrieben, welche vermutlich dazu beitrugen, einen regelrechten Wahn auszulösen (Spoto, 1994, S. 40). Gladys zeigte am Anfang des Jahres 1934 »deutliche Anzeichen eines religiösen Wahns; sie wanderte laut betend umher, wenn sie nicht in tiefe Niedergeschlagenheit versunken war« (Spoto, 1994, S. 40).

Tatsächlich stand diese Frau unter einem enormen Druck. Denn sie hatte sich »mit dem Kauf des Hauses finanziell übernommen und vielleicht vergebens versucht, während sie sechs Tage die Woche zur Arbeit ging, ihr Kind kennenzulernen, das ihr bislang fremd geblieben war« (Spoto, 1994, S. 40). Monroe erklärte sich die Krankheit ihrer Mutter dann später auch einfach mit deren Überarbeitung, welche aus ihrem anstrengenden Beruf als Cutterin resultierte.

»It was long hours, low pay, at boring and tedious eye-straining job. And making ends meet was just too much for her.« »It was enough for any mom to have a nervous breakdown. All I can remember was her being in and out of hospitals« (Barris, 1995, S. 12–13).

Trotz dieser rücksichtsvollen Argumentation von Monroe, welche die großen Opfer, die Gladys für sie gebracht hat, anerkennt, erscheint der Zeitpunkt, in dem die Wahnphantasien von Gladys ausbrachen und begannen, das Subjekt zu beherrschen, eine andere Erklärung nahezulegen, welche Norma Jeane vielleicht erahnen konnte. Denn die Geisteskrankheit von Gladys brach schließlich schon kurz nach der intensiven Aufnahme ihrer eigenen Mutterschaft aus, wobei der Tod des *unbekannten* Großvaters wohl kaum einen tatsächlichen Anlaß geboten haben konnte. Vielmehr gehörte der Glaube an einen vererbten Wahnsinn, welcher wie einen Fluch auf ihrer Familie lastete, bereits zu ihrem Wahn. Diese Frau, die bisher zwischen sich und ihre Tochter die *sichere* Wand einer Pflegefamilie gestellt hatte und nun mit dem englischen Ehepaar, welches sich ebenfalls intensiver als sie selbst um Norma Jeanes Erziehung kümmern konnte, diese Struktur weiterverfolgte, war wahrscheinlich mit der täglichen und weit unmittelbareren Anwesenheit ihrer stark zur Symbiose neigenden Tochter psychisch völlig überfordert.

Die Richtung einer solchen Interpretation legen auch einige Monroebiographien nahe:

»Gladys' Entschluß, ihren Lebenswandel radikal zu ändern und die Erziehung ihrer Tochter selbst in die Hand zu nehmen, wirkt dabei fast wie ein Akt der Verzweiflung, wie eine ihr von außen aufgezwungene Handlung, denn letztlich war sie so wenig wie früher in der Lage, die Erziehung eines Kindes zu übernehmen« (Spoto, 1994, S. 34).

»War sie krank geworden, weil sie sich für Norma Jeane aufopferte?« Jedenfalls wurde im Krankenhaus von Norwalk »eine schwere Depression diagnostiziert« (Gregory/Speriglio, 1996, S. 27).

Rücksichtsloserweise wurde Gladys, die schließlich an eine Familientradition des Wahns glaubte, nun auch noch genau dort interniert, wo ihre Mutter Della gestorben war, nachdem sie einen Nervenzusammenbruch erlitten hatte, (Mailer, 1992, S. 48).

Norma Jeane verstand nicht, was da vor sich ging, und sah bloß, daß ihre Mutter lachte und schrie (Monroe, 1980, S. 13–14). Doch als unter den Freundinnen ihrer Mutter über die Risiken ihrer Adoption gesprochen wurde und dabei die Behauptung aufgestellt wurde, die Tochter könne schließlich ebenso verrückt werden wie ihre Mutter, reagierte das Kind mit großer Angst. »Zitternd lag ich im Bett und hörte zu. Ich wußte nicht, was ›geistesgestört‹ bedeutet, aber ich wußte, es war nichts Gutes« (Monroe, 1980, S. 17).

Monroe sollte später häufig unter der Angst leiden, ebenfalls die Serie des familiären Wahns fortsetzen zu müssen, und neigte so dazu, die Vorstellungen ihrer Mutter zu übernehmen. Noch gegenüber dem Journalisten Weatherby, welcher sie in den 60er Jahren mehrmals interviewte, sprach sie davon, eine gefährlich schwache Psyche von ihrer Mutter geerbt zu haben. Und in dem Moment, wo sie davon sprach, überkam sie eine große Angst: »›My mother wasn't strong-minded. Maybe what I'm talking about is a weak-minded quality I inherited from her. Oh, I don't know.‹ She looked suddenly embarrassed« (Weatherby, 1976, S. 184f.).

Im nachhinein griffen sogar professionelle Analysen bei Monroe vor allem innerhalb ihrer Schizophrenie-Diagnose auf eine hereditäre Disposition zurück. »Dr. Ruth Bruun, eine New Yorker Psychiaterin, die für ihr Buch Marilyns Familiengeschichte berücksichtigte, erkennt in den noch erhaltenen Informationen über ihre Mutter und Großmutter Hinweise auf Schizophrenie« (Summers, 1988, S. 34).

Freud hat dieser Möglichkeit, welche insbesondere bei den Psychosen häufig angewendet wird, eine allgemeine Rolle zugeschrieben, welche aber innerhalb der Anwendung der Psychoanalyse nebensächlich ist. Hier stiftet der Familienroman, also die Familiengeschichte, denn die Geschichte des Subjekts ist selbstverständlich nicht unabhängig von der seiner Eltern, den Rahmen innerhalb dessen die Analyse betrieben wird. Das Nachbuchstabieren dieser Geschichte, die im Nachvollziehen ihrer Bedeutungen besteht, führt zum Verständnis der Symptome. Die hereditäre Disposition wird dabei zwar beachtet und ist für die körperliche Symptomwahl mitentscheidend, mit ihr kann aber weder über den aktuellen Anlaß noch über den tiefergehenden, unbewußten Grund etwas ausgesagt werden. Tatsächlich basieren Geisteskrankheiten, so die psychoanalytische Theorie und Praxis, auf Defekten innerhalb einer psychischen Ebene, die sich beim Subjekt im Laufe seiner Sozialisation entwickelt haben und nehmen biologische Quellen und Veranlagungen nur hinzu.

Doch genau dieser Ansatz kam bei Norma Jeanes Mutter bedauerlicherweise nicht zur Anwendung. »Zweifellos benötigte Gladys bessere ärztliche Betreuung, aber psychotherapeutische Beratungsstellen waren im Los Angeles jener Jahre praktisch nicht vorhanden« (Spoto, 1994, S. 40). Und so versank diese Frau dann auch nach ihrer Einweisung in eine Klinik ohne »intensivere psychiatrische Betreuung« und unter Einfluß von Psychopharmaka, die sie ruhigstellten, »zusehends in einer dunklen, einsamen Welt, aus der sie immer seltener auftauchte« (Spoto, 1994, S. 41). Schon 1935 galt ihr Zustand als unheilbar, und ich würde mich der Meinung anschließen wollen, daß es wahrscheinlich versäumt wurde, Gladys rechtzeitig zu helfen (Spoto, 1994, S. 40).

Die Ängste, welche das kleine, nicht gerade psychisch stabile Kind angesichts einer solchen *unheimlichen* Gestalt, wie einer an einem religiösen Wahn leidenden Mutter, gehabt haben muß, sind leicht nachvollziehbar. Zumal sich die Tochter doch sehr stark mit ihrer Mutter identifiziert hatte. Hinzu kam, daß ausgerechnet das schon von den Bolenders so arg strapazierte religiöse Motiv das Zentrum von Gladys Wahn bildete. Wie Inez Melson, Monroes Managerin, berichtete, litt Monroes Mutter später in der Psychiatrie an religiösen Zwangsvorstellungen.

»»Marilyns Mutter beschäftige sich intensiv mit ihrer religiösen Sekte, den Christlichen Wissenschaften, und mit dem Bösen‹, meint Frau Melson. ›Darin lag ihre Überspanntheit. Ihrer Meinung nach hatte sie im Laufe ihres Lebens Fehler gemacht und wurde dafür bestraft‹« (Summers, 1988, S. 18).

Für Norma Jeane muß dieser Schuldkomplex, der sich bei Gladys zu einem kompletten Wahn steigerte, in welchem sie an schweren Depressionen litt, schon aufgrund der Ähnlichkeit mit einigen ihrer eigenen Gedanken etwas sehr unheimliches gehabt haben.

Ein entscheidender Auslöser von Gladys Schuldgefühlen bestand vielleicht darin, daß sie für ihre Tochter Norma Jeane nicht so hatte sorgen können, wie sie es gerne gewollt hätte. Denn sie gab ihre Tochter niemals zur Adoption frei, was möglich gewesen wäre. Im folgenden löste der Plan, daß Norma Jeane von den Griffens adoptiert werden sollte und mit ihnen wegziehen würde, bei der kranken Gladys eine solche Verschlimmerung ihrer Depressionen aus, daß von ihm abgesehen werden mußte (Gregory/Speriglio, 1996, S. 30). Daran kann man sehr deutlich erkennen, wieviel ihre Tochter Gladys bedeutete, für die sie schließlich auch die ganze Zeit finanziell aufgekommen war. Es ist gut möglich, daß in den letzten Jahren ihr Interesse an ihrer Tochter sogar noch gestiegen war, nachdem Gladys nun kaum noch

Abenteuer mit Männern hatte. Jedenfalls wollte auch sie ihre Tochter nicht für immer an andere Leute verlieren, und in diesem Punkt ähnelten sich die Gefühle der beiden füreinander doch sehr stark.

Denn umgekehrt ist die Bedeutung, welche ihre Mutter für Monroe hatte, wohl kaum hoch genug einzuschätzen. So schenkte Gladys Norma Jeane in dieser Zeit ein weißes Klavier und wollte, daß sie Klavierstunden bekam. Gladys förderte also ihre künstlerischen Fähigkeiten, etwas das die Bolenders zuvor sicherlich niemals in Betracht gezogen hätten. Als ihre Mutter dann eingeliefert wurde, mußte dieses Klavier, das zuvor dem Filmschauspieler Fredric March gehört hatte, wieder verkauft werden. Doch Monroe suchte es später, fand es und kaufte es sich zurück. Sie ließ es generalüberholen und stellte es sich in die Wohnung (Monroe, 1980, S. 13–14). So setzte sie ihrer Mutter, welche schließlich ihre erste Beziehung zur Filmkunst geknüpft hatte, tatsächlich ein liebevolles Denkmal, und dieses war nicht das einzige.

Wie sehr Monroe an ihrer Mutter wirklich hing, zeigt noch viel deutlicher ein Besuch, den die 19jährige bei ihrer Fotoreise mit André de Dienes unternahm (Geiger, 1995, S. 25–26). Dieses Treffen war von Tante Grace, einer wichtigen Freundin von Gladys und einer weiteren Mutterfigur von Norma Jeane, arrangiert worden. »Das Wiedersehen der beiden Frauen nach über sechs Jahren Trennung verlief verständlicherweise gezwungen und unsäglich traurig für Norma Jeane« (Spoto, 1994, S. 103). Gladys, die nach einem Ausbruchsversuch im März 1938 aus dem Sanatorium in Norwalk »in eine geschlossene Anstalt in Agnew bei San Francisco« verlegt worden war (Geiger, 1995, S. 17), hatte man dort vor ungefähr einem Jahr entlassen, und sie lebte nun nach einer Odyssee durch den Nordwesten der Vereinigten Staaten in einem Hotelzimmer in Portland, Oregon. Die Klinik in San Francisco hatte erkannt, daß sie keine Gefahr mehr darstellte, und sie war »mit 200 Dollar und zwei Kleidern auf die Straße gesetzt worden«. Gladys war völlig verarmt, abgemagert und hatte die Fähigkeit zum normalen Umgang mit anderen Menschen verloren (Spoto, 1994, S. 103–104).

»Norma Jeane umarmte ihre Mutter, die völlig in sich gekehrt und steif auf einem Stuhl saß; dann zeigte die Tochter ihr einige Aufnahmen, die André gemacht hatte, und gab ihr eine Tüte mit Bonbons. Aber Gladys brachte weder Dankbarkeit noch Freude zum Ausdruck. Sie war nicht einmal in der Lage die Hand auszustrecken und ihre Tochter zu berühren, und nach langem, peinlichen Schweigen, während de Dienes nervös in der Nähe auf und ab schritt, kniete Norma Jeane vor ihrer Mutter auf den Boden« (Spoto, 1994, S. 104).

Durch diesen Kniefall, eine deutliche Geste ihrer Unterwerfung, schaffte es das junge Mädchen tatsächlich, ihre geliebte Mutter zu erreichen.

>»Für einen Moment schien sich der Nebel, der die beiden trennte, zu lichten. ›Ich würde gerne zu dir kommen und bei dir wohnen, Norma Jeane‹ flüsterte Gladys« (Spoto, 1994, S. 104).

Doch hier schritt de Dienes ein und erklärte Norma Jeanes Mutter, daß er ihre Tochter nach ihrer Scheidung mit Dougherty heiraten werde. Dann erklärte er, sie müßten jetzt gehen. Norma Jeane sagte: »Bis bald, Mama« (Spoto, 1994, S. 104).

>»Mit Tränen kämpfend, küßte sie ihre Mutter, legte ihre Adresse und Telephonnummer neben die Geschenke auf den Tisch und ging schweigend hinaus. Als sie dann zurück nach Los Angeles fuhren, weinte sie herzzerreißend« (Spoto, 1994, S. 104).

In derselben Nacht noch ließ sich Norma Jeane angeblich darauf ein, mit dem über zehn Jahre älteren, attraktiven und muskulösen Fotografen de Dienes ins Bett zu gehen – den heiraten zu wollen sie übrigens niemals in Erwägung gezogen hatte. Dieses hatte sie während der gesamten bisherigen gemeinsamen Reise trotz seiner heftigen Annäherungsversuche äußerst erfolgreich abgewehrt, aber nun brauchte sie einfach einen Mann, in dessen starken Armen sie sich ausweinen konnte (de Dienes, 1986, S. 69).

Schließlich sollten Mutter und Tochter aufgrund ihres Gesprächs in Portland und einigen Briefen von Gladys schon kurze Zeit darauf nochmals für nicht mal einen Monat zusammenwohnen. Eleanor Goddard beschrieb ihr Verhältnis 1946 so:

>»Ihre Mutter hatte sie in herzzerreißenden Briefen um Aufnahme angefleht. So schickte die Tochter im April eine Fahrkarte und versuchte, mit ihr in einer Zweizimmerwohnung auszukommen, die sie in der Nebraska Avenue bei Ana Lower gemietet hatte. Aber es war unmöglich; Gladys war oft nicht ansprechbar, ›sie wanderte umher und [...] war unberechenbar‹. Schon Ende April mußte die Tochter ihre Mutter erneut in die Klinik einweisen lassen« (Geiger, 1995, S. 27).

Obwohl Norma Jeane zu dieser Zeit schon ziemlich mit ihrer Karriere als Fotomodel beschäftigt war, wollte sie sich um ihre Mutter kümmern und war sogar bereit, das Bett mit ihr zu teilen. Aber sie konnte ihr nicht helfen und nicht einmal richtig mit ihr sprechen, weil Gladys die meiste Zeit schwieg. Offensichtlich litt diese Frau an einem »Affektverlust, an emotionaler Verarmung oder Verkümmerung«, dessen Ursache jedoch niemals eindeutig geklärt worden ist (Spoto, 1994, S. 109).

Nun war es umgekehrt Norma Jeane, die ihre Mutter abschob, sich aber zumindest von nun an um die Bedingungen ihrer Unterbringung finanziell kümmerte.

»Ende April ließ Norma Jeane Gladys in eine Klinik in Nordkalifornien einweisen und bemühte sich, ihr regelmäßig Geld für ihren Unterhalt zukommen zu lassen. Diese Zahlungen wurden nie eingestellt« (Spoto, 1994, S. 110).

Der direkte Kontakt zu ihrer Mutter ebenso wie zu deren Freundin Tante Grace nahm danach erheblich ab. 1949 überwies Monroe ihrer Mutter zwar immer noch »nach wie vor etwas Geld, reagiert aber zum Beispiel nicht darauf, als Grace ihr mitteilte, die Mutter habe wieder geheiratet. Diese Ehe war nur kurz« (Geiger, 1995, S. 40). Gladys heiratete den Elektriker John Stewart Eley, der drei Jahre später an einem Herzleiden starb (Victor, 1999, S. 26).

1951 war Marilyn Monroe zwar am Beginn ihrer Filmkarriere äußerst einsam, dachte aber nie daran, ihre Mutter zu besuchen.

»Sie wechselte mehrfach die Adresse, lebte in Apartments oder im Hotel. Ihre Mutter hatte sie seit schon fünf Jahren nicht gesehen, nicht mit ihr telefoniert, keine Briefe gewechselt.« »1952 vereinbarte sie mit einer Frau Inez Melson, daß diese als ihre Managerin und als offizielle Betreuerin von Gladys Baker Monroe fungieren sollte. Inez Melson besuchte ihre Mutter mehrmals im Monat im Krankenhaus und brachte ihr das Geld ihrer Tochter« (Geiger, 1995, S. 51).

»Zur Marilyn-Monroe-Legende gehörte auch die Geschichte einer angeblich an Wahnsinn gestorbenen Mutter. Diese Mutter schrieb nun im April 1952 einen Brief an ihre Tochter, der Marilyn Monroe so tief traf, daß sie ihn bis an ihr Lebensende aufbewahrte:

Liebe Marilyn,
bitte, mein liebes Kind, schreib mir doch einen Brief. Hier ist es im Augenblick sehr traurig, und ich würde am liebsten so bald wie möglich von hier wegziehen. Ich wünsche mir so sehr die Liebe meines Kindes anstatt seinen Haß.
In Liebe Mutter« (Geiger, 1994, S. 57).

Monroe nahm indirekt öffentlich zu den Vorwürfen, sie würde ihre Mutter vernachlässigen, Stellung, wenn sie ihr Recht einklagte, diese schwierige und leidende Frau vergessen zu wollen, welche schließlich die großen Probleme ihrer Kindheit verursacht hatte:

> »Ich möchte nichts anderes, als das ganze Unglück und das ganze Leid vergessen, das sie in ihrem Leben ertragen mußte und das auch mich betraf. Ich kann es nicht vergessen, aber ich möchte es gern. Wenn ich Marilyn Monroe bin und nicht an Norma Jeane denke, dann funktioniert es manchmal« (Geiger, 1995, S. 58).

»Marilyn schickte ihrer Mutter über Inez Melson zwar weiterhin Geld, wollte aber mit ihr nichts zu tun haben« (Geiger, 1995, S. 58) »›Ich wußte, daß wir eigentlich nichts gemeinsam hatten‹, sagte sie ein paar Jahre später über ihre Mutter, ›und ich wußte, daß ich nur wenig für sie tun konnte‹« (Spoto, 1994, S. 213). Diese fehlende Gemeinsamkeit war ein wenig gelogen, und Monroe hatte einfach immer die verständliche Angst, von ihrer Vergangenheit erneut eingeholt zu werden. Hinzu kam, daß Monroe die Abschiebung ihrer Mutter, die zuvor ihre Tochter abgeschoben hatte, ein bißchen wie ein stiller Triumph vorgekommen sein muß, in dem sie heimlich ihre Aggressionen *austoben* konnte. Aber auf einer tiefergehenden Ebene war es nichts weiter als ein immer fortschreitender Verlust, denn so hatte sie ihre Mutter tatsächlich für immer verloren. Daß sie gar keinen persönlichen Kontakt mehr zu ihr unterhalten wollte, zeigt wie wenig Distanz Monroe zu dieser von ihr immer noch sehr geliebten Person besaß.

Monroe geriet, nachdem die Öffentlichkeit wußte, was mit ihrer Mutter wirklich passiert war, häufig in einen Rechfertigungszwang. So schrieb sie 1952 an die Herausgeber von Redbook, denen sie die Existenz ihrer Mutter zuvor verschwiegen hatte:

> »Wir haben einander nie näher kennengelernt und haben niemals eine normale Beziehung zueinander gehabt, wie sie zwischen Mutter und Tochter üblich ist. Falls ich mich eines Vergehens schuldig gemacht habe, indem ich die Tatsache verschwieg, bitte ich aufrichtig um Entschuldigung und weise darauf hin, daß ich nur aus dem Motiv heraus gehandelt habe, eine Person zu schützen, der ich sehr verpflichtet bin« (Spoto, 1994, S. 214).

Die Notwendigkeit einer solchen Rechtfertigung bestand aber weniger darin, bloß die jetzige Existenz ihre Mutter zu verheimlichen, weil diese gern anonym leben wollte, sondern sie lag darin, daß Monroe häufiger öffentlich erklärt hatte, ihre Mutter sei tot. Hinter dieser Todeserklärung, die sie sicherlich auf der bewußten Ebene aufstellte, um ihre Mutter zu schützen, verbarg sich unbewußt eine Aggression gegen diese Frau, die sie letztendlich immer wieder allein gelassen hatte. Monroes Stilisierung zur *Vollwaisen* basierte auf einer Lüge, die man ihr allerdings in ihrer Kindheit schon beigebracht hatte.

Noch 1960, als längst jeder wußte, daß sie in ihrer Kindheit keine richtige Waise gewesen war, behauptete sie einfach, ihre Mutter sei inzwischen tot. »Meine Mutter war psychisch krank. Sie ist mittlerweile gestorben« (Monroe, 1992, S. 14). Zu diesem Zeitpunkt war Monroes Mutter in Rockhaven Sanatorium untergebracht, an das ihre Tochter regelmäßig Geld für ihre Unterbringung überwies. Monroes Mutter sollte ihre Tochter bei weitem überleben und starb tatsächlich erst 1984 (Spoto, 1994, S. 576).

Hinter diesem Ausruf »Meine Mutter ist tot«, den Monroe hier auch noch wiederholt, als er für ihre Publicity gar keine Bedeutung mehr besaß, stand auf einer psychischen Ebene nicht bloß ein Mord an ihrer Gewissensinstanz, sondern mehr noch eine tiefe Enttäuschung, die nur schwer zu verstehen ist.

Eine einfache Interpretation könnte darin bestehen, daß hier gar nicht Gladys, sondern die inzwischen verstorbene Grace McKee oder eine andere Ersatzmutter, nämlich Ana Lower, gemeint war. Der Tod von Ana Lower, die Norma Jeane ohne jede Ambivalenz verehrte, war von ihr tatsächlich sehr intensiv betrauert worden. Aber dem widerspricht, daß Monroe die Phantasie, ihre Mutter sei tot, bereits im Waisenhaus entwickelte. Damals bezog sich diese Vorstellung auf einer bewußten Ebene ganz eindeutig auf ihre leibliche Mutter.

Als sie 1935 mit neun Jahren ins Waisenhaus kam, versuchte sie zu denken, ihre Mutter sei tot:

> »Mit der Zeit dachte ich dann: ›Ich muß denken, sie ist tot ...‹ Und später sagten mir die Leute: ›Deine Mutter, die vergißt du besser.‹ – ›Aber wo ist sie?‹, fragte ich. – ›Denk nicht mehr daran. Sie ist tot.‹ Kurz darauf hörte ich plötzlich von ihr ... Und so ging es jahrelang. Ich glaubte, sie sei tot, bloß weil ich nicht zugeben wollte, wo sie war. Zu blöd!« (Monroe, 1992, S. 14).

Der Tod der Mutter, den sie sich einredete und einreden ließ, führte bei dem jungen Mädchen sicherlich zu starken Schuldgefühlen, denn es wußte das dies nicht der Wahrheit entsprach. Auch ist anzunehmen, daß sich diese Phantasie, die Gladys galt, ebenso auf Ida Bolender bezog. Gladys hatte sich durch ihren religiösen Wahn, wenn auch in einer entschieden zugespitzteren Form, schließlich inhaltlich den Charakterzügen der Bolenders angenähert. Und von beiden Müttern war das kleine Mädchen verlassen worden. Die Bolenders sahen Norma Jeane zwar noch mal bei ihrer Eheschließung mit James Dougherty, doch von Besuchen im Waisenhaus ist nichts bekannt, und es ist anzunehmen, daß sie sich kaum mehr für ihr ehemaliges Pflegekind zuständig fühlten.

Der Todeswunsch gegenüber ihrer Mutterimago, welcher das Zentrum von Monroes Schuldkomplex und ihren masochistischen Bestrafungsphantasien bildete, wurde nun verstärkt, weil das stets abgeschobene Kind keine andere Möglichkeit mehr sah, seine so aufkommenden Aggressionen zu äußern. Gleichzeitig wurde aber der *gesagte* Tod der Mutter, welcher durch die Einweisung der Tochter in ein Waisenhaus besiegelt schien, von Monroe äußerst intensiv betrauert. »Nachts, wenn die anderen schliefen, setzte ich mich ans Fenster des Schlafraums und weinte, weil ich in der Ferne, hoch über den Dächern, die Leuchtbuchstaben des R.K.O. – Studios sah, wo meine Mutter als Cutterin gearbeitet hatte« (Monroe, 1992, S. 15). Das war der Grund, weshalb Arthur Miller sagen konnte, Monroe wäre das traurigste Mädchen, daß er je kennengelernt hätte (Miller, 1989, S. 489). Denn diese Trauer um die verlorene Mutter, in der sich psychisch das Trennungstrauma wiederholte, war wirklich der wesentlichste Zug in Monroes Charakter.

Die Trauer war viel stärker als ihre Aggressionen und die daraus resultierenden Schuldgefühle. Die Wut gegen ihre Mutter basierte auch am meisten auf deren Abwesenheit, und Miller erlebte eine Frau, die stundenlang *weinte*, wenn er sich zu wenig um sie kümmerte.

Mit dieser Trauer, die immer von dem entsetzlichen Verlust der Mutter handelt, beginnt auch eines ihrer Gedichte:

»Don't cry my doll
Don't cry
I hold you and rock you to sleep
Hush hush I'm pretending now
I'm not your mother who died«
(Rosten, 1980, S. 5).

Monroe ist in dieser kleinen lyrischen Fiktion ihre eigene Ersatzmutter. Wie Freuds Neffe bei seinem Fort-Da-Spiel bringt sie sich durch eine Umkehrung der Positionen von einer passiven in eine aktive Rolle, so daß nun die Puppe erleiden muß, was sie erlitten hat. Sie versucht, die weinende Puppe zu trösten und sie friedlich in den Schlaf zu wiegen. Dieses Motiv geht vermutlich unmittelbar auf Monroes Einschlafprobleme zurück. Doch die Puppe wird von ihrer Ersatzmutter zunächst getäuscht, weil diese nur vortäuschen kann, ihre Mutter zu sein. Die Mutter der Puppe ist aber bereits gestorben. Das Problematische an dieser Phantasie ist nicht die wirklich erlebte frühe Enttäuschung darüber, daß Ida Bolender nicht Norma Jeanes Mutter war, sondern die Behauptung, daß die richtige Mutter bereits tot sei.

Da sie dieses Gedicht als erwachsene Frau schrieb, die längst Karriere gemacht hatte, müssen sie ihre frühkindlichen Probleme tatsächlich fortwährend verfolgt haben. Sie konnte dieses Gefühl, daß ihre Mutter tot sei, weil sie nicht für sie da war, nur sehr schwer vergessen. Und die große Trauer über den Tod ihres Hundes enthielt bereits die große Trauer über die Abwesenheit einer richtigen Mutter. Das hat Gladys vielleicht gespürt und wollte sich deshalb nun selbst um ihre Tochter kümmern.

Eines der zentralen Probleme in Monroes Psyche aber war, daß es zu keiner vollständigen Versöhnung mit ihrer Mutterimago kam und daß sie deshalb oft von ihrer Mutter nachts in ihren Träumen verfolgt wurde. Sie hat ihrer Mutter ihre schwierige Kindheit nicht völlig verziehen, und dieser Konflikt belastete sie enorm. Die Düsternis, die der Gedanke an ihre *totgesprochene* Mutter bei ihr auslöste, lag oft wie ein dunkler Schatten über ihrem Leben, und sie kam nicht von ihm los, weil sie den Konflikt mit ihrer Mutter nicht völlig durchgearbeitet hatte.

Monroe sollte diesen Konflikt sogar über ihren eigenen Tod hinaus weiterführen und schrieb ihr Testament wohl vor allem deshalb, damit ihrer Mutter nicht ihr gesamtes Vermögen zufiel.

»You know, I've been thinking of writing my will. Can't tell you why, but it's been on my mind. It's made me feel sort of gloomy. (...) Without a will, everything'd go to my mother, I guess, and what would she do with it?« (Weatherby, 1976, S. 149).

Auch wenn ihre Ansicht berechtigt war, daß ihre Mutter mit ihrem Geld doch gar nichts anfangen könne, war ihre Begründung doch auch nicht ganz frei von einem kleinen Rachegedanken gegenüber dieser Frau. Auf die Frage ihres Zimmermädchens, warum Monroe ihre Mutter nicht zu sich nach New York holen würde, antwortete sie: »Weil sie ein Kuckuck (eine Verrückte) ist.« Danach kam sie in ziemlich harten Worten auf ihre Enttäuschung zu sprechen: »Sie wollte mich damals nicht sehen. Warum sollte sie es jetzt wollen?« Kaum hat sie dies aber gesagt, überkam sie sofort jene große Trauer, welche ihre tatsächlichen Empfindungen ausdrückte und über die Wut ihrer Enttäuschung hinausging: »Im nächsten Atemzug sagte Marilyn mit feuchten Augen: ›Würde sie nur wieder gesund werden, so daß wir reden könnten. Es wäre großartig, eine richtige Mutter zu haben, hier bei mir« (Peptitone/Stadiem, 1979, S. 167).

In ihren Träumen wurde sie von dem Gefühl der Abschiebung ihrer Mutter in der grausamen Form einer Identifikation verfolgt. So berichtete Monroes Zimmermädchen Peptitone:

> »Sie erzählte mir, daß sie Alpträume habe, in denen sie eine alte Frau sei, irgendwo allein in einem Obdachlosenasyl, in einer Zelle eingesperrt. Sie hatte das Gefühl, sie würde verflucht, weil sie ihre Mutter ›fallenließ‹« (Peptitone/Stadiem, 1979, S. 167).

Gladys war schließlich eine Weile obdachlos gewesen, bevor sich Monroe um ihre Wiedereinweisung und finanzielle Versorgung kümmerte. In ihren Alpträumen war sie nun wie ihre Mutter, die nun unter der Abschiebung ihrer Tochter zu leiden hatte, genauso wie sie als Kind darunter gelitten hatte, obwohl die Situation keineswegs dieselbe war. Denn Monroes Mutter war krank und daran konnte ihre Tochter leider auch nichts ändern. Trotzdem belasteten sie auf eine nahezu schon kafkaeske Weise enorme Schuldgefühle, und sie betrachtete die Schmerzen ihrer Mutter so, als wären es ihre eigenen. Monroe konnte ihre Schuldgefühle gegenüber ihrer Mutter wohl kaum richtig verstehen, geschweige denn auflösen, weil sie gleichzeitig immer noch starke Aggressionen gegen diese Frau in sich trug, die auf unvermittelten Konflikten basierten. In ihren Alpträumen wurde sie für diese Aggressionen zur Bestrafung eingesperrt.

Auch Monroes Selbstmordversuche stellten immer wieder eine Sühne dieser Schuld dar, wenngleich sie vor allem aus dem entsetzlichen Gefühl stammten, ganz allein zu sein und sich mit der totgesprochenen Mutterimago nur durch den eigenen Tod wieder versöhnen und vereinigen zu können.

Außerdem hatte sie das Gefühl, verflucht zu sein. Dies zeigt, wie nahe ihre Vorstellungen an die ihrer Mutter heranreichten. Nur glaubte ihre Mutter, die ganze Familie sei verflucht, während Monroe konkret glaubte, ihre Mutter verfluche sie, weil sie Gladys allein ließ. Das ist ein wichtiger Unterschied. Denn dieser Fluch beinhaltete, daß die Tochter, welche sich ihrer Mutter nicht *genug* angenommen hatte, deshalb in dieselbe mißliche Lage kommen würde, wie ihre Mutter einst. Dabei hatte doch gerade Monroe in Wirklichkeit die materielle Not ihrer Mutter für immer beseitigt. Ihr unbewußter Konflikt mit ihrer Mutterimago forderte auch umgekehrt den Racheakt dieser Person in ihrer Psyche heraus, und sie nahm deshalb an, daß ihre Mutter sie hassen müsse, weil sie es ablehnte, sie noch zu sehen. Diese Projektion der eigenen Aggressionen auf den anderen ist ein typischer Vorgang in Monroes leicht paranoider Struktur.

Auch bestimmten die Schuldgefühle gegenüber ihrer Mutter ihr Verhältnis zu anderen Frauen und wurden schnell von ihr übertragen. So glaubte Monroe, nachdem sie bei einem Unfall bei einer Frau erste Hilfe geleistet hatte und diese danach trotzdem im Krankenhaus gestorben war, sie träfe dafür eine Mitschuld (Leaming, 1999, S. 266).

Die *Dimension*, welche diese Problematik bei Monroe annehmen konnte, ist aber in bezug auf ihre leibliche Mutter in meiner Argumentation bisher noch nicht richtig deutlich geworden. Die starke narzißtische Identifikation mit Gladys in dem Alptraum gibt jedoch schon die Richtung vor, in der sich dieser Konflikt zeigen konnte. Durch Monroes psychotische Tendenz zur Verschmelzung mit ihrer Mutterimago wurde der Verlust auf einer realen Ebene in einem noch weit existentielleren Sinn zu einem fundamentalen Problem. Denn die Aggressionen, die durch den Mutterverlust bei Monroe erzeugt wurden, wurden nicht bloß verdrängt, sondern im Lacanschen Sinn verworfen, daß heißt, es gab leichte Halluzinationen, in denen die totgesprochene Mutter auf der Ebene des Realen wiederkehrte und nun ihrer Tochter nach dem Leben trachtete (Lacan, 1997, S. 98).

Gladys *erschien* Monroe nämlich nicht bloß in ihren Alpträumen, sondern – wenn Millers dramatische Aufarbeitung ihrer gemeinsamen Ehe in *After the Fall* auch nur halbwegs der Realität entspricht – auch in der Wirklichkeit. Miller sollte ihr dann im nachhinein helfen, den Wirklichkeitsgehalt dieser halluzinierten Realität zu überprüfen, von deren *Gewißheit* sie im Gegensatz zu einem *richtigen* Psychotiker keineswegs überzeugt war. Während der Psychotiker mit einer Überzeugung, die ihm niemand mehr ausreden kann, an einer bestimmten halluzinatorischen Erfahrung festhält, von der er oft sogar selbst weiß, daß er sie nicht wirklich in der Realität gemacht hat, verunsicherten Monroe solche Erfahrungen völlig (Lacan, 1997, S. 91). Sie war keineswegs bereit, in einem wahnhaften Glauben an ihnen festzuhalten, sondern sie war im Gegenteil selbst davon überzeugt, daß hier etwas nicht mit rechten Dingen zuging. Man kann sich Monroes Wahrnehmung vielleicht am besten vorstellen, wenn man sie mit jemandem vergleicht der öfter unter dem Einfluß von Haschisch oder anderer halluzinatorischer Drogen steht und dabei auch sehr intensive, negative Eindrücke hat. Im Gegensatz zu Monroe besteht aber für eine solche Person grundsätzlich die Möglichkeit, diese Erfahrungen einfach abzustellen, und sie kann sie auch immer auf die Drogen zurückführen. Monroe konnte die leichten Halluzinationen, die in ihrer ohnehin sehr phantasiereichen Wahrnehmung lagen, weder abstellen noch auf etwas anderes als auf ihre Psyche zurückführen. Und ihr Alkoholkonsum förderte zwar diese Problematik, sie selbst sah ihn ihm aber vermutlich mehr ein beruhigendes Gegenmittel, das ihr dabei helfen sollte, ihre seltsamen Wahrnehmungszustände zu betäuben. Ihre leichten Halluzinationen erzeugten große Angst und bezogen sich als Schreckensvisionen immer auf ihre Mutterimago, die eben nicht bloß in ihren Träumen, sondern auch in *ihrer* Realität herumgeistern konnte. Im *Prinzip* konnte der Satz »Meine Mutter ist tot«, wenn sie ihn innerlich nur überzeugt genug sagte, vielleicht schon Ansätze zu einer bedrohlichen Vision ihrer Mutterimago auslösen.

Miller schrieb einen längeren Dialog zwischen Monroe (Maggie) und sich (Quentin) in seinem Drama *After the Fall*, der geführt wird, als er sie in ihrer Wohnung das erste Mal besucht. Nachdem sie sich eine Weile unterhalten haben, macht er ihr ein Kompliment, in dem er sie darauf hinweist, daß sie im Gegensatz zu ihm alles aus eigener Anschauung und nicht wie er aus Büchern wisse. Maggie entgegnet ihm sehr unbestimmt aber zurückweisend, daß er gegenüber ihr den Vorteil habe zu wissen, daß es stimme, was er sehe (Miller, 1964, S. 76). Dann bittet sie ihn sehr zögerlich, eine Tür zu öffnen, damit sie mit seiner Hilfe überprüfen könne, daß dort, wo ihre Halluzination war, in der Realität nichts ist.

> »Maggie *kämpft mit sich, dann*: Würden Sie bitte ... dort die Tür zu dem Kabinett aufmachen?
> Quentin *sieht in die bezeichnete Richtung, dann zu ihr*: Nur aufmachen?
> Maggie: Ja.
> *Er geht an die im Dunkel liegende Peripherie, Maggie setzt sich auf, beobachtet ihn. Er öffnet eine ›Tür‹. Er kommt zurück. Sie legt sich wieder hin.*
> Quentin: Möchten Sie mit mir sprechen? Ich werde bestimmt nicht lachen. *Setzt sich.* Was ist es?« (Miller, 1964, S. 77).

Es scheint Maggie zu beruhigen, daß hinter dieser Tür niemand ist, und sie legt sich sogleich wieder hin. Zuvor hatte sie sehr kritisch beobachtet, wie ihr zukünftiger Mann diese Tür öffnete, hinter welcher sie eine Bedrohung vermutete. Zögerte sie zuvor schon, ob sie ihn darum bitten könne, ihr diesen Gefallen zu tun, so ist es ihr jetzt nur unter großen Anstrengungen überhaupt möglich, ihm zu erzählen, welche bedrohliche Erfahrung sie vor ein paar Stunden hat machen müssen, die von dem, was sie hinter dieser Tür vermutet hatte, ausgegangen war.

> »Maggie: *mit großer Anstrengung*: Als ich grade einschlafen wollte, vorhin. Plötzlich sehe ich, wie da Rauch unter der Tür zum Kabinett rauskommt. Immer mehr und mehr ... Bis das ganze Zimmer voller Rauch ist! *Sie bricht ab, dem Weinen nahe. Er nimmt ihre Hand.*
> Quentin: Ach, das haben Sie ja nur geträumt, Kindchen.

Maggie: Aber ich war doch ganz wach!

Quentin: Dann war's ein Wachtraum. Etwas wollte heraus, konnte nicht warten, bis Sie eingeschlafen waren. Solche Dinge kann man herausfinden, wenn man sie zurückverfolgt.

Maggie: Ich weiß. Ich geh zu einem Psychoanalytiker.

Quentin: ... Dann erzählen Sie ihm davon. Sie werden's schon ausfindig machen.

Maggie: Als ich Sie vorhin anrief, da fing's an. Wissen Sie, meine Mutter ... die hat sich immer in dem Kabinett angezogen. Sie war sehr ... moralisch, wissen Sie? Aber manchmal hat sie da drinnen geraucht. Und dann ist sie rausgekommen – in einer mächtigen Rauchwolke.

Quentin: Vielleicht haben Sie gedacht, ihre Mutter wollte nicht, daß Sie mich anrufen.

Maggie *überrascht*: Woher wissen Sie?

Quentin: Sie sagten, ihre Mutter wäre moralisch gewesen. Und nun rufen Sie einen verheirateten Mann an« (Miller, 1964, S. 77).

Der Rauch, den Monroe in der Form einer Halluzination tatsächlich zu sehen geglaubt hat, ist wieder derjenige, der sie als Kleinkind zu ersticken drohte, was die orale Ebene anzeigt, auf der sich diese psychotische Episode situiert hat. Hinzu tritt hier aber deutlich der gesamte Zusammenhang einer verbotenen, erotischen Ebene, welche in ihrer zwanghaften Form in engster Beziehung zu ihrer Erziehung steht. Monroe erleidet hier eine Halluzination, in der ihre Mutter von dem Ausziehkabinett aus, in dem sie früher einmal tatsächlich gewesen ist, soviel verbotenen Zigarettenrauch in ihr Zimmer läßt, daß sie daran ersticken wird. In dieser Hinsicht kann man den Rauch auch als die erstickende Mutter selbst verstehen.

Die Vorlage für diesen Dialog lieferte ein Treffen zwischen Monroe und Miller 1956, als sie mit ihm in New York nach vielen Jahren wieder Kontakt aufnimmt und ihre eigentliche Beziehung anfängt. Es ist wichtig, daß Monroes Halluzination beginnt als sie noch mit Miller telephoniert. Denn die Übertragung zu ihm liefert den Auslöser für ihre leicht paranoide Halluzination. Es ist die Verabredung mit ihm, welche bei ihr eine etwas paranoide Reaktion auslöst, in der sie den tödlichen Rauch zu sehen glaubt. Miller evoziert Monroes Mutterkomplex hier auf einem etwas psychotischen Niveau und gleichzeitig stellt die halluzinierte Szene durch die erotische Färbung der Situation auch ein zwanghaftes Motiv dar. Das Aus-zieh-kabinett, in dem die Mutter sich entkleidete, ist ein deutliches Zeichen ihrer Scham und Prüderie, das heißt, daß sie es nicht mochte, sich vor anderen Menschen zu entkleiden. Genau das ist es aber, was Maggis Anruf an Quentin beinhaltet. Sie möchte ihn verführen und würde sich sicher vor ihm ausziehen wollen, denn Miller stand schon damals auf der Liste ihrer Lieblingsmänner.

Der Rauch der Mutter wird nun wie ein Verbot über ihre Sexualität verhängt. Die von ihrer Mutter übernommene Moral verbietet es ihr besonders, sich vor einem Mann auszuziehen, der eine so große Ähnlichkeit mit ihrer Mutterimago besitzt.

Der bedrohliche Rauch, welcher aus dem Kabinett aufsteigt, kann tatsächlich, neben der Vorstellung, daß er die Mutter ist, als das verbotene Rauchen der Mutter verstanden werden, das Monroe durch die Erziehung bei den Bolenders schließlich als Sünde kennengelernt hatte. Beide Elemente werden verdichtet. Der Rauch ist selbst das Zeichen einer gefährlichen, verbotenen Überschreitung, die in dem Sich-aus-ziehen liegt. So gesehen wäre das Feuer, welches sich hinter dem Rauch verbirgt, das der erotischen Leidenschaft zu Quentin (Miller). Miller ist also gleichzeitig beides: Einerseits verkörpert er als Mann das Bild ihres Begehrens und andererseits verbietet sein leicht zwanghafter Charakter auch die Erfüllung desselben. Er ist das zu verführende Objekt und das Verbot der Sexualität, also ihr Über-Ich zugleich. Alles dreht sich um diese erotische Spannung zwischen Monroe und ihrem idealisierten Vater (Quentin/Miller) und dem restriktiven, verinnerlichten Verbot der Mutter, die hier miteinander vermischt sind.

Monroe reagiert auf die erotische Dimension, die Miller für ihr Begehren darstellt, in dem Moment etwas paranoid, als sie sich realisieren könnte. Der Kampf entgegengesetzter Strebungen, hier ein Kampf zwischen Es und Über-Ich, führt zu einer Kompromißbildung, wie sie jedes Symptom einer psychischen Störung beinhaltet. Das Über-Ich verwandelt sich dabei in einen imaginären Rauch, der sie, weil sie ihren Es-Strebungen nachkommen will, unheilvoll bedroht. Der Bezug zu Religionsvorstellungen, in denen sich Gott in der Form von Naturelementen zeigt, ist evident. Der Kompromiß besteht darin, daß dieser Rauch ebenso die verbietende Instanz wie die Überschreitung dieser Instanz symbolisiert. Er ist gleichzeitig die verbietende Mutter und das, was sie in Monroes Moralvorstellungen Verbotenes tut.

In dieser Szene wird die Komplexität ihrer psychischen Probleme noch viel deutlicher als in ihrem exhibitionistischen Tagtraum in der Kirche, in dem die Bedeutung der Mutterinstanz nur in dem Verhalten der Gemeinde oder in bezug zu Gott undeutlich und verwischt vorhanden ist. Denn die wirkliche und auch sexuell konnotierte Annäherung an einen *bedeutungsvollen* Mann verursachte anders als ihr bloßer Exhibitionismus bei Monroe zunächst eine paranoide Angstreaktion.

Über ihre verinnerlichte Moral konnte sie sich sicher leicht hinwegsetzen, wenn es sich um Männer handelte, die sie sowieso nicht verstehen konnten.

Dann *zog Monroe nur ihre exklusive Show ab*, ohne dabei selbst unbedingt großartig gefordert zu sein. Aber vor einem Mann, der ihre moralische Gesinnung tatsächlich erkannte und teilte, hatte sie Angst, weil sie ihn ernst nehmen mußte und außerdem liebte. Diese Angst stellt sich in Millers Drama in der dubiosen Form einer rauchenden Mutterinstanz dar.

Die zwei Seiten ihres Es-Über-Ich Konflikts lassen sich allgemeiner so schildern: Der exhibitionistische, hysterische, ausbrechende, überschreitende Bezug auf den Vater, der ihr Begehren imaginär steuert, erfährt durch Regression eine zwanghafte Anbindung an das Gesetz der Mutter. Und umgekehrt: Der zwanghafte Bezug auf die Mutter wird durch die als viel liberaler empfundene Position des Vaters dementiert. Daraus ergibt sich die arg paradoxe Bewegung in Monroes Verhalten. Die von ihr empfundene Nichtanerkennung durch die Mutter, und ihre antikörperliche Haltung läßt sie in die Arme des Vaters flüchten, bei dem sie sich aber in der Tat nur wohl und sicher fühlt, wenn er wiederum die Charakterzüge der Mutter trägt, vor denen sie aber auch eine paranoide Angst hatte und deshalb einen verzweifelten und sinnlosen Kampf austrug, der sich zum Teil dann auch gegen ihre Ehemänner richtete.

Das ungewöhnliche und erschreckende in Monroes Erfahrungen war aber, daß sie über die Ebene von Träumen und Phantasien hinausgingen und tatsächlich bis in ihre Wahrnehmungen hinein reichten und sie dort verunsicherten. Die Nähe zu ihrer Mutter, die Miller herstellte, zeigte ihr den Konflikt auf einem psychotischen Niveau. Solche Visionen innerhalb der Wahrnehmung stellten ihr gesamtes Verhältnis zur Realität in Frage und lösten deshalb eine enorme Angst aus. Monroes psychotische Episoden enthielten ein bedrohliches Irrealitätsgefühl, weil sie frühkindliche Erfahrungen wachriefen, die wie entstellte déjà vu Erlebnisse wirkten. Bemerkt Lacan, daß das Realitätsgefühl auf einer Wiederholungen basiert, welche in die geschichtliche Kontinuität des Subjekts eingelassen ist (Lacan, 1997, S. 134), so kann man umgekehrt annehmen, daß ein so massives Irrealitätsgefühl, welches eine Halluzination hervorruft, auf einem Bruch mit der Geschichte basiert. So erscheint dann die psychotische Episode zwar inhaltlich als äußerst bedeutsam aber ohne jeglichen verständlichen Zusammenhang mit dem erschlossenen Bedeutungssystem des Subjekts.

Dieses zeitweilige Irrealitätsgefühl bei Monroe wurde von Freunden und Bekannten oft wahrgenommen. Sie sagten über Monroe, sie hätten den Eindruck, sie verhalte sich so, als gehe sie wie eine Schlafwandlerin durch die Welt.

Aufgrund ihrer leichten Halluzinationen hatte Monroe wahrscheinlich auch einen sehr konkreten Eindruck von dem, was ein Weltuntergang ist. Das wäre dann wie eine Erschütterung ihres Wahrnehmungssystems, welches keine Korrektur mehr erfährt, und so eine dauerhafte Installation schrecklicher Zerrbilder bedeutet, wie sie beispielsweise in den wilden Phantasien der biblischen Apokalypse des Johannes beschrieben sind. Vor so einem kompletten Ausfall ihres Verhältnisses zur Realität hatte Monroe verständlicherweise am meisten Angst.

Erst als ihre Analytikerin Dr. Marianne Kris sie 1961 tatsächlich in einer psychiatrischen Anstalt unterbrachte, konnte sie solche Ängste, die wie der Wahn ihrer Mutter auf der rationalen Ebene auf dem Glauben an einen vererbten Wahnsinn basierten, ziemlich relativieren:

»Ich hatte immer die Angst, verrückt zu sein wie meine Mutter, aber als ich in dieser Psychoabteilung landete, wurde mir klar, daß *die* so richtig geistesgestört waren – ich hatte bloß eine Menge Probleme« (Summers, 1988, S. 273).

6. Ein Waisenkind mit Phantasie

»You want to know something about my childhood? Well, even though I did have some horrible experiences, and one that I'll never forget ...« (Barris, 1995, S. 6)

Monroe hielt ihr Leben lang daran fest, daß ihre Einweisung in ein Waisenhaus eine der schlimmsten Erfahrungen gewesen sei, die sie jemals gemacht hatte.

Nachdem ihre Mutter in ein Sanatorium eingeliefert worden war, sorgte das englische Ehepaar noch fast ein Jahr für Norma Jeane. Außerdem übernahm die beste Freundin ihrer Mutter »Grace McKee bereitwillig die Erziehung von Gladys Tochter und wurde damit zu Norma Jeanes dritter Mutterfigur; das Kind war jetzt nicht ganz acht Jahre alt« (Spoto, 1994, S. 41).

Mit McKee kam nochmals eine entscheidende Wende in den Sozialisationsprozeß des heranwachsenden Mädchens, denn diese Frau, die von Norma Jeane stets Tante Grace genannt wurde und die sie auch schon länger kannte, sollte Norma Jeanes schauspielerische Ambitionen sehr intensiv fördern.

Andererseits sollte sie Grace immer als unzuverlässig erfahren, und von nun an begann für Norma Jeane deshalb eine Odyssee durch verschiedene Pflegefamilien, von denen sie hin- und hergeschoben wurde. Sie mußte sich immer wieder auf eine neue Situation einstellen. Wenn diese Unstetigkeit auch stets auf die äußeren Umstände zurückführbar war, so sollte Monroe in ihrem Leben das Gefühl nie mehr loswerden, daß bei der kleinsten Zurückweisung die Gefahr drohte, daß jemand sie für immer verließ.

Der Wegfall einer vielleicht schwierigen, aber dafür kontinuierlich anwesenden Mutter, die Ida Bolender sieben Jahre lang gewesen war, führte für Norma Jeane zu großen Verlustängsten, innerhalb derer sie kaum eine Chance hatte, ihre Wut über die ständigen Abschiebungen überhaupt noch zu äußern. Weil die finanzielle Sicherheit, welche ihre leibliche Mutter für ihre Erziehung gewährleistet hatte, nun nicht mehr bestand, konnte Grace McKee, die zunächst hart um das Sorgerecht für Norma Jeane gekämpft hatte, es nicht verhindern, daß das kleine Mädchen anderthalb Jahre in dem Waisenhaus von Los Angeles untergebracht wurde.

Grace wurde Norma Jeanes Vormund bis sie 21 Jahre alt war. Sie stellte das junge Mädchen mit 16 Jahren vor die Wahl, entweder Jim Dougherty zu heiraten oder nochmals in ein Waisenhaus zu gehen. Norma Jeane heiratete, obwohl sie für den vier Jahre älteren Mann zunächst mehr eine Tochter als seine Frau sein sollte. Aber nur so konnte sie die Serie ihrer Abschiebungen beenden. Später sollte Norma Jeane den Kontakt zu Grace, die ab 1944 zunehmend dem Alkohol verfiel und sich schließlich 1953 das Leben nahm, völlig abbrechen und nicht einmal mehr zu ihrer Beerdigung erscheinen (Spoto, 1994, S. 246f.).

Andererseits war Grace, die selbst keine Kinder bekommen konnte, von Norma Jeane ziemlich fasziniert (Geiger, 1995, S. 22). Sie war »Chefcutterin bei Columbia« als sie die Vormundschaft für Norma Jeane und auch für Gladys übernahm (Monroe, 1992, S. 16). Ein Freundschaftsdienst, den wohl nur wenige Menschen auf sich genommen hätten. McKee hatte blond gefärbte Haare und wollte unbedingt selbst ein Filmstar werden (Spoto, 1994, S. 18). Sie war es, die in dem kleinen Mädchen schon früh einen großen Star sah und auch zuvor ihrer Mutter dazu geraten hatte, sich ihre Haare rot zu färben, weil sie so mehr auffiel. Von Grace wurde Norma Jeane regelrecht als ein Star vorgeführt. Und Norma Jeane übernahm auch bereitwillig deren Ansichten, befriedigten sie doch ihr großes narzißtisches Bedürfnis nach Aufmerksamkeit (Spoto, 1994, S. 42–43). »Grace war von Jean Harlow fasziniert und deswegen war Jean Harlow mein Idol«, sagte Monroe später und wies so auf den großen Einfluß hin, den Grace auf sie ausgeübt hatte (Spoto, 1994, S. 43).

War es Norma Jeanes Traum gewesen, ein exklusiver Star in einer Kirche zu werden, so träumte sie nun mit Graces Hilfe davon, ein so großer Filmstar wie Jean Harlow zu werden. So bekam Norma Jeane, die ohnehin schon häufiger den ganzen Tag im Kino verbracht hatte, nun eine echte Unterstützung darin, Filme nicht bloß zu sehen, sondern sich tatsächlich in sie hineinzuphantasieren. Darüber hinaus hatte sie nun ein Berufsziel, für das sie später einen beachtlichen Ehrgeiz aufbringen sollte. Nach der Meinung von Jim Dougherty und anderen hätte es ohne Grace vermutlich nie eine Marilyn Monroe gegeben: »Sie hatte nur eines im Sinn – ein Star zu sein –, und dafür opferte sie alles. Ich glaube, Grace hatte viel damit zu tun« (Spoto, 1994, S. 43).

Grace McKee, die weniger zwanghaft sondern mit ihrem Spleen für Kinostars eher leicht hysterisch war, unterschied sich in einem wesentlichen Punkt von den Verhaltensweisen von Norma Jeanes bisherigen Müttern. Sie besaß eine körperliche Ebene, in der Sexualität nicht ausgeschlossen war, und hatte deshalb keine Probleme damit, Norma Jeane zärtlich zu berühren.

»Sie war der erste Mensch, der mir zärtlich über den Kopf strich oder mir die Wange tätschelte. Damals war ich acht. Ich erinnere mich noch an das Entzücken, das mich überkam, als sie mich liebevoll streichelte« (Monroe, 1980, S. 15).

Norma Jeane liebte diese Zuneigung, und Grace sollte sich intensiv um Norma Jeanes Äußeres kümmern und ihr so immer wieder bestätigen, daß sie sie schön fand. Ihre ersten umfassenden Kenntnisse von Schminke und Kleidung erhielt das Kind von dieser Frau. So lernte sie, immer orientiert an den großen Filmstars, wie man mit Hilfe von Maskerade und formbetonter Kleidung eine schöne und aufregende Weiblichkeit herstellte.

Doch die äußeren Umstände erschwerten ihr Verhältnis zueinander. Denn McKee lernte völlig unerwartet im Frühjahr 1935 den zehn Jahre jüngeren, äußerst gutaussehenden Ervin Goddard kennen, der den Spitznamen Doc trug. Doc Goddard war nach Angaben seiner Tochter ein etwas unseriöser »Hansdampf in allen Gassen«, der sich lieber in Bars herumtrieb, als einer festen Arbeit nachzugehen (Spoto, 1994, S. 49). Die beiden heirateten im Sommer 1935 und – da auch Grace in dieser Zeit nur unregelmäßig Geld verdiente – bekamen sie schon sehr bald finanzielle Probleme. Norma Jeane sollte nun auf Drängen von Goddard in einem Waisenhaus untergebracht werden. Er nahm dabei keine Rücksicht auf das anhängliche Kind, das ihn vermutlich wegen seiner engen Bindung zu Grace sogar eher störte. Zuvor hatte er bereits für seine eigenen Töchter keine Verantwortung übernommen.

> »Goddard war der Meinung, daß Norma Jeane ein überflüssiger Esser im Hause sei, und er bedrängte Grace immer wieder, das Kind ins Waisenhaus zu geben – nur für kurze Zeit, versprach er, bis er endlich das große Geld machen würde« (Spoto, 1994, S. 50).

Dieser Mann, der dafür sorgte, daß Norma Jeane »entfernt wurde«, sollte sich ihr später im betrunkenen Zustand sexuell nähern. Von einer seiner Töchter, Eleanor Goddard, die tatsächlich, nachdem ihre Eltern sich getrennt hatten, unter erbarmungswürdigen Umständen von einem Heim zum anderen in Texas herumgereicht wurde, übernahm Marilyn Monroe später einige ihrer schlimmsten Geschichten über ihre Zeit im Waisenhaus.

Norma Jeane war, als sie im Los Angeles Orphan Home untergebracht wurde, neun Jahre alt. Sie sollte vom 13. September 1935 bis zum 26. Juni 1937 dort bleiben (Spoto, 1994, S. 50). Diese Abschiebung in eine Institution für Kinder *ohne* Eltern wirkte auf sie wie ein entsetzliches Trauma, welches zunächst alle ihre Möglichkeiten einer psychischen Verarbeitung überstieg. Monroe beschrieb den Tag, an dem Grace sie ins Waisenhaus brachte, sehr detailliert:

> »One day she packed my clothes in my suitcase, and off we went in her car. She drove and drove for a long time without saying where she was

taking me. She never said a word when I asked her. She just kept driving, looking straight ahead. We finally arrived at a three-story red-brick building. She made me carry my small suitcase as we walked up the stairs to main entrance of the building. I noticed a sign in huge letters. Emptiness came over me; my heart began beating fast, then faster. I broke out in a cold sweat. I began to panic. I cried. I couldn't catch my breath. The sign said LOS ANGELES ORPHANS HOME. Please don't let me stay here. I'm not an orphan – my mother's not dead. I'm not an orphan. It's just that she's sick in the hospital and can't take care of me. Please don't make me stay here. I cried and protested as hard as I could; I can still remember, she had to drag me inside. I was only nine years old then, but something like this I'll never forget. My heart was broken« (Barris, 1995, S. 15).

Diese schreckliche Erfahrung, welche sie nie mehr vergessen konnte, gehörte zu den Szenen, die ihr Leben am meisten geprägt haben, denn hier wiederholte sich ihr Trennungstrauma in so einer drastischen und für sie als kleines Mädchen schwer nachvollziehbaren Form, daß sich ihr diese Situation einfach einprägen mußte.

Monroes Beschreibung gibt sehr genau wieder, was passierte als sie die Inschrift des Waisenhauses entzifferte, die für sie den kompletten Ausfall ihrer Mutterimago in der äußeren Realität bedeutete. Eine enorme Leere überkam sie, ihr Herzschlag und ihre Atmung steigerten sich, sie bekam Schweißausbrüche und eine große Panik. Die ursprünglichen Ängste des Geburtstraumas mit seiner Atemnot und dem gesteigerten Puls wiederholten sich. Besonders gefährlich war Norma Jeanes Gefühl einer völligen *Leere*, welches zeigte, daß es in diesem Augenblick für sie keinerlei positiven, inneren, emotionalen Bezug mehr zu ihrer Mutterimago zu geben schien. Dieses Leergefühl ist deshalb so gefährlich, weil sich in ihm *alles* als komplett sinnlos darstellt und es für viele Menschen genau deshalb den entscheidenden Impuls liefert, sich das Leben zu nehmen.

Doch hier protestierte Norma Jeane heulend dagegen, eine Waise zu sein. Diese Mischung aus Wut und Trauer half ihr über den kritischen Augenblick hinweg. Für sie bedeutete, eine Waise zu sein, in diesem Moment, ganz und für immer von ihrer Mutterimago verlassen worden zu sein, und sie versuchte, sich dagegen zu wehren. Doch ihre äußere Realität konnte sie damit nicht verändern. Grace sollte sie jetzt nicht wieder mit zu sich nach Hause nehmen.

Im Heim litt Norma Jeane dann tatsächlich unter der Anonymität, die sich automatisch in größeren Gruppen einstellt. Sie kam auch sicher nur schwer damit zurecht, daß es hier nur wenige erwachsene Bezugspersonen für die vielen Kinder gab. Durch ihren Aufenthalt im Waisenhaus wurde ihr die Lage, in der sie sich eigentlich immer schon befunden hatte, deutlich vor Augen geführt. Sie hatte niemals richtige Eltern gehabt, denn es gab keinen Vater und ihre Mutter war bisher ohnehin nur selten für sie dagewesen. Von nun an konnte sie gar nicht mehr mit ihr rechnen. Gladys war verrückt geworden, und es gab kaum Hoffnung, daß sich ihr Zustand nochmals soweit wieder normalisieren würde, daß sie für ihr Kind sorgen könnte. Und schließlich war Norma Jeane auch noch von Grace, der besten Freundin ihrer Mutter, enttäuscht worden, die dem Drängen ihres Ehemanns nachgegeben hatte.

Die Verlustängste, die Monroe ihr Leben lang begleiten werden, wurden durch diese Situation besonders verstärkt. Aber diese Abschiebung hatte auch unmittelbare Folgen, weil der Platz von Monroes Mutterimago in der realen Außenwelt im Waisenhaus nun tatsächlich häufig *leer* war. Ihre Liebessehnsucht, welche sich so stark auf dieses Imago bezog, fand damit keinen festen, äußeren Halt mehr. Sie hat das Gefühl als würde die Welt ein Stück weit auseinanderbersten:

»I wanted more than anything in the world to be loved. Love to me then and now means being wanted. The world around me just crumbled. It seemed nobody wanted me, not even my mother's best friend« (Barris, 1995, S. 15).

Die Welt schien, um sie herum auseinanderzufallen, weil in ihr das emotionale Zentrum, eine Mutter, die sich um sie kümmerte, nicht mehr vorhanden war. Wo ihre Mutter war, die zuletzt Grace darstellte, ist nun oft eine Leerstelle, und Norma Jeane, die zunächst ganz von diesem Verlustgefühl überwältigt war, wird diese Tatsache nur schwer verarbeiten können. Deshalb hatte sie später in ihren Beziehungen oft Angst, bei dem kleinsten Konflikt wieder verlassen zu werden, und sie war als junges Mädchen bereit, alles zu tun, damit dieses nicht mehr geschah.

Das Wesentliche an dieser Erfahrung war aber wohl der offensichtlich enge Zusammenhang zwischen äußerer Situation und innerer psychischer Verfassung. Monroe sollte immer viel mehr als andere Menschen von ihren Beziehungen abhängig sein, weil sie ohne diese Beziehungen jede Möglichkeit zur Symbiose verlor. Während andere Kinder sich ein Stück weit in Symbolisierungen ihrer Eltern flüchten würden, um so ihren Verlust zu kompensieren, war es für dieses Kind wegen seiner leicht psychotischen Tendenz viel schwieriger, den Mutterverlust durch Substitutionen aufzufangen. Der Mutterverlust geriet für Norma Jeane – das zeigt ihr Leergefühl – in eine bedrohliche Nähe zum Weltverlust, weil sie kaum die Fähigkeit besaß, ihre flüchtige Mutterimago in stabilen symbolischen Repräsentationen in deren Abwesenheit festzuhalten.

Das Bild der Mutter blieb zwar erhalten, aber es hatte keine Kontinuität und veränderte sich auch je nach der Stimmung, in der sie sich befand. Eigentlich konnte sich ihre Mutterimago nur in realen, äußeren Beziehungen mit anderen Menschen wirklich stabilisieren und positiv entwickeln. Deshalb sollten für Monroe immer die konkrete und aktuelle Zuneigung anderer Menschen das Wichtigste bleiben. Das intrapsychische Verhältnis zu ihrer Mutterimago war stark abhängig von den aktuellen, realen Beziehungen und wurde durch diese in seiner Form auch unmittelbar beeinflußt.

Norma Jeane versuchte, den Verlust mit der Vorstellung zu verdrängen, ihre Mutter sei tot. Aufgrund von ihrer psychotischen Problematik konnte eine solche Verdrängung aber noch ganz andere Auswirkungen haben, denn darin war sie dann von ihrer Mutter schließlich für immer getrennt, was für dieses Kind sicherlich eine vollkommen unmögliche Vorstellung war. Denn gerade bei Norma Jeane lösten solche Vorstellungen große existentielle Probleme aus, weil der Tod der Mutter immer mit dem eigenen verbunden war. Außerdem wußte sie schließlich, daß ihre Mutter nicht tot war, und litt deshalb sicher unter Schuldgefühlen und auch Depressionen, wenn sie behauptete, ihre Mutter sei tot. Die einzige Möglichkeit, aus dieser ambivalenten Situation zu entfliehen, war es, eine *neue* Mutter zu finden, und das sollte Norma Jeane im Waisenhaus nicht richtig gelingen.

Schließlich verlor sich das junge Mädchen, welches ohnehin schon immer zur Introversion neigte, immer mehr in seinen Träumen. Hier ersetzte sie die in der Realität nicht mehr vorhanden Eltern durch ein *ideales* Elternpaar. Dieses Wunschbild der Eltern, welches vermutlich zu diesem Zeitpunkt nur wenige Referenzpunkte in der Wirklichkeit hatte, substituierte dann in einer für die anderen Kinder völlig unglaubwürdigen Weise den Mutterverlust.

»Manchmal erzählte ich anderen Waisen, daß ich wunderbare Eltern hätte, die eine weite Reise machten und jederzeit wiederkommen könnten, um mich abzuholen, und einmal schrieb ich mir sogar selbst eine Postkarte, die ich mit ›von Mutter und Papi‹ unterschrieb. Natürlich hat mir das niemand geglaubt. Aber das hat mir nichts ausgemacht. Ich wollte glauben, daß es stimmt. Und vielleicht, wenn ich es für wahr hielt, würde es auch wahr werden« (Spoto, 1994, S. 54).

Die Möglichkeit, daß man an etwas nur ganz fest glauben muß, damit es Wirklichkeit wird, sollte ein fester Bestandteil von Monroes Lebenskonzept werden. Das Wort *wunderbar*, welches sie in diesem Zusammenhang immer wieder benutzte und auch auf sich selbst anwendete, war das Zauberwort der Imagination, mit dem sie einfach die Wirklichkeit gegen eine Traumwelt austauschte. Sie verwendete es schon für ihre ersten Kinobesuche: »Da saß ich dann den ganzen Tag, manchmal bis spätabends – in der ersten Reihe vor der riesigen Leinwand, ein kleines Kind, ganz allein, und es war wunderbar« (Spoto, 1994, S. 38).

Sie verlor sich immer mehr in ihrer eigenen Traumwelt, die ihr dabei half, ihre düstere Umgebung zu vergessen. In ihren Tagträumen spielte dabei die Aufmerksamkeit von anderen Personen, wie in ihrem Wunschtraum in der Kirche, eine wesentliche Rolle. Das, worauf diese Aufmerksamkeit abzielte, ihre große Liebessehnsucht, konnte sie sich aber nicht mehr vorstellen:

»Als ich älter wurde, wußte ich, daß ich mich von anderen Kindern unterschied, denn in meinem Leben gab es keine Küsse oder Versprechungen. Oft fühlte ich mich einsam und wollte sterben. Dann versuchte ich, mich durch Tagträume aufzuheitern. Ich träumte nie davon, daß mich jemand so liebte, wie ich sah, daß andere Kinder geliebt wurden. Das überstieg meine Vorstellungskraft. Ich ging in meinen Träumen so weit, daß ich die Aufmerksamkeit von jemandem (außer Gott) auf mich zog, daß die Leute mich ansahen und meinen Namen aussprachen« (Monroe, 1980, S. 16).

Ihre Einsamkeit, die immer auf der Trennung von ihren Müttern basierte, war unmittelbar mit dem Wunsch verbunden zu sterben. Durch ihre Tagträume versuchte sie, sich dann selbst aufzuheitern und ihre Einsamkeit zu kompensieren, um so dem Todeswunsch zu entkommen. Für Norma Jeane reichte es dabei schon aus zu träumen, beachtet zu werden und daß Leute sie kennen und ihren Namen aussprechen. In der Realität konnte das schlichte Gefühl, mit anderen Menschen verbunden zu sein, sie allein schon glücklich machen, weil es ihren Hang zur Symbiose stillte. Vor Gott hat dieses religiös erzogene Mädchen allerdings zuviel Respekt, um sich seine Aufmerksamkeit zu imaginieren. Ähnlich wie sie nicht träumen konnte, von jemandem tatsächlich geliebt zu werden, ließ sie Gott in diesen Vorstellungen aus. Solche Phantasien, die vermutlich direkter von der Mutterliebe erfüllt gewesen wären, konnte sich Norma Jeane nicht mehr vorstellen.

Die meisten ihrer Tagträume beziehen sich auch von Anfang an auf einen ziemlich selbstreferenziellen und narzißtischen Kult ihrer Schönheit, die bei anderen eine enorme Beachtung finden soll. Grace hatte diese exhibitionistische Ebene bei Norma Jeane vielleicht deshalb noch gefördert, weil sie schnell merkte, daß sie damit das kleine Mädchen von seinen Verlustängsten ablenken konnte. Der Kult um ihre Schönheit half Norma Jeane von Anfang an, den Verlust von Gladys aufzufangen. Er wurde von Grace während der Zeit im

Waisenhaus und auch danach intensiv unterstützt. Eine *schicke* Frisur für das Kind sollte die mangelnde Aufmerksamkeit durch regelmäßige Besuche ersetzen. Norma Jeane lernte so, wie sie durch einen narzißtischen Rückzug auf sich selbst auf den Anderen ein wenig verzichten konnte.

> »Hauptsächlich träumte ich von Schönheit. Ich malte mir aus, ich wäre so schön, daß die Leute sich nach mir umdrehten, wenn ich vorüberging. Und ich träumte von Farben – Scharlachrot, Gold, Grün, Weiß. Ich träumte davon, daß ich schöne Kleider trug, von allen bewundert wurde und hörte, wie man meine Schönheit pries. Ich erfand die Lobesworte und wiederholte sie laut, als spräche jemand anderes« (Monroe, 1980, S. 19).

Doch dieser Andere, dessen Lobesworte sie nun selbst aussprach, blieb als beobachtende Instanz in ihrem Exhibitionismus durchaus vorhanden. Deshalb enthielt der Traum von der Schönheit eine selbstreferenzielle Bestätigung, in der sie den Ausruf des Anderen für sich selbst erfand. Norma Jeane nahm also in der verzweifelten Verarbeitung ihrer ständigen Zurückweisung nun häufig *zwei* Positionen gleichzeitig ein. Sie war diejenige, die sich als Objekt zeigte und sich gleichzeitig durch das Lob eines bloß vorgestellten aber sprechenden Anderen selbst bestätigte. Sie sprach dessen Lobesworte sogar laut aus, damit sie sie wie von außen hören konnte. Dieser Andere war aber, da er immer bloß das sagen konnte, was sie wollte, selbstverständlich kein vollständiger Anderer im Lacanschen Sinn, denn es konnte von ihm ja niemals unerwartete oder neue Reaktionen geben. Sie konnte ihn nur das sagen lassen, was jemand in der Vergangenheit zu ihr gesagt hatte, oder sogar nur das, was sie sich selbst gerade für ihn ausgedacht hatte. Trotzdem zeigt sich gerade hier, wie sehr das Subjekt von der wörtlichen Bestätigung durch einen Anderen geprägt ist. Analog zu dem Vorgang, sich selbst eine Postkarte zu schicken, die aber von den vorgestellten Eltern signiert war, erschuf Monroes Phantasie sich selbst als ein Objekt, das von sich selbst in der Position eines Anderen bestätigt wurde. Sie versuchte sich so, über ihre Einsamkeit hinwegzutäuschen, indem sie sich in dieser leicht schizoiden Form aufteilte und so auch in die Rolle ihres eigenen Publikums hineinschlüpfte. So gelangte sie zu der narzißtischen Vortäuschung einer in sich bereits geschlossenen Vorführung. Diese zeigte sie dann häufig auch in ihren Filmen, wobei der Platz jenes Andere, der sie unterstützte, dann häufig von ihren Schauspiellehrerinnen eingenommen wurde. Dabei war Paula Strasberg viel mehr als Natasha Lytess dazu bereit, Monroe genau das zu sagen, was sie hören wollte, und unterstützte so sehr deutlich ihren Narzißmus (Miller, 1989, S. 559).

Ihre Inszenierung behielt immer etwas deutlich selbstreferenzielles, und kaum eine Schauspielerin konnte so vor einer Kamera posieren wie Monroe, weil sie den Blick, der auf sie fiel, immer mitdachte. Sie konnte sich immer problemlos auch in die Position des Kameramannes oder des Fotografen hineinversetzen und so intensiv an ihrem Ausdruck vor der Kamera arbeiteten bis er ihrer Ansicht nach perfekt war. Das war ein Grund, weshalb sie es hier zu Höchstleistungen brachte. Im rein körperlichen Posieren sollte dabei immer ihre Stärke liegen, während sie mit dem Sprechen stets Schwierigkeiten hatte.

Außerdem bezogen sich ihre Träume vor allem auf eine Ästhetisierung ihrer ›düsteren‹ Welt durch Farben, auf die sie später zurückkommen sollte, wenn sie bei dem Versuch, Karriere zu machen, große Rückschläge erfuhr:

»Ich redete mit mir, nicht in Worten, sondern in Farben – Scharlachrot, Gold und glänzendes Weiß, Grün- oder Blautöne. Es waren die Farben, von denen ich als Kind geträumt hatte, wenn ich versuchte, der öden, lieb-losen Welt zu entfliehen ...« (Monroe, 1980, S. 77).

Bestimmte Farben hatten in ihrer Kindheit und danach die Kraft, sie aus der als farblos empfundenen, einsamer Welt herauszuziehen. Monroes Vorliebe für den Farbfilm, auf dem sie sich viel besser getroffen fand, was auch objek-tiv stimmt, hat vielleicht hier seinen Ursprung. Farben haben jedenfalls für sie die Bedeutung einer ästhetisierenden Aufwertung der Welt. Und für Norma Jeane war die bunte und schöne Kunstwelt schon immer wichtiger als die graue Realität, weil die Kunstwelt viel mehr ihre Phantasie zufriedenstellen konnte.

Welch tragende Rolle Farben in ihrer Wahrnehmung spielten, zeigt die Ausdehnung dieses Interesses auf ihre Kochkünste als Teenager. Für ihren ersten Ehemann kochte sie Möhren und Erbsen zusammen »weil ihr die Farben gefielen« (Summers, 1988, S. 23). Leider hatte Jim Dougherty für dieses Faible seiner jungen Ehefrau überhaupt kein Verständnis:

»Aber sie hat damals nie ein Steak gebraten, das einzige, an das ich mich erinnere, sind Erbsen und Karotten. Sie hat nie etwas anderes gekocht. Ich mochte sie nicht; aber ich mußte sie essen. Marilyn fand, daß sie auf dem Teller so hübsch aussahen« (Zolotow, 1962, S. 45).

Es könnte sich, so behauptet der Monroebiograph Mailer, um eine Sensibilität in der Farbwahrnehmung handeln, die andere durch Drogen zu erreichen suchen (Mailer, 1992, S. 72). Ich würde ihm darin zustimmen und auf jeden Fall stand diese deutlich ästhetische Akzentuierung der Farben im engen Zusammenhang mit ihren halluzinatorischen Einbrüchen. Es handelte sich hier ebenfalls um die optische Ebene, auf der die Halluzinationen stattfanden.

Dem dunklen Rauch, der in der von Miller beschriebenen Halluzination das Zimmer grau verschleierte, wollte sie vielleicht durch kräftige, leuchtende Farben entgegenwirken. Eine ähnliche, aber symbolischere Handlung findet sich bei Sylvia Plath, die überall in ihrer Wohnung Herzen aufmalte, um der düsteren Bedrohung durch eine sie einklemmende Mutterimago zu entgehen.

Monroes gesamtes sinnliches Interesse war durch ihren Exhibitionismus primär auf einer visuellen Ebene organisiert, und das Wichtigste war dabei, eine solche optische Attraktivität zu erreichen, daß sie die Realität darüber vergessen konnte. Monroes Traumwelt schien dabei fast schon wie konditioniert für die Traumfabrik in Hollywood samt ihren künstlichen Technicolor-Farben.

Was in ihrer Traumwelt aber immer schon fehlte, waren *wirkliche* Beziehungen zu anderen Menschen, und es war deshalb kein Zufall, daß sie am Filmset nur selten gut mit anderen Schauspielern zusammenarbeiten konnte. So wie sich in Monroes Träumen alles nur um sie selbst drehte, hörte sie am Set ausschließlich auf ihre Schauspiellehrerinnen, die ihre Mutterimago vertraten und sie unterstützten und beurteilten. Durch alle anderen war Monroe oft irritiert, und mit ihren Regisseuren oder Schauspielerkollegen kooperierte sie nur äußerst selten wirklich gut. Dabei war sie eigentlich sehr zugänglich und schloß schnell Freundschaften mit Jane Russel, Yves Montand oder Montgomery Clift. Aber daß Monroe meistens große Angst vor Filmkameras hatte, hing eng mit ihrer Unfähigkeit zusammen, als Schauspielerin wirklich gut mit anderen Menschen zusammenarbeiten zu können – wobei sie an sich schließlich immer den Anspruch einer perfekten Darstellung hatte. Sie mußte häufig aus ihrer Garderobe heraus förmlich vor die Kamera gelockt werden, weil sie so große Angst hatte.

Umgekehrt konnte sie sich für eine Fotosession jederzeit begeistern, denn hier konnte sie durchgängig *wunderbar* sein, weil sie dann wie in ihren Träumen ganz allein vor der Kamera posierte. Ein Film mit ihr zu drehen, wurde dagegen immer mehr für alle Beteiligten zu einer Tortur. Als Filmstar war Monroe nicht richtig *teamfähig*, was leichter zu akzeptieren ist, wenn man bedenkt, daß die meisten Monroefilme heute in unserer Kultur gar keine Bedeutung mehr hätten, wenn sie nicht darin mitgespielt hätte.

Beachtenswert und von dem Monroebiographen Zolotow erstmals ausführlich erwähnt wurde der Zusammenhang zwischen Monroes Träumen und ihrer Beeinflussung durch die religiöse Lehre der Christian Science. Bei Norma Jeanes Flucht in ihre Tagträume war das Religionsverständnis von Gladys und Grace und später vor allem von Ana Lower besonders wichtig. Alle diese mütterlichen Bezugspersonen glaubten nämlich mehr oder weniger intensiv an die Lehre der Christian Science.

Gladys besuchte – motiviert durch ihre Freundin Grace – bereits vor Norma Jeanes Geburt häufiger die Gottesdienste dieser Kirche. Beide Frauen waren zwar begeistert, zogen es aber damals nie in Erwägung, dieser Kirche beizutreten (Spoto, 1994, S. 20). Trotzdem übte diese religiöse Gemeinschaft auf sie eine große Faszination aus und stellte auch eine undurchsichtige Komponente in dem Wahn von Gladys dar.

Noch 1972 bezeichnete sich Monroes Mutter als eine »christliche Religionswissenschaftlerin«, die für die Kirche arbeitet und nichts mit der Filmindustrie zu schaffen hätte. In bezug auf ihre berühmte Tochter definierte Gladys ihre damalige Arbeit als das genaue Gegenteil von dem, was Monroe getan hatte:

»Ich besitze nicht einmal ein Radio- oder Fernsehgerät, verstehen Sie? Meine Arbeit ist dem, was sie in der Filmindustrie machte, diametral entgegengesetzt.« »Ich wollte nie, daß sie ins Filmgeschäft geht. Natürlich habe ich ihr nie gesagt, was sie tun soll. Ich habe nie ein Wort dazu gesagt« (Gladys Baker zitiert nach Haspiel, 1996, S. 5).

Diese Frau, die zuvor selbst einmal als Cutterin beim Film gearbeitet hatte, schien völlig vergessen oder verdrängt zu haben, daß sie selbst es war, die Norma Jeane in die Welt des Kinos einführte. Sie war zu diesem Zeitpunkt – und man weiß nicht wie lange schon – völlig von ihren religiösen Überzeugungen vereinnahmt, welche nach ihrer Ansicht das genaue Gegenstück zur Arbeit eines Filmstars bildeten. Die Antwort wirkt aber auch ein wenig so, als wolle Gladys nicht wegen ihrer berühmten Tochter weiter ausgefragt werden.

In Monroes Kindheit hingegen wirkte das Religionsverständnis von Gladys durch die Christian Science viel liberaler, aufgeklärter und vor allem weltlicher als die dogmatischere und strengere Auffassung der Bolenders. Überall da, wo bei den pfingstlerischen Bolenders der Mythos des Zungensprechens durch Gott die Gesetze vorgibt, situiert diese modernere Religionsauffassung eine pseudo-wissenschaftliche Begründung, welche vor allem deutlich *matriarchale* Züge in sich trägt, und genau das kam Norma Jeane sehr entgegen.

Die Christian Science wurde von Mary Baker Eddy 1879 in Boston gegründet. In den Gottesdiensten werden abwechselnd Texte aus der Bibel und Kommentare aus dem Buch von Eddy vorgelesen. Heutzutage werden diese wohl öfter abwechselnd von einem Mann und einer Frau vorgetragen. Die Kernthese von Eddys Lehre besteht darin, daß alles Materielle unwichtig sei und für die Beziehung zu Gott nur das Geistige zähle. Diese fast schon philosophische Betrachtungsweise kam Norma Jeane mit ihrem etwas idealistischen

Liebesdrang sicherlich viel näher als das sture Regelwerk der Bolenders. Besonderen Zulauf fand diese Religionsgemeinschaft seit jeher von älteren Frauen (Spoto, 1994, S. 64). In ihrer Jugend sollte Norma Jeane dann auch bei der über 50-jährigen Ana Lower leben, welche eine überzeugte Anhängerin der Christian Science war und dem jungen Mädchen viel Liebe entgegenbrachte.

Die wesentlich liberalere Auffassung der Scientisten gegenüber der der Pfingstler zeigte sich beispielsweise darin, daß sie den Genuß von Alkohol und Zigaretten zwar auch ablehnten, Genußmittel aber deshalb keineswegs dogmatisch verboten waren. So wurde es zum Beispiel akzeptiert, daß Gladys eine Raucherin war. Der wesentliche Nachteil aller Genußmittel basiert laut der Auffassung der Christian Science auf dem Mißverständnis, sein Glück im Materiellen finden zu wollen. Krankheit und Tod sind Täuschungen der Materie, von denen der Geist sich befreien muß. Die ganze »›wissenschaftliche‹ Argumentation ist im Grunde der Versuch einer feierlichen Erklärung der letzten Unwirklichkeit und Machtlosigkeit des Bösen« (Hauth, 1995 S. 308), und dieses Böse ist die Täuschung des Menschen durch die Materie.

> »In letzter Konsequenz leugnet die Christian Science somit die Existenz der sinnlichen Welt; der Mensch sündigt, leidet und stirbt nicht wirklich, sondern ist Opfer krankhafter Täuschungen. Und wenn schlechte Gedanken real oder einflußreich in der Welt erscheinen, dann nur, weil Menschen fälschlicherweise an ihre Realität glauben und an ihre Kraft, einen ›bösartigen animalischen Magnetismus‹« (Spoto, 1994, S. 64).

Sicherlich bot eine solche Auffassung, die sich über alles Irdische hinwegsetzt, indem sie den Geist über alles stellt, den idealen Boden für Norma Jeanes abgehobene Träume. Doch dieses Kind war auf Grund seiner leicht psychotischen Tendenz sowieso schon immer mehr in einer *geistigen* Welt als in einer physischen zuhause gewesen. Und hätte sie sich nicht so stark und bedingungslos an ihren Träumen festhalten können, hätte Norma Jeane spätestens nach ihrer Einweisung ins Waisenhaus schier verzweifeln müssen. Es waren während ihrer Kindheit und auch danach ihre geistigen Möglichkeiten, welche sie durch ihre Träume aufrecht hielten.

Die Lehre der Christian Science fordert auch keine Abkehr ihrer Anhänger vom Weltlichen, »sondern eine Übernahme öffentlicher und sozialer Aufgaben« (Spoto, 1994, S. 64). Der Gläubige soll nicht »alles Weltliche und Fleischliche« verachten, sondern damit umgehen (Spoto, 1994, S. 65). Er darf aber den materiellen Dingen keineswegs eine große Bedeutung zusprechen.

Trotzdem stimmte diese religiöse Lehre in einem wesentlichen Punkt nicht mit Monroes Überzeugungen überein: denn für den ästhetischen Inhalt ihrer

Träume war hier kein Platz. Die Scientisten hatten nämlich kein wirkliches Verständnis für Monroes traumhafte Erotisierung der Welt, die bei Norma Jeane den traumatischen Mutterverlust wiedergutmachen sollte. Ihre Träume von Schönheit und Attraktivität emanzipierten sich im Grunde sofort von jeder religiösen Auffassung, die – weil sie zum Diskurs des Zwangs gehört – die sexuelle Dimension des Menschen stets unterschlägt. Daher wurde die Ablehnung des Körpers, welcher schließlich bloß ein Teil der bösen, täuschenden Materie ist, von Monroe in jedem ihrer Filme später heftig dementiert. Ihre physische Präsenz sollte für sie schließlich eine wichtige Ausdrucksform ihres geistigen Anspruchs werden, in dem es ihr schließlich in erster Linie auf die Liebe ankam. Und dieser geistige Anspruch erhob sie auch in ihren Augen über die bloße Materie, weil die wahre Liebe über die körperliche Dimension weit hinausgeht.

Monroes fast unerschütterlicher Glaube, daß der Traum von etwas wichtiger sei als die realen Umstände, daß der geistige Willen mehr zähle als die faktische Materialität, war gerade am Anfang ihrer Karriere eine ihrer wesentlichen Motivationen. Und ohne diese bedingungslose Überzeugung hätte sie es vermutlich niemals schaffen können. Den Traum vom Filmstar sollte Monroe trotz aller noch so widrigen Rückschläge weiterverfolgen, bis sie ihn endlich realisieren konnte. Dann allerdings war sie sich manchmal gar nicht sicher, ob sie nicht immer noch träumte.

Das Mißverhältnis zu dem, was Lacan das Reale nennt, das hier durch einen deutlichen Überhang der imaginären Funktion zustande kommt, hat bei Norma Jeane psychisch gesehen verschiedene Ursachen, die man genauer unterscheiden kann.

Auf der neurotischen Ebene ist es ihr Exhibitionismus, der die Kastration nicht anerkannte und in dem dann vom eigenen Körperbild aus wilde Phantasien um dessen *wunderbare* Ausstellbarkeit wuchern. Auf der psychotischen Ebene handelt es sich vor allem um eine imaginierte Verdopplung, die versucht, ihre Einsamkeit und die Abschiebung durch ihre Mütter zu kompensieren. Beide Momente fließen in ihre Verführungsshow vor laufenden Kameras ein, wobei ihr Exhibitionismus aus einer etwas späteren Entwicklungsphase stammt als die Phantasie der Verdopplung, die auf Nachahmung basiert.

Waren Monroes Fähigkeiten im imaginären Bereich außergewöhnlich gut entwickelt, hatte sie dagegen große Schwächen im Umgang mit dem, was Lacan das Symbolische nennt. Dieses hätte ihr aber als einziges mehr Halt liefern können. Für Lacan ist die Mathematik eines der reinsten Symbolisierungssysteme überhaupt, und Monroe konnte damit beispielsweise gar nichts anfangen. »Sie war in Mathematik ausgesprochen schlecht, aber sehr gut in Englisch; Gedichte zu schreiben, war ihre erste Passion« (Greogory/Speriglio,

1996, S. 35). Monroe war fasziniert von Lyrik, weil diese ihrem etwas hysterischen Interesse einer erotischen *Verdichtung* der Welt am nächsten kam. Für die Assoziationen und Wortspiele, mit denen in der Dichtung neue Zusammenhänge hergestellt werden, konnte sie sich sehr begeistern.

Für die trennende und abstrakte Logik, die wie die Mathematik annähernd ohne sinnliche Bilder auskommt, hatte sie hingegen gar kein Verständnis. Im Gegenteil, sie empfand die *kalte* Emphase des abtrennenden und emotionslosen Kalküls in der Mathematik, welches oft zwanghafte Züge trägt, als eine geistige Zumutung.

> »Ich hielt es für Hirnverschwendung, mich mit Mathematik abzugeben, wo ich mich in meiner Phantasie mit so vielen wunderbaren Dingen beschäftigen konnte. Mathe war langweilig. Zeitverschwendung« (Carroll, 1997, S. 11).

Die *wunderbaren* Dinge waren für Monroe jene imaginären Dinge, die sie aber stets konkret der sinnlichen Wirklichkeit entnahm. Für ein Denken in Zahlenketten und völlig abstrakten Darstellungen hatte sie nichts übrig.

Stark vereinfacht waren für diese Frau vermutlich im Grunde zwei Bilder besonders wichtig, die sie ganz gefangen nehmen konnten: das erotische Bild, das immer vom eigenen Körper ausging, und das sensitive, zärtliche Bild ihrer Mutter sowie alles, was mit ihr verbunden war. Alles, was außerhalb dieser beiden Bilder stand und in keinem Zusammenhang mit ihnen zu bringen war, hatte für Monroe vermutlich keine größere Bedeutung.

Das dritte, etwas später entwickelte Bild, von dem sie häufiger gesprochen hat, ist dann das stark idealisierte Bild ihres Vaters, welches aber bereits eine spezielle Ableitung aus ihrer Mutterimago unter Hinzunahme eines erotischen Körperbildes war, das auf dem Phallus basierte.

Alles Mögliche läßt sich schon mit diesen wenigen Bildern verbinden, und von ihnen aus kann man sicherlich schon eine ganze innere Welt entwickeln. Auf jeden Fall übten sie auf Monroe eine große Faszination aus, und sie war von ihnen ganz hingerissen. Aber diese Bilder waren nicht konstant und konnten verschwinden oder sich bedrohlich verzerren. Sie boten keinerlei Sicherheit und waren immer den äußeren Umständen unterworfen. Monroe fehlte teilweise ein stabiles, symbolisches Bezugssystem, durch welches sie den Anderen auf der Ebene der Sprache hätte richtig verstehen können.

In den Mathematikstunden floh sie aus der entsinnlichten Zahlenwelt in ihre romantischen, gefühlsschwangeren und bilderreichen Phantasien von der Liebe:

»Meistens träumte ich, ich sei eine Prinzessin, die sich jeden Mann aussuchen konnte, den sie wollte. Ich reiste aber viel als armes Mädchen verkleidet durch die Lande und ließ König und Königin zurück, um so den Mann zu finden, den ich wirklich liebte« (Carroll, 1997, S. 11).

Dieser Märchentraum, in dem sie ihre Eltern verläßt, um ihre große Liebe zu finden, war ihr viel wichtiger als die trockene Beschäftigung mit den Operationen einer vernunftbestimmten, logischen Ratio. Diese Prioritätsetzung, die gegenüber der Mathematik noch verständlich ist, führte jedoch in ihrem schlecht entwickelten Gesamtbezug zum Symbol zu großen Schwierigkeiten, die den Überhang einer Täuschung durch das Imaginäre deutlich erkennen lassen. Denn der Traum trat bei Monroe zu oft an die Stelle einer vernünftigen Auffassung der Wirklichkeit.

Eine der Konsequenzen war, daß sie schnell das Gefühl bekam, sie phantasiere bloß. Bei den Schwierigkeiten während der Dreharbeiten zu *The Prince and the Showgirl* mit Laurence Olivier in England wurde Arthur Miller ein Grundproblem in der Diskussion mit Monroe besonders bewußt: »Das Schlimmste war, daß man ihr mit jedem Versuch, das Problem mit Vernunft anzugehen, zu verstehen gab, sie phantasiere« (Miller, 1989, S. 556).

Nun war es ihr aber *nur* aufgrund ihres großartigen Zugangs zur Phantasie möglich gewesen, den künstlichen Filmstar Marilyn Monroe überhaupt herzustellen. So sagte sie in einem Interview von 1960 sehr präzise und in ihrem typischen Vokabular, was ihr eigentliches Ziel war:

»Das Problem in meinem Fall, denke ich, ist, daß ich so gerne wunderbar wäre. Ich weiß, daß das einige zum Lachen bringen wird, aber es stimmt. Einmal in New York wollte mein Anwalt mit mir über Geld sprechen, mit einer Engelsgeduld erklärte er mir alles. Am Ende sagte ich zu ihm: ›Ich verstehe kein Wort und es ist mir auch egal. Ich will nur wunderbar sein.‹ Sagen Sie das mal zu einem Juristen. Er wird sie für verrückt halten« (Monroe, 1992, S. 20).

Das Gesetz, hier das Gesetz des Geldes, welches sich immer in Zahlen ausdrückt und auf den festen, gesellschaftlichen Regelungen des Tausches basiert, konnte Monroes Interesse kaum mehr wecken, denn sie hatte schließlich mehr als genug davon. Sie *scherte* sich deshalb nicht weiter darum und folgte ganz ihren Phantasiebestrebungen, einfach *wunderbar* sein zu wollen. Eine detaillierte Betrachtung ihrer Finanzen war, solange sie sich nicht ausgenutzt fühlte, für sie nicht so wichtig. Viel wichtiger war für sie tatsächlich, ein großer, wunderbarer Filmstar zu sein, und daran zu arbeiten, es so lange wie möglich zu bleiben. Sie wußte, daß ein Jurist sie deshalb für verrückt erklären würde, aber sie überließ die finanzielle Seite ihrer Karriere lieber anderen und wurde auch deshalb häufig unterbezahlt oder sogar ausgebeutet.

Sie wollte ihren Traum vom Kinostar immer wieder Wirklichkeit werden lassen. So hat es ihr sicherlich sehr geschmeichelt, daß der Kritiker der New York Times bemerkte, daß in dem Film *Niagara* zwei *Weltwunder* der Natur in Technicolor zu sehen seien, wovon das eine die Niagarafälle waren. Schon 1955 erklärte sie der Presse: »Ich bin am Geld nicht interessiert. Ich möchte nur wunderbar sein« (Spoto, 1994, S. 180). Allerdings war es nun gerade Monroe, die im Dezember 1955 mit der Twentieth Century-Fox einen sehr guten Vertrag aushandelte. In diesem Vertrag wurde neben einer ausgesprochen guten Gage vor allem ein Zustimmungsrecht von Monroe für die Drehbücher, den Regisseur und den Kameramann bei den Filmen, in denen sie mitspielte, vereinbart (Victor, 1999, S. 311). Dieser Vertrag garantierte ihr also vor allem ein viel größeres, künstlerisches Mitspracherecht, und darauf kam es ihr sicherlich am meisten an.

Was Monroe aber zunächst vor allem wollte, war, in einer Kunstwelt zu leben, in welcher sie selbst der Mittelpunkt war. Mit Freud kann man diesen Wunsch so interpretieren:

> »In der Kunst allein kommt es vor, daß ein von Wünschen verzehrter Mensch etwas der Befriedigung Ähnliches macht und das dies Spielen – dank der künstlerischen Illusion – eine Affektwirkung hervorruft, als wäre es etwas Reales« (Freud, 1974, S. 378).

Für Monroe bot sich also durch die Schauspielkunst die einzige Möglichkeit, ihre Träume *wie* eine Realität zu erleben. »Ich wußte etwas über Spielen. Es war eine Methode, mit der es gelang, ein paar Minuten in Träumen zu leben« (Monroe, 1980, S. 118). Und umgekehrt stellte sie fest, daß einer der wichtigsten Träume ihrer Kindheit, der eine große Schauspielerin zu sein, obwohl er sich in der Realität erfüllte nun trotzdem nicht richtig in Erfüllung ging: »Being a movie actress was never as much fun as dreaming of being one« (Weatherby, 1976, S. 167).

Die Realität konnte an ihre Traumwelt nicht heranreichen und ihr Alkohol- und Tablettenkonsum stellten Versuche dar, sich trotzdem in dieser Traumwelt einzurichten. Monroe war als erwachsene Frau aber vielleicht sowieso oft mehr in ihren Tagträumen unterwegs als in *dieser* Welt vorhanden. Es gibt viele Beschreibungen über ihre tranceartigen Zustände, die bis zur völligen Abwesenheit gehen konnten. Sie schirmte sich so sehr von ihrer Außenwelt ab, daß sie oft bekannte Menschen gar nicht mehr wahrnahm.

»Sie können ihr noch so oft vorgestellt worden oder mit ihr zusammen gewesen sein – Sie wissen nie, ob sie sie überhaupt wiedererkennt. Sie geht mit ihren verglasten Augen an Ihnen vorbei als sei sie in Trance« (Zolotow, 1962, S. 183f. u. S. 164f.).

In ihrer Kindheit driftete sie nach ihrer Zeit im Waisenhaus immer mehr ins Irreale ab und tat häufig so *als ob* etwas vorhanden wäre, was gar nicht vorhanden war. Mit 11 Jahren entwickelte Norma Jeane, die sich stark isoliert fühlte, ein phantasiertes Weltbild:

»Die Welt um mich herum war ziemlich düster. Ich mußte lernen, mir etwas vorzugaukeln, um – ich weiß nicht – die Finsternis zu vertreiben. Die ganze Welt schien mir irgendwie verschlossen ... [Ich hatte das Gefühl,] außerhalb von allem zu stehen, und das einzige was ich tun konnte, war, mir alle möglichen Sachen einzubilden – so tun, als ob« (Spoto, 1994, S. 59).

Dieses *als ob*, das bei Monroe zu ihrer schizoiden Symptomatik gehörte, sollte es ihr dann ermöglichen, in einer phantastischen Inszenierung die Wirklichkeit von Norma Jeane Baker durch die von Marilyn Monroe zu ersetzen. Weil aber sie selbst als Monroe in ihren Phantasien den *Anderen* durch einen Kunstgriff ersetzt hatte, fehlte es ihr an Authentizität, welche sich nur durch die Konfrontation mit einem echten Anderen herstellen läßt, der etwas zu sagen hat, womit das Subjekt nicht rechnet, etwas, das es nicht weiß, etwas, das immer über seine bloße Spiegelung hinausgeht:

»Ich habe immer insgeheim das Gefühl gehabt, nicht vollkommen echt zu sein, so etwas wie eine gut gemachte Fälschung. Ich glaube, jeder Mensch fühlt das von Zeit zu Zeit. Aber in meinem Fall geht das so weit, manchmal denke ich, ich sei im Grunde nur ein Kunstprodukt« (Monroe, 1992, S. 20).

Insoweit Norma Jeane zu Monroe wurde hatte sie immer den Eindruck, nicht echt zu sein. Umgekehrt konnte sie es am Anfang auch gar nicht fassen, daß sie nun *wirklich* der große Filmstar sein sollte, dem die ganze Aufmerksamkeit gewidmet wurde. Da ja auch nur Monroe berühmt geworden war, aber Norma Jeane Baker immer noch unbekannt blieb, galt der Ruhm auch gar nicht ihr, sondern einer Phantasiegestalt:

»›Ich habe das Gefühl, als passiert all das mit jemandem direkt neben mir‹, sagte sie über ihre schlagartig wachsende Prominenz« unmittelbar nach dem Start von ›*Gentleman Prefer Blondes*‹. ›Ich bin ganz nah dran, ich kann es spüren, ich höre alles. Aber eigentlich bin nicht ich es‹« (Spoto, 1994, S. 229).

Monroe hatte zu sich selbst und zu dem, was sie erlebte, häufiger eine unglaubliche sich selbstbeobachtende Distanz, die auch von Miller beschrieben wurde. Er bezeichnete dies als ihre »entpersönlichte Haltung«, in der sie sich selbst zum Objekt ihrer eigenen Beobachtung machen konnte:

> »Marilyn konnte darüber sprechen, daß zwei Gäste auf einer Party sie festgehalten und versucht hatten sie zu vergewaltigen, und daß es ihr gelungen war zu entkommen. Aber die Wahrheit der Geschichte war weit weniger wichtig als Marilyns eigentliche Distanz dazu« (Miller, 1989, S. 475).

Ihre *Traumreisen*, die mit ihrer Einweisung ins Waisenhaus stark zugenommen hatten, wirkten wie ein dickes Polster gegen die Wirklichkeit. Wollte sie in ihren Filmrollen verschwinden und in einer Phantasiewelt leben, so kam ihr umgekehrt die reale Welt oft selbst nur wie ein Film vor, den sie betrachten konnte, der sie aber eigentlich nicht näher betraf und in dem sie sich selbst wie von außen beobachten konnte.

So gesehen wird es leicht nachvollziehbar, weshalb Monroe am Anfang ihrer Karriere völlig künstlich wirkte, und daß es damals gerade dieses ungewöhnliche Element war, das ihr helfen sollte, berühmt zu werden. Howard Hawks, der aus Monroe durch seinen Film *Gentlemen Prefer Blondes* 1953 eine neue Kultfigur der Blondinen werden ließ, bemerkte schon ein Jahr zuvor, nachdem sie in seinem Film *Monkey Business* eine Nebenrolle gespielt hatte, daß Monroe am besten als eine völlig irreale Figur wirke:

> »Meiner Meinung nach war Marilyn Monroe niemals wirklich real, und die große Komödie ist komplett irreal. Marilyn hatte zuvor Filme gemacht, in denen ihr Spiel realistisch war. Das war nicht gut. Nur in ihren irrealen Komödien, angefangen mit ›Monkey Business‹, hatte sie Erfolg...« (Hembus, 1973, S. 83–85).

Eine Frau, die schon ihr halbes Leben verträumt hatte, war sicher nirgends besser aufgehoben, als in einem Film, der mit der Realität nichts zu tun hatte. Das erkannte Hawks, und kein Film sollte Monroes Images so prägen, wie ihre Rolle der Blondinen Lorelei Lee, deren irrealer Spleen darin bestand, ihre Liebesfähigkeit ganz von der Größe des Geldkontos ihrer Männer abhängig zu machen.

Doch Monroe sollte schließlich mit allen Mitteln, die ihr zur Verfügung standen, versuchen, sich von dieser einmal geschaffenen Kunstfigur zu emanzipieren. Ihr Kampf gegen Hollywood war ein verzweifelter Kampf um mehr Authentizität, der gegen das einseitige Image als dumme Blondine, die auf ihre sexuelle Rolle reduziert wurde, gerichtet war. Ab 1955 fing Norma Jeane Baker an, im Rahmen ihrer Emanzipationsbewegung von ihrem selbst geschaffenen Star Marilyn Monroe häufig »in der dritten Person zu sprechen« (Spoto, 1994, S. 314). Nun war der Filmstar Monroe in Norma Jeanes Augen bloß noch eine phantastische Kunstfigur, welche sie per Knopfdruck herstellen konnte, aber endgültig nicht mehr sie selbst.

Sie zeigte Susan Strasberg, der Tochter ihres wichtigsten Schauspiellehrers, wie sie Monroe wie ein elektrisches Licht an- und ausschalten konnte:

> »›Möchtest du sehen, wie ich sie werde?‹, fragte sie Susan. Einen Augenblick verwirrt, erkannte Susan schließlich: ›Sie schien sich innerlich darauf einzustimmen, so als würde sie irgend etwas einschalten, und plötzlich war sie nicht mehr nur das Mädchen, neben dem ich die ganze Zeit hergelaufen war, sondern die strahlende ›Marilyn Monroe‹, bereit für die Öffentlichkeit. Jetzt drehten sich Köpfe zu uns um. Die Menschen drängten heran. Sie lachte wie ein kleines Kind‹« (Spoto, 1994, S. 314).

Monroes Ziel war es jedoch schließlich, ihr komplettes Als-ob-agieren im Kino aufzulösen und so viel mehr von sich selbst zu zeigen. Sie wollte anders als bisher in ihren Rollen nicht bloß als ein Sexsymbol, sondern als ein vollständiger Mensch wahrgenommen werden, der allerdings einen erotischen Charme besitzt. Sie erzählte Miller ihren Anspruch bei den Dreharbeiten zu ihrem ersten, eigenen Filmprojekt *Bus Stop*, in dem sie blaß geschminkt und mit zerrissenen Strümpfen auftrat:

> »Ich kann nicht so tun als ob, wenn ich's nicht wirklich tue. Ich weiß nur was wirklich ist. Ich kann's nicht tun, wenn's nicht wirklich ist!« (Miller, 1989, S. 500).

Dieser Wirklichkeitsanspruch, der Hawks Konzept für Monroe so deutlich widersprach und den sie bei Lee Starsberg erst gelernt hatte, war für sie selbst aber nur schwer zu erreichen, und letztendlich hat sie dieses Ziel niemals verwirklichen können. Gerade in den Fragmenten ihres nie fertiggestellten, letzten Films *Something's Got to Give* wirkt sie schon rein äußerlich ziemlich stilisiert und künstlich, wenngleich ihre Darstellung hier einige Tiefe besitzt.

Monroes Interesse an Authentizität war ein gespaltenes, und schließlich wollte sie auch ein Stück weit einfach eine Männerphantasie bleiben.

Ihre Phantasien über ihre Zeit im Waisenhaus überlagerten in ihren Interviews die Tatsachen, und sie hat auch selbst diesbezüglich immer wieder falsche Angaben gemacht. So wurde beispielsweise aus dem *einen* Waisenhaus, in dem sie tatsächlich gewesen ist, mit den Jahren immer mehr. Es ist sicherlich kein Zufall, daß es über diese Zeit, in der sie erstmals umfassend versucht hat, die Realität wegzuträumen, von ihr die großartigsten fabulierten Geschichten gibt. Dabei ist ihr Status als Waisenkind von Anfang an äußerst publicityträchtig gewesen.

Es war Ben Hecht, der auch der Verfasser ihrer Autobiographie werden sollte, welchem Monroe zuerst von ihrem Waisenhausaufenthalt berichtete. Laut Miller hat sie dazu später folgendes gesagt:

> »Ich wollte nie so einen großen Wirbel darum machen, daß ich eine Waise bin. Aber man hatte Ben Hecht beauftragt, eine Geschichte über mich zu schreiben, und er sagte: ›Also gut, setz dich hin und versuch dir, was Interessantes über dich auszudenken.‹ Na ja, ich war langweilig. Ich dachte, vielleicht erzähl ich ihm, daß sie mich ins Waisenhaus gesteckt haben. Er sagte, das sei phantastisch, und hat darüber geschrieben. Plötzlich wurde es das wichtigste überhaupt« (Miller, 1989, S. 489).

Aber neben ihren wilden, erfundenen Geschichten über die Waisenhäuser, mit deren Hilfe sie sich zum »Aschenputtel in Hollywood« stilisierte (Arnold, 1988, S. 20), hat gerade Arthur Miller die ernsthaften Folgen dieser traumatischen Episode, welche als Ausdruck ihrer gesamten Kindheit verstanden werden kann, nicht unterschätzt.

Miller konnte ihre Angst, wieder abgeschoben zu werden, häufig erleben. Bei einem Konflikt zwischen Monroe und Olivier in England fiel ihm auf einmal ein, wieso sie so heftig reagierte:

> »Während dieser Reibereien dämmert mir allmählich, daß sie wieder einmal damit rechnete, im Stich gelassen zu werden. Der Strudel dieser schrecklichen Angst riß alles mit sich, was unter Umständen nur Meinungsverschiedenheiten hätten sein können« (Miller, 1989, S. 553).

Dieselbe Angst bemerkte ihr Zimmermädchen: »Die geringste Möglichkeit, daß ihr Benehmen mich dazu treiben konnte, für immer wegzugehen, jagte ihr einfach Angst ein« (Pepitone/Stadiem, 1979, S. 43).

Als Norma Jeane in das Waisenhaus abgeschoben wurde, versuchte sie sich laut Miller an der Autotür festzuhalten und Grace mußte ihre Finger losreißen, um sie hineinzubringen. Sie schrie »Ich bin keine Waise, ich bin keine Waise!« und wurde trotzdem eingewiesen (Miller, 1989, S. 644). Das war einer der Gründe, weshalb ihr letzter Psychoanalytiker Greenson von einer Einweisung Abstand nahm, und Monroe selbst das Verhältnis zu ihrer vorherigen Therapeutin, Marianne Kris, völlig abbrach, nachdem diese einmal versucht hatte, sie zu internieren.

Für Miller war während der ersten Nacht im Waisenhaus das Geschenk des Lebens in Norma Jeane gewelkt, und dort war es auch erstickt worden (Miller, 1989, S. 645). Er glaubte, daß ihr Masochismus vor allem daraus resultierte, daß ihre Mütter sie abgeschoben hatten und daß sie diesen Kreislauf unbewußt wiederholte:

> »Im Laufe der Jahre beobachtete ich, daß sie immer labile ältere Frauen um sich haben mußte und im tiefen Inneren ein perverses Vergnügen daran fand, von ihnen ausgenutzt zu werden« (Miller, 1989, S. 490).

Auch Greenson diagnostizierte etwas Ähnliches:

> »Je ängstlicher sie wird, desto mehr verhält sie sich wie eine Waise, wie ein verlassenes Kind, und sie fordert die anderen masochistisch dazu heraus, sie zu mißhandeln und auszunutzen. In dem Maße, wie Fragmente aus ihrer Vergangenheit ans Licht traten, sprach sie mehr und mehr über die traumatischen Erfahrungen eines Waisenkindes« (Summers, 1988, S. 261).

An die Wahrnehmung, daß Monroe sich emotional wie eine Waise definierte, die ständig auf der Suche nach Ersatzeltern war, schließen sich *sämtliche* biographischen Berichte an.

Innerhalb ihrer Beziehungskonstellationen trug sie sich deshalb oft als ein schutzloses Kind ein, welches dringend einen Ersatz für seine verlorengegangenen Eltern brauchte. »Es gab stets Ersatzeltern«, stellt einer ihrer Biographen nüchtern fest (Spoto, 1994, S. 197). »1952 wurden diese Rollen perfekt von Natasha Lytess und Michael Tschechow ausgefüllt« (Spoto, 1994, S. 197). Auch ihr Freund, der Fotograf Milton Greene, seine Frau und ihr Sohn wurden sofort von der Monroe als familiäre Einheit rezipiert, als sie zu ihnen zog. Und zwar angeblich als der einzige Ersatz dieser Einheit, den sie je erlebt hat. »Sie sagte immer: ›Du und Milton und Josh (Josh war das anderthalbjährige Söhnchen der beiden) seid die einzige Familie, die ich je gehabt habe‹« (Zolotow, 1962, S. 236).

141

»Ganz ähnlich hatte sich Marilyn übrigens auch DiMaggios Brüdern und Schwestern gegenüber geäußert« (Zolotow, 1962, S. 236). Später sollte sie ein Familienmitglied bei ihrem Schauspiellehrer Strasberg und dessen Frau werden. »So ersetzte Lee ihr den Vater, Paula die Mutter, das Kindermädchen und die Lehrerin – und die Verwalterin ihrer Tabletten« (Spoto, 1994, S. 318). Innerhalb eines sehr kurzen Zeitraums wurden die Strasbergs zu Monroes Lebensberatungsstelle. »Manchmal kam sie zwei- oder dreimal die Woche mitten in der Nacht in ihre Wohnung, verwirrt und zerzaust, und beklagte sich, daß ihre Schlaftabletten überhaupt nicht mehr wirken« (Spoto, 1994, S. 322). Im Laufe ihres letzten Lebensjahres wurde sie dann ein Mitglied der Familie ihres Analytikers Ralph Greenson. Sie war von ihm abhängig und telephonierte zu jeder Tages- und Nachtzeit mit ihm (Spoto, 1994, S. 454).

Sie fühlte sich aber lebenslänglich wie ein Waisenkind und schien, niemals wirklich erwachsen werden zu können und die Verantwortung für sie selbst zu übernehmen. Deshalb wirkte Monroe auf viele immer wie ein Kind.

Allerdings konnte Monroe »Tante Grace«, die sie ins Waisenhaus gebracht hatte und die in ihrer Jugend schwer alkoholabhängig wurde und sich schließlich am Beginn ihrer Filmkarriere 1953 das Leben nahm, ihr Handeln im Nachhinein verzeihen, weil sie erkannte, wie schwer es Grace gefallen war, sie dorthin zu bringen:

> »So, instead of hating Aunt Grace for the rest of my life, I began to realize that what she did to me then hurt her so much, she felt guilty every time she would see me. Of course, I forgave her« (Barris, 1995, S. 16).

Für Monroe war es besonders wichtig, sich mit ihren Müttern durch Verständnis für ihr Handeln wieder zu versöhnen, um so die böse Mutterimago, welche sie sonst verfolgte, auflösen zu können und in eine gute zu verwandeln.

Außerdem hatte Grace Norma Jeane an den Samstagen oft besucht, um den Tag mit ihr verbringen zu können (Spoto, 1994, S. 51). Dabei putzte sie das junge Mädchen häufig heraus, so daß Norma Jeane anschließend »mit neuen Schleifen im gelockten Haar und frisch geschminkt« zu einem Ort zurückkehrte, an dem sogar Make-up verboten war (Spoto, 1994, S. 55). Aber auch bei diesen Besuchen zeigte sich Grace unzuverlässig. Als sie einmal an fünf aufeinanderfolgenden Samstagen nicht kam, brach Norma Jeane beim geringsten Anlaß in Tränen aus (Spoto, 1994, S. 53).

7. Ein sexueller Mißbrauch und das Problem zu sprechen

»›Sag mal, wie alt warst du,
als du zum erstenmal mit einem geschlafen hast?‹
›Sieben‹, erwiderte Marilyn.
›Mon Dieu!‹, rief Halsman und ließ die Kamera sinken.
›Wie alt war der Mann?‹
Ihre Antwort kam im berühmten Flüsterton
mit angehaltenem Atem: ›Jünger.‹«
(Summers, 1988, S. 33)

Monroe versuchte in diesem Dialog, den Fotografen Philippe Halsman, der gerade dabei war, sie in attraktiven Posen aufzunehmen, sanft zu verführen, indem sie ihm erfundene Antworten über ihr erstes sexuelles Erlebnis erzählte. Mit diesem Bonmot überspielte sie aber ihre tatsächlichen Kindheitserfahrungen in diesem Bereich, welche einen viel schwierigeren Charakter hatten und mit denen sie in Wirklichkeit auch keineswegs so einfach umgehen konnte.

Schon am Anfang ihrer Karriere sollte Norma Jeane der Presse wilde Phantasien von Verfolgungen durch Männer erzählen, welche ihr *an die Wäsche wollten*. 1947 äußerte sie sich gegenüber einem Journalisten mit so übertriebenen Mißbrauchsphantasien, daß dieser sich entschloß, gar nichts über sie zu schreiben:

»Beim Essen vertraute sie uns an, ein Vormund von ihr sei über sie hergefallen, ein Polizist habe sie vergewaltigt, und ein Matrose habe sie angegriffen. Ich hatte damals den Eindruck, daß sie in einer Phantasiewelt lebte, diese Geschichten von A bis Z erfand und von ihrer eigenen Sexualität völlig in Beschlag genommen wurde« (Summers, 1988, S. 33).

Meiner Ansicht nach ist von diesen Geschichten nun aber keine *frei* erfunden, sondern alle basieren auf tatsächlichen Erlebnissen, die Monroe wahrscheinlich zu diesem Zeitpunkt in einer etwas zugespitzten Form wahrgenommen hat, die dann allerdings nicht mehr ganz mit der Realität übereinstimmte. Ein Vormund hatte sich ihr tatsächlich genähert, und ihr erster Ehemann war zunächst Matrose und dann Polizist gewesen. Er oder auch seine Freunde könnten hier gemeint sein. Zum Teil handelt es sich also sicherlich um echte Erfahrungen. Deshalb ist die Beobachtung des Journalisten zwar richtig, das ihr eigenes Begehren darin eine große Rolle einnimmt, aber keineswegs ausreichend, um diese bloß teilweise phantasierten Geschichten zu verstehen.

In ihrer Jugend und darüber hinaus während ihrer Zeit als Starlet entwickelte Monroe die stärksten hysterischen Phantasien. Es war zum Teil ihr eigenes Begehren, welches während ihrer Kindheit verboten und unterdrückt worden war, das sich nun um so deutlicher seinen Weg bahnte, indem es sich als das *gewaltsame* Begehren des Anderen darstellte. Ihre puritanische Erziehung produzierte Phantasien, in denen sie an den gelernten Tabus weiter festhalten konnte, wenn sich ihr Begehren als äußere, männliche Aggression zeigte, die über sie herfiel. Innerhalb einer solchen Wahrnehmungsstruktur können sich dann schon harmlose Annäherungsversuche zu wilden Mißbrauchsphantasien steigern, weil das Subjekt in diesem Sektor völlig übersensibilisiert ist. Und Norma Jeane hatte ja ohnehin eine sehr ausgeprägte Phantasie, die nun allerdings durchaus ihre Impulse aus der Realität bekam.

Monroe, die sich schon während ihrer Jugend erotisch provokativ kleidete, um Aufmerksamkeit zu erregen, wurde mit Sicherheit häufiger von Männern nachgestellt, aber es gibt viele Aussagen von ihr darüber, daß sie mit all dem, was über das Flirten hinausging, nicht viel anfangen konnte. Sie wußte zwar, wie man es schaffen konnte, von vielen beachtet zu werden, aber mehr wollte sie damals auch gar nicht und erschreckte sich, wenn Männer zudringlich wurden. Dieses Verhalten war darum ein wenig hysterisch, weil es mit einer erotischen Maskerade spielte, hinter der sich aber gar kein *echtes* Interesse an der Ausübung von Sexualität verbarg. In Monroes Autobiographie werden mehrfach Erlebnisse in ihrer Zeit als Starlet geschildert, in denen sie vor zudringlich werdenden Männern entsetzt davonrennt. Sie hatte keine Abneigung gegen Sexualität, sondern bekam, wenn bestimmte Männer diese konkret mit ihr realisieren wollten, vor allem einfach eine ungeheuer große Angst.

Es wäre deshalb gefährlich und falsch innerhalb ihrer hysterischen Tendenz, *alle* ihre erzählten Erlebnisse als bloße erotische Phantasien abzutun und sie damit in diesem Punkt nicht mehr ernst zu nehmen. Norma Jeane wurde nämlich tatsächlich in ihrer Kindheit zweimal vom männlichen Geschlecht belästigt, und auf das erste mal kam sie immer wieder zu sprechen: Nachdem Grace sie aus dem Waisenhaus zurück in ihre Familie geholt hatte, näherte sich ihr Mann, Ervin Goddard, dem nunmehr elfjährigen Mädchen im betrunkenen Zustand. Durch diese gewaltsame Annäherung von einem Ersatzvater verstärkte sich sicherlich Norma Jeanes hysterische Tendenz, welche durch das anerzogene, zwanghafte Sexualtabu und die väterlichen

Schläge bei den Bolenders ohnehin schon genügend äußere Gründe für eine weit fortgeschrittene Entwicklung gefunden hatte. Nun zeigte sich der Vater nicht nur als eine gewaltsame Instanz, sondern tatsächlich als eine, die die Tochter sexuell begehrte.

Aber es war nicht bloß diese Nötigung, die das junge Mädchen erschreckte, sondern auch ihre Folgen. Denn sie mußte fast unmittelbar nach diesem Vergewaltigungsversuch ihre Ersatzfamilie erneut verlassen und wurde für längere Zeit zu einer Großtante gebracht. Danach lebte sie bei einer Schwester von Grace Goddards Vater, die Ana Atchison Lower hieß. Als Ana Lower Ende 1940 sehr krank wurde, kam Norma Jeane zurück zu den Goddards. »Dort lebte zwar noch Doc Goddard, der sich Norma Jeane gewaltsam genähert hatte, aber inzwischen auch Eleanor, die gleichaltrige Tochter von Goddard, mit der sich Norma Jeane eng befreundete« (Geiger, 1995, S. 17–18). Es fanden keine weiteren Übergriffe statt. Ebenso kam es bei dieser, ihrer ersten konkreten sexuellen Erfahrung mit einem Mann glücklicherweise nicht bis zum Äußersten. Wie ihr erster Ehemann Jim Dougherty feststellte, war seine junge Ehefrau mit 16 Jahren noch eine Jungfrau (Spoto, 1994, S. 61).

Für Monroe war dieses erschreckende Erlebnis aber von großer Bedeutung, weil sich darin ihre Angst vor dem anderen Geschlecht bestätigte. Andererseits nannte sie, um Goddard zu schützen, häufig nicht seinen tatsächlichen Namen. So steht in ihrer von Hecht geschriebenen Autobiographie:

»Eines Tages erfuhr ich, was Sex war, ohne fragen zu müssen. Ich war beinah neun (tatsächlich elf Jahre) und lebte bei einer Familie, die ein Zimmer an einen Mann namens Kimmel (Goddard – er war auch kein Mieter) vermietete. Er wirkte streng, wurde von allen respektiert, und jeder nannte ihn Mr. Kimmel. Ich ging an seinem Zimmer vorüber, als sich seine Tür öffnete und er ruhig sagte: ›Norma, komm bitte einmal herein.‹ Ich glaubte, er wollte mir eine Besorgung auftragen. ›Wohin soll ich für Sie gehen, Mr. Kimmel?‹, fragte ich. ›Nirgendwohin‹, sagte er und schloß die Tür hinter mir. Er lächelte mich an und drehte den Schlüssel im Schloß um. ›Jetzt kannst du nicht hinaus‹, sagte er, als spielten wir ein Spiel. Ich stand da und starrte ihn an. Ich fürchtete mich, aber ich wagte nicht, um Hilfe zu rufen. Ich wußte, wenn ich um Hilfe rief, würde ich wieder in Ungnade fallen und ins Waisenhaus geschickt werden. Auch Mr. Kimmel wußte das.«

Sie war ja zuvor auf Goddards Drängen ins Waisenhaus geschickt worden, und er benutzte dies vielleicht auch direkt als Drohung, damit sie den Mund hielt.

»Als er die Arme um mich legte, strampelte ich und wehrte mich so heftig ich konnte, gab aber keinen Laut von mir. Er war stärker als ich und ließ mich nicht los. Er flüsterte mir immer wieder zu, ich solle ein braves Mädchen sein. Als er die Tür aufschloß und mich hinaus ließ, rannte ich zu meiner ›Tante‹, um ihr zu berichten, was Mr. Kimmel getan hatte. ›Ich muß dir etwas sagen‹, stammelte ich, ›über Mr. Kimmel. Er ... er ...‹. Meine Tante unterbrach mich. ›Wage nicht, etwas gegen Mr. Kimmel zu sagen‹, fuhr sie mich ärgerlich an, ›Mr. Kimmel ist ein anständiger Mann. Er ist mein bester Mieter.‹ Mr. Kimmel kam aus seinem Zimmer und stand lächelnd im Flur. ›Schäm dich‹, schimpfte meine ›Tante‹ mit mir, ›dich über Leute zu beschweren!‹ ›Das ist etwas anderes‹, begann ich, ›das ist etwas, das ich sagen muß. Mr. Kimmel ...‹ Ich begann wieder zu stottern und konnte nicht weiterreden« (Monroe, 1980, S. 20–21).

Sie rannte nach der Mißhandlung durch Goddard zu ihrer Tante Grace, konnte mit dieser über den Vorfall aber gar nicht sprechen. Aus beidem zusammen ergab sich der massive Eindruck, den dieses Ereignis hinterlassen hat. Diese für Norma Jeane ungeheuer schwerwiegende Erfahrung, die sie ganz in den sinnlosen Strudel eines ausschließlich männlich konnotierten Begehrens hineinzog, konnte sie ihrer damals wichtigsten Vertrauensperson nicht mitteilen. Dabei war es doch Grace gewesen, die Norma Jeane für die Männerwelt zurecht gestylt hatte, und nun wollte diese nicht hören, was ihr dort Schreckliches widerfahren war.

In einem späteren Interview beschrieb Monroe genauer, was Doc Goddard in seinem Zimmer mit ihr angestellt hatte:

»He kissed me and started doing other things to me. He put his hand under my dress. He said it's only a game. He let me go when his game was over. He touched me in places no one had ever before« (Barris, 1995, S. 23–24).

Diese Berührungen eines Mannes an ihrem ganzen Körper hatten ihr große Angst eingejagt und sie hatte damals aufgrund ihrer Erziehung gar keine Möglichkeit, zu einer vernünftigen Verarbeitung eines solchen sexuellen Übergriffs.

Norma Jeanes eigentliches Problem bestand aber darin, daß sich hier in der Wirklichkeit etwas ereignet hatte, was sie zutiefst verabscheute und gleichzeitig wahrscheinlich mit ihren erotischen Phantasien in einem unmittelbaren Zusammenhang stand. Sie war so erschreckt, weil in ihren erotischen Phantasien genau das Männer mit ihr anstellten. Kurzum, Monroes erotische und ein wenig masochistischen Mißhandlungsphantasien schienen sich in der Wirklichkeit zu realisieren. Ihre Sexualität war ihr schließlich verboten worden und deshalb in ihren Phantasien nur *gegen* ihren Willen, also nur unter äußerem Zwang möglich. Entsprechend war Goddard mit ihr umgegangen.

Außerdem hatte man sie als Kind oft geschlagen, was bei diesem empfindsamen Kind mit dazu beitrug, daß es sich gegenüber seinen »Eltern« äußerst unterwürfig verhielt und verstärkt masochistische Phantasien entwickelte, mit denen es vermutlich versuchte, dieses Drama der körperlichen Bestrafung in einen lustvolleren Zusammenhang zu stellen. Auch hatte Norma Jeane seit ihrer Abschiebung aus dem Waisenhaus noch mehr an Selbstbewußtsein verloren. Goddard brauchte ihr nur mit einer Rückkehr dorthin zu drohen, damit sie gefügig stillhielt.

Wenn Norma Jeanes kindliche Tagträume schon davon erfüllt waren, sich in einer Kirche auszuziehen zu *müssen* und sich so der Gemeinde nackt auszuliefern, so gingen ihre unmittelbar erotischen Phantasien während ihrer Kindheit und Pubertät vielleicht noch um einiges weiter. Und wie Greenson feststellte, situierte sie sich auch als erwachsene Frau noch immer als ein zerbrechliches und verlassenes Kind (Summers, 1988, S. 261) und litt unter einer »Mißhandlungsphantasie« – wenngleich sie auch »ganz schreckliche Erfahrungen« gemacht hatte (Summers, 1988, S. 34).

Die erste, dieser schrecklichen Erfahrungen war die mit Goddard, und Norma Jeane mußte schon allein aufgrund ihrer *eigenen* Begehrensstruktur fürchten, daß er es wieder tun würde. Hatte man ihr einmal beigebracht, daß schon zärtliche Berührungen generell etwas Verbotenes sind, wie sollte sie dann mit diesen Berührungen, die noch dazu von einem Mann kamen, etwas anfangen? Goddards Handeln überschritt alle ihre anerzogenen Grenzen, und sie reagierte darauf mit völliger Panik. Auch wenn später Männer versuchten, sie zu verführen, und sie dies nicht wollte, war Monroes Reaktion vor allem Angst. Zwischen einer hysterischen Phantasie und ihrer Realisation bestand auch ein grundlegender Unterschied, denn in der Phantasie war der männliche Aggressor immer ein Teil von ihr selbst, was er in der Wirklichkeit eben nicht mehr war. Spätestens von nun an und vermutlich auch schon zuvor reichte eine männliche Geste, die sie an diese Situation erinnerte, um ihr ein wenig Angst einzuflößen. Norma Jeanes Ausstellung als Sexualobjekt sollte immer auch ein Stück weit auf dieser hysterischen Relation basieren.

Goddards Übergriff war mehr als ein körperlicher Anschlag auf Norma Jeane. Es war außerdem ein Versuch, dieses anhängliche Kind von Grace zu trennen. Das muß Norma Jeane ebenfalls in dieser Situation gespürt haben. Deshalb rannte sie sofort zu Grace, um sie in das, was geschehen war, einzuweihen. Daß Grace aber davon gar nichts wissen wollte, sollte Norma Jeane

dann nochmals schockieren. Der Vorfall und seine damalige Unaussprech-
lichkeit sollten bei ihr eine bleibende Spur hinterlassen.

In einem Interview von 1962 berichtete Monroe ebenfalls, daß sie sofort
weggerannt sei, als Goddard die Tür wieder aufgeschlossen habe. Auch hier
rennt sie weinend zu ihrer Pflegemutter und bekommt dann aber die Wörter
deutlicher heraus, um ihr zu erklären, was der Mann mit ihr angestellt hat:

> »›He touched me all over‹, I sobbed, with tears running down my face.
> She looked at me, shocked at what I had told her. She slapped me across
> the mouth and shook me, shouting: ›I don't believe you. Don't you dare
> say such nasty things about that nice man‹« (Barris, 1995, S. 24).

In dieser Version schlägt Grace sie, wie einst Albert Bolender und verbietet
ihr – wie auch schon in der anderen Version –, darüber zu sprechen. Grace
stößt sie in dieser Version, in welcher Norma Jeane wenigstens dazu kommt,
ihr von dem Vorfall in heftigster Erregung zu berichten, nur noch um so deutlicher zurück. Es ist gut möglich, daß diese Frau, die am meisten von allen Pfle-
gemüttern Norma Jeanes *selbst* eine deutlich hysterische Tendenz besaß,
tatsächlich so reagiert hat, weil sie zunächst annahm, das Kind phantasiere.
Ihre übertrieben affektive Reaktion, in der sie dann Norma Jeane sogar auf den
Mund schlägt, wirkt allerdings viel zu brutal und läßt so eher auf einen Hintergrund schließen, in dem sie wohl zu wissen scheint, wozu ihr Ehemann in der
Lage ist und ihre Wut darüber nun an dem hübschen, jungen Mädchen einfach
abreagiert. Außerdem wollte Grace Norma Jeane so zum Schweigen bringen,
was ihr schließlich gelang.

Monroe hat die emotionale Verletzung, die aus diesem Vertrauensbruch
resultierte, in ihrer Autobiographie und in dem späteren Interview genau
beschrieben: »I was so hurt I began to stammer. She didn't believe me. I cried all
that night in my bed. I just want to die« (Barris, 1994, S. 24). Sie wollte sterben,
weil Grace sie so heftig zurückgewiesen hatte, und sie begann, als Reaktion auf
die Mißhandlung und den Schlag auf ihren Mund zu stottern. Eigentlich wollte sie aber schreien: »Ich dachte: ›Wenn nie jemand auf meiner Seite steht, mit
dem ich reden kann, dann werde ich schreien.‹ Aber ich schrie nicht« (Monroe,
1980, S. 21). Der Schrei wäre für Norma Jeane schon während Goddard sich an
ihr verging die naheliegendste Reaktion auf den Schrecken gewesen. Daß dieser
Schrei zunächst verboten und dann tatsächlich von ihr unterdrückt wurde, trug
dazu bei, daß ihr später die Worte im Hals stecken bleiben sollten.

Deshalb spielt in beiden Versionen Norma Jeanes Stottern eine wichtige
Rolle. Doch während sie in ihrer Autobiographie vor lauter Aufregung stot-
tert und so gar nicht erst dazu kommt, Grace zu erzählen, was geschehen ist,

beginnt sie in dem Interview erst zu stottern, nachdem Grace sie auf den Mund geschlagen hat und ihr verbietet, solche *schmutzigen* Dinge über diesen netten Mann zu sagen. Außerdem stellt Monroe hier fest, daß sie damals zum ersten Mal gestottert hat (Barris, 1995, S. 24).

Monroes Stottern wird in beiden Versionen eng damit verbunden, daß sie über ihre Mißhandlung mit Grace nicht sprechen kann. Ob sie nun durch das Verbot von Grace oder erst danach anfängt zu stottern, ist nicht rekonstruierbar. Jedenfalls ist es ziemlich wahrscheinlich dieser Vorfall, der bei ihr die Schwierigkeit, sich zu artikulieren, ihr Stottern, auslöste.

Dieser Übergriff hatte für Norma Jeane etwas bedrohlich Irreales, weil sich in ihm etwas Phantasiertes realisierte. Diese Situation konnte doch unmöglich so stehenbleiben. Es mußte etwas geschehen. Aber dem Mann geschah nichts, und ihr verspäteter Hilfeschrei wurde von ihr auch noch unterdrückt.

In einem anderen Interview erzählt Monroe, daß es vielmehr ihr Eintritt ins Waisenhaus war, der sie zunächst zum Schweigen und dann zum Stottern brachte:

> »Es war im Waisenhaus, wo ich anfing zu stottern. An dem Tag, an dem ich hineingebracht wurde, als sie mich schreiend und weinend hineinzogen, fand ich mich plötzlich in einem Speisesaal wieder, in dem hundert Kinder aßen und mich anstarrten. Das ließ mich sofort verstummen« (Monroe, 1992, S. 16).

Hier ist es vor allem der starrende Blick der vielen anderen, essenden Kinder, die sie anschauen, der sie verstummen läßt, während sie sich zuvor schreiend und weinend heftig dagegen gewehrt hat, in diesem Haus zu bleiben. Dieses Erlebnis hat scheinbar wenig mit dem sexuellen Übergriff gemeinsam. In beiden Fällen ist aber der Anlaß ihres Sprechproblems ähnlich und besteht darin, daß Norma Jeane ihren natürlichen Affekt unterdrückt. Sie verstummt schlagartig als sie die ganzen Kinder sieht, die sie anschauen. Wieder ist die Grundsituation dabei genau dieselbe: Norma Jeane ist von Grace verraten und ausgeliefert worden. Auch ist Goddard jeweils die Ursache dieses Verrats, weil Grace zu ihm hält und nicht zu ihr. Goddard wollte, daß Norma Jeane ins Waisenhaus kam, und vielleicht war es sogar schon damals sein heimliches und nur latent vorhandenes, sexuelles Interesse an dem jungen Mädchen, welches zu ihrer Einweisung führte. Jedenfalls verhält er sich scheußlich gegenüber ihr und unterbricht vielleicht aus Eifersucht das vermutlich etwas symbiotische Verhältnis zwischen der Frau und dem jungen Mädchen. Dies gelingt ihm, weil Grace im Entscheidungsfall immer auf seiner Seite steht. Marilyn Monroe sollte dann später oft auf die sexuelle Belästigung durch Goddard und diese

Geschichte zu sprechen kommen und sie jedem, der sie hören wollte, erzählen (Summers, 1988, S. 34). Vermutlich war das eine Möglichkeit, ihre Sprachhemmung etwas zu überwinden, indem sie artikulierte, was entschieden zu ihr beigetragen hatte. Außerdem half ihr die Verbalisation des Ereignisses ein wenig dabei, diese traumatische Situation nicht mehr so stark empfinden zu müssen. Monroe dachte aufgrund ihrer hysterischen Tendenz gegenüber Männern immer sehr schnell an Mißhandlung und baute Übertragungen zu ihnen auf, in denen dieses Motiv eine wesentliche Rolle spielte. Ihre erotische Ausstellung war teilweise eine Strategie, ihre Phantasien zu überwinden, und zwar indem sie sie ein wenig auslebte.

Andererseits hatten Grace, aber mehr noch ihre vorhergehenden Mütter, ihre Möglichkeiten, frei zu sprechen, so stark gehemmt, daß Monroe *immer* Probleme mit dem Sprechen haben sollte. Monroes Stottern war nämlich nur ein Symptom in einem viel umfassenderen Komplex, in dem es um ihre Möglichkeiten, überhaupt mit anderen zu sprechen, ging. Das basierte auf ihrem schlechten Verhältnis zum Symbol – auf allen Formen von Repräsentation, zu denen sie kein sicheres Verhältnis hatte – aber auch auf ihrer Sozialisation.

Sie hatte deswegen Schwierigkeiten mit dem Sprechen und war schnell eingeschüchtert. Es fiel ihr immer schwer, sich in Gruppen oder vor unbekannten Menschen spontan zu äußern. Alles drehte sich dabei psychisch um die Möglichkeit, ob sie sprechen konnte oder eben nicht. Das Sprechen war dabei – neben ihren Schwierigkeiten mit dem symbolischen Universum – durch ihre physische Artikulation wie gehemmt. Manchmal, wenn sie stotterte, hatte sie das Gefühl, kein Wort mehr herauszubekommen (Barris, 1994, S. 24). Dieses Gefühl einer Hemmung, die sich über ihren Mund legte, hatte seine tiefste Ursache darin, daß ihre Mütter, ihr sowieso nur selten und wenig zuhörten. Deshalb war Monroes Sprechen umgekehrt emotional oft sehr intensiv, weil sie immer wie durch eine Blockade hindurch sprach.

Fiel diese Hemmung weg, weil ihr gegenüber jemand großes Interesse aufbrachte, fiel es ihr leichter, unbeschwert zu sprechen. In ihrer Kindheit verschärften sich Norma Jeanes Probleme als ihre genitale Sexualität in ihrer verbalen Symbolisierung auftrat und dieses Thema zu einer noch größeren Ablehnung bei ihren Müttern führte.

Daran änderte nichts, daß Grace sich in diesem Punkt viel verständnisvoller gezeigt hatte, als Gladys oder Ida Bolender. Deshalb war ihre Reaktion für Norma Jeane, in einer solchen Situation, in der sie die bedingungslose Unterstützung von Grace doch so dringend gebraucht hätte, nur eine weitere große Enttäuschung. Das Verbot von Grace trug vermutlich soweit, daß Norma Jeane damals kaum eine Chance hatte, mit irgend jemanden über ihre schreckliche, erste sexuelle Erfahrung zu sprechen. Und innerhalb ihrer bisherigen Erfahrungen konnte es nur ihre eigene Sexualität sein, die daran Schuld war – auch wenn Grace völlig andere Gründe gehabt hatte, so zu reagieren und über diesen Vorfall wahrscheinlich selbst schockiert war. Für Norma Jeane war es immer ihre Sexualität gewesen, die das Verhältnis zu ihren Müttern gefährdet hatte. War ihr Stottern ausgelöst worden, durch eine fehlende Reaktion, durch einen fehlenden Schrei, der ihr auch im nachhinein untersagt wurde, so unterlag auch schon zuvor ihr gesamter erotischer Diskurs einer mächtigen und nur teilweise anerzogenen, inneren Zensur. Denn in der starken Annahme dieser Zensur lag auch ein nicht unerheblicher Anteil von Norma Jeanes eigener etwas zwanghafter Entwicklung. Mit dem Anfang ihrer Pubertät hemmte diese Zensur nun ihre Möglichkeiten, frei zu sprechen, immer mehr. Es gab es also für sie zwei wesentliche Hemmschwellen beim Sprechen: mangelnde Aufmerksamkeit und das Verbot, über etwas Erotisches zu reden. Dieses Verbot konnte sie aber im Grunde nur einhalten, wenn sie »tatsächlich« schwieg, weil in ihren Symbolisierungen dieses Thema nur allzu offensichtlich vorkam.

Norma Jeane überdehnte beim Stottern die Zwischenlaute. Sie wurde schon in der Schule »das Mmmm-Mädchen« genannt (Spoto, 1994, S. 74). Der »Mmmm-Laut« füllte die Pausen, die durch ihre Brüche in ihrem Sprechen entstanden und ist nach Greenson, wenn er »summend oder mit musikalischer Intonation vorgebracht wird« »auf eine lustvolle orale« Erfahrung zurückzuführen, welche ursprünglich durch die Mutter gegeben wurde (Greenson, 1982, S. 120). Daß in vielen Sprachen, wie auch im Englischen, das Wort Mutter mit einem ›M‹ beginnt, zeigt diesen Lautzusammenhang an, welcher allerdings vor allem auf einer erlernten Konvention beruht. Der Mmmm-Laut, der die Pausen von Norma Jeanes Sprechen füllte, war vielleicht ein Rückgriff auf das Bild der oralen Mutter. Dann hatte diese Art von Rückzug auf die orale Ebene sicher etwas Beruhigendes, und er unterlief gleichzeitig die viel aufregendere, hysterische Ebene, auf der ihr Verhältnis zu Männern stattfand. Leider war dieser beruhigende Rückzug aber schon fast sprachlos, und man hört nur noch einen Ton. Das ›M‹ sollte Monroes Künstlerinitialen bilden, und der Name Monroe war der wirkliche Mädchenname von Gladys, also der Nachname ihrer Mutter, was auch außerhalb der Lautmalerei für Norma Jeane Baker von äußerster Bedeutung gewesen ist.

Diese orale Mutterbindung, die sich in ihrer frühkindlichen Erfahrung des Erstickens zu einem paranoiden Alptraum umdrehte, lieferte ohnehin ein wesentliches Fundament in Monroes Verhalten. So nahm das Essen beispielsweise einen hohen Stellenwert in ihrem Leben ein, weil sie dabei immer einen Kontakt mit der oralen Mutterimago unterhielt. Während der Ehe mit Arthur Miller nahm Monroe stark zu und hielt sich selbst in *Some Like it Hot* für viel zu dick, während sie – als diese Ehe vorbei war – so rapide abnahm, daß sie so schlank wurde, wie noch nie zuvor. Miller stellte für sie das Bild einer oralen Mutter dar, so daß sie nach der Trennung von ihm das Essen fast völlig verweigerte.

Monroes Sprechen begann erst, sich einigermaßen frei zu entfalten, als sie sich von der mütterlichen Blockade, die vor allem in dem Schweigen über Erotik lag, befreite. Damit sie anfangen konnte, selbstbewußt und sicher zu sprechen, war es für Norma Jeane Baker immer eine Notwendigkeit, zunächst eine Portion Sex in ihr Sprechen einfließen zu lassen. Deshalb war sie auch immer so provokativ gekleidet, weil sie von vornherein ihren freizügigen Standpunkt durch ihre Kleidung akzentuieren wollte, um so das, was es ihr ermöglichte zu sprechen, schon vor allem Sprechen deutlich werden zu lassen. Wenn man ihren Exhibitionismus mit einschließt, kann man sicher sagen, daß ihre gesamten Ausdrucksmöglichkeiten zunächst und zuerst an die Form eines sexuellen Ausdrucks gebunden waren. Sie hatte die Wahl, entweder zu schweigen und zu stottern und sich zu verstecken, oder aber zunächst ihre Sexualität irgendwie zur Sprache zur bringen und an ihrem Körper zu zeigen – etwas, das sie dann sehr bewußt und engagiert getan hat. Außerdem war Monroes Körperbild und ihre damit verbundene erotische Kraft das, was ihr am wenigsten fragwürdig erschien und ihr deshalb die größte Sicherheit geben konnte. Sie konnte über die Sexualität ihr Sprechen eng mit ihrem Körper verbinden, und hat es in diesem Punkt dann in ihren Filmen zu absoluten Höchstleistungen gebracht.

In ihrer Kindheit schwieg sie dagegen in der Schule viel. Sie war sehr unsicher beim Sprechen und hat oft gestottert.

»Ich gab das Sprechen ganze Jahre lang auf. Ich erinnere mich noch daran, wie ich mich in der Schule fürchtete, den Mund aufzumachen. Ich hatte immer Angst, der Lehrer könnte mich aufrufen, und ich könnte bei der Antwort stottern, oder wenn ich die Antwort herausbekäme, wäre sie falsch und töricht. Ich kam zu dem Schluß, es sei besser, den Mund nicht aufzumachen. Fremden gegenüber bin ich heute noch so. Darum gehe ich ungern zu großen Versammlungen, Cocktail-Parties, Empfängen und ähnlichen Veranstaltungen. Wenn ich es tun muß, tue ich es natürlich, aber ich war noch nie gut im Reden« (Zolotow, 1962, S. 27).

Monroe sollte auch als junges Starlet dafür bekannt sein, daß sie nie oder nur sehr selten sprach. In größeren Runden schwieg sie fast immer, wobei auch ihre Angst, etwas Falsches zu sagen, eine beachtliche Rolle spielte. So hat Monroe in Lee Strasbergs Schauspielschule, die sie ab der Mitte der 50er Jahre lange Zeit regelmäßig besuchte, nie an den Diskussionen mit den anderen Schauspielern teilgenommen und auch sonst dort nie etwas gesagt. Die Angst, für eine dumme Aussage abgewertet zu werden, sollte für Monroe immer ein relevanter Grund bleiben zu schweigen, denn oft wurden ihre Bemerkungen in der Öffentlichkeit vollkommen zu Unrecht überhaupt nicht ernst genommen. Umgekehrt benutzte sie in der breiten Öffentlichkeit fast immer ihren erotischen Diskurs, den sie spielerisch für ihre Publicity einsetzte, und der ihr half, zu einem selbstbewußten Sprechen zu gelangen.

Aber es gab noch eine andere, persönlichere Möglichkeit, sie zum Sprechen zu bringen. Diese bestand darin, ein sehr enges und etwas symbiotisches Verhältnis zu ihr einzugehen, denn ihrer Mutterimago, die dann die andere Person vertrat, hatte sie viel zu sagen. Ihr konnte sie sich anvertrauen, auch wenn Sexualität dabei eher ein Tabuthema war. Wichtig war nur, daß dieses Thema nicht komplett verboten wurde und die andere Person Monroe einigen Raum von sich aus zum Sprechen gab, denn es war nicht ihre Art, darum zu kämpfen. In einer solchen Beziehung konnte Monroe wahrscheinlich sogar stundenlang in sanften Tönen begeistert plaudern, solange sie das Gefühl bekam, der andere höre ihr zu und schenke ihr viel Aufmerksamkeit.

Von Personen, mit denen sie eine symbiotische Ebene haben konnte, und die sie gleichzeitig sogar in ihrem etwas erotischen Diskurs unterstützten, war Monroe völlig hingerissen und sprach vor lauter Freude wild drauflos. Oft versuchte sie auch, eine symbiotische Aufmerksamkeit durch ihre freizügige Sexualität in einer etwas verzweifelten Form zu erreichen. Denn Männer waren schließlich auch dann bereit, ihr zu zuhören, während sie im Grunde nur auf ihre Oberweite schielten und eigentlich ganz andere Interesse hatten. In einem solchen Fall war die Symbiose sehr künstlich und im Grunde ohne jedes Fundament, was Monroe vermutlich leider oft nicht erkannte.

Monroe war ebenfalls eine gute Zuhörerin, und sie hörte vor allem dann gerne zu, wenn andere ihr etwas beibringen wollten. Ihr eigener Bildungsanspruch war sehr hoch, und sie wußte in diesem Punkt um die deutliche Überlegenheit von anderen, die sie akzeptierte, und statt dessen versuchte sie, von ihnen zu lernen. Insbesondere wenn der »Lehrkörper« Ähnlichkeit mit ihrer Mutterimago hatte, konnte sie äußerst begeistert und in einer Art Symbiose schwelgend stundenlang zuhören. Sie hatte auf dieser Ebene vermutlich auch oft und gern ihren abweisenden Müttern zugehört, weil sie so mit ihnen enger verbunden sein konnte.

Monroe konnte einen großartigen Enthusiasmus in ihrem Sprechen entwickeln, den man in ihren Filmen hören kann. Und ihre zärtliche und weiche Stimme, ihr höflicher und freundlicher Umgangston, der *nur* wenn sie betrunken war auch vulgär werden konnte, blieb dabei stets mit ihrer Mutterimago verbunden. Sie sprach aus einer tiefen und verträumen Innenwelt in eine für sie häufig unsichere und gefährliche Außenwelt. Es bestand ein Kampf darin, von innen nach außen zu gelangen, in dem die Symbiose und die Anerkennung ihrer Sexualität die beiden einzigen Wege waren, überhaupt nach außen zu kommen. Durch die Symbiose näherte sich das Außen ihrem Inneren an, durch die Sexualität wurde ihr Körperbild zur Basis ihres Sprechens, und sie konnte so zumindest ihre Hemmungen überwinden. Diese beiden Möglichkeiten vermischten sich oft, wobei in Monroes Umgang mit Frauen die Symbiose häufig stärker war, während gegenüber Männern ihre erotische Seite verständlicherweise sehr im Vordergrund stand. Gegenüber ihren Ehemännern spielten beide Ebenen eine große Rolle.

Ihre Möglichkeiten einer verbalen Kommunikation blieben aber trotzdem äußerst reduziert, und sie war deshalb tatsächlich nie richtig *gesellschaftsfähig*: »Es gab Partys, auf denen den ganzen Abend lang kein Mensch mit mir sprach« (Monroe, 1980, S. 111–112). Distanziertere Verhältnisse, die zum üblichen Reglement von gesellschaftlichen Anlässen gehören, *flößten* ihr allergrößte Angst ein, weil sich häufig niemand bereit fand, sich auf ihre äußerst intensive und völlig symbiotische Ebene einzulassen.

> »Miller konnte sich an eine junge Frau auf einer Cocktailparty in Hollywood erinnern, ›die so verängstigt war, daß sie kein Wort herausbrachte, sondern einfach stumm dastand und sich weigerte, am belanglosen Geplauder teilzunehmen‹« (Summers, 1988, S. 193).

Ihr Sprachproblem und ihr Gesellschaftsproblem hingen eng zusammen und verhinderten einen gewöhnlichen Umgang. Dabei setzte sich im Grunde das ablehnende Verhältnis von ihren ersten Müttern weiter fort. Monroes offensichtlich erotischer und sehr intensiv emotionaler Diskurs wurde häufig von der höheren Gesellschaft wegen seiner Distanzlosigkeit abgelehnt oder zumindest zurückgedrängt. Sie war deshalb oft verunsichert und zum Schweigen verdammt. Auch in Hollywood wurde ihr lustiger und freizügiger Umgang mit Sexualität häufig als vulgär, trivial und untragbar abgetan.

Umgekehrt haßte sie Small-Talk, weil es ihr immer darum ging, nicht nur ein bißchen, sondern alles zu geben. Sie ging auch beim Sprechen in ihrer oft heiteren und sanften Art emotional immer so tief wie möglich. Dies wurde in der Gesellschaft nicht akzeptiert, und Monroe versuchte daher, wenn es ihr möglich war, solche Anlässe zu meiden oder sich an eine andere Person zu hängen, mit der sie eng und symbiotisch dann den ganzen Abend verbrachte. Monroe trat deshalb viel seltener als andere Hollywoodstars in der Öffentlichkeit auf (Spoto, 1994, S. 223). Und wenn sie mit Leuten sprechen mußte, die sie nicht besonders gut kannte, plante sie ihre Tischgespräche, ähnlich wie bei ihren schauspielerischen Aktivitäten, einfach im Voraus (Summers, 1988, S. 332).

Ihre Art zu sprechen, war oft so instabil, daß sie ihre Sätze gar nicht zu Ende brachte. So kam einiges von dem, was sie dachte, gar nicht erst vollständig zur Sprache (Monroe, 1980, S. 114). Ihre Probleme in der verbalen Vermittlung führten immer wieder zu Defiziten, durch die sie für andere *flüchtig* und schwer einschätzbar wurde. Durch die Lücken, die sie in der verbalen Konversation hinterließ, wenn sie schwieg, blieb sie oft ein etwas *schwebendes* Subjekt. Sie konnte ihre symbolische Position vermutlich nicht bloß nur nicht aussprechen, sie war sich selbst nicht sicher, ob sie überhaupt stimmte, weil sie nicht fest installiert war und sie sie immer erst suchen mußte. Ihre eindrucksvolle Gestik und Mimik, ihre offensichtlich erotische und provokative Kleidung, die weiche Tonalität ihrer Stimme, ersetzten ein Stück weit ihre flüchtige und reduzierte Verbalisation. Ihre Fähigkeit zur Symbolisierung war für andere oft zu naiv und infantil, und sie selbst kam darin über ihre kindlichen Probleme nicht hinaus. Sie war eine außerordentliche Persönlichkeit, die ihrer Umgebung viele Rätsel aufgab und schwer zu verstehen war. Denn das, worauf Monroes unsicherer Diskurs abzielte, verlangte nach einer sehr großen Nähe, so daß sie für viele Menschen unverständlich blieb.

Als Schauspielerin war ihre Art zu sprechen vor allem in bezug auf den Text im Drehbuch problematisch. Monroe hatte nämlich Schwierigkeiten, sich an den vorgegebenen Text zu halten, und wandelte ihn bei den Dreharbeiten zu *The Misfits* sogar nach eigenen Vorstellungen um: »Sie betrachtete die Worte als Hürden und suchte Spontanität und echte Gefühle gegen sie und nicht durch sie« (Miller, 1989, S. 626). Weil ihr Talent nicht so sehr darin bestand, *was* sie sagte, sondern viel mehr, *wie* sie etwas sagte, war der genaue Wortlaut für sie zweitrangig. Für Monroe war nur die Glaubwürdigkeit des emotionalen Ausdrucks entscheidend, und sie änderte den Text schließlich so ab, daß sie diesen Ausdruck am besten erzeugen konnte.

Hinzu kam das häufige Problem, daß sie ihren Text einfach nicht richtig herausbekam. Sie stotterte zwar nur sehr selten, aber sie konnte den Originaltext einfach nicht richtig sprechen, vor allem immer dann nicht, wenn sie ihn nicht überzeugend fand.

So konnte Monroe zu Olivier in einer Szene zu *The Prince and the Showgirl* nicht ›Oh du armer Prinz‹ sagen, weil sie vermutlich unbewußt darauf bestand, daß Elsie so etwas zu dem Regenten nicht sagen würde. Zwei Tage und 34 Takes waren nötig bis diese Szene endlich aufgenommen war (Wayne, 1994, S. 152).

Bei *Some Like it Hot* bekam sie es nicht hin, »Wo ist der Bourbon?« zu sagen. Sie brauchte für diese einfache Szene 48 Takes. Nach jedem Fehlschlag fing sie an zu weinen, so daß ihre Schminke verlief und Wilder, der Regisseur, sie beruhigen mußte, damit sie es dann, nachdem sie neu geschminkt war, erneut probierte. Monroe sagte immer etwas anderes. So sagte sie beispielsweise: »›Wo ist das Bonbon?‹« (Brown/Barham, 1992, S. 230). Vermutlich kamen diese Änderungen zustande, weil sie zu diesem Zeitpunkt schon unter Alkoholproblemen litt und deshalb nicht in einem Film nach einer Flasche Whisky fragen wollte, mit der Sugar Kane plante, ihren Liebeskummer zu betäuben. Deshalb wurde aus der hochprozentigen Droge in ihrem Versprecher beispielsweise einfach eine harmlose Süßigkeit.

Bei *Some Like it Hot* fingen ihre Sprechprobleme aber schon damit an, daß sie nicht sagen konnte: »Ich bin's, Sugar!« Wilder ließ den Satz daraufhin sogar für sie aufschreiben: »Nach dem dreißigsten Take ließ ich die drei Worte auf eine Tafel schreiben. Sie sagte immer was anderes, solche Sachen wie: ›Es ist Sugar, ich!‹« (Mailer, 1992, S. 271). Doch auch durch das Ablesen konnte Monroes fehlerhafte Wiedergabe nicht behoben werden, was zeigt, daß sich etwas in ihrem Inneren vollkommen dagegen sperrte, diesen einfachen Satz, so wie er war, überhaupt auszusprechen. In ihrer Umstellung wird die einfache, identitätsstiftende Aussage ›Ich bins, Sugar‹ zu einer komplizierten und distanzierenden Aussage umgewandelt, die so etwas heißt wie ›Es ist Sugar, und das bin dann ich‹. Monroe wollte damit wahrscheinlich sagen, daß sie *nicht* Sugar Kane ist, deren Rolle sie schließlich auch nicht spielen wollte. Da Monroe mit anderen, viel längeren Textpassagen kaum Schwierigkeiten hatte, ist anzunehmen, daß es sich hier um innere Widerstände handelte. Grundsätzlich hatte sie nämlich keine Probleme, ihren Text zu behalten.

Daß die Dreharbeiten zu *Some Like it Hot* mit ihr aber ein einziges Fiasko waren, hing damit zusammen, daß für sie die Rolle der Sugar Kane ein Rückschritt bedeutete. Denn nun war sie wieder die dumme Blondine auf der Jagd nach den Millionären. Außerdem wird Sugar mit ihrem zwar naiven, aber doch ernsthaften Liebesanspruch in dieser Komödie nur teilweise ernst genommen. Monroe war dann bei der Premiere des Films, der bis heute zu ihren besten zählt, entsetzt und hatte das Gefühl, sie würde von den Leuten im Kino ausgelacht (Wayne, 1994, S. 170). Von diesem Eindruck, sich lächerlich zu machen, der aber vor allem durch ihr leichtes Übergewicht wegen ihres zunehmenden Alkoholkonsums zustande kam, war Monroe wohl auch schon während der Dreharbeiten beherrscht. Sie tat Wilder damit aber schwer Unrecht, denn er hatte ihr eine wirklich tolle Rolle in einer der besten Komödien des Jahrhunderts verschafft, und das Publikum fand sie großartig. Allerdings schadete diese Rolle auch sehr ihren eigenen Möglichkeiten, sich weiterzuentwickeln, und das war es, was Monroe am meisten wollte.

In ihren Versprechern, die einen dauerhaften Charakter hatten, kommt nach meiner Ansicht aber überhaupt eine äußerst sensible und schwierige

Sprachauffassung zur Geltung. Monroes Sprechen wurde durch die Schulung von Strasberg, dem berühmten New Yorker Schauspiellehrer, und durch ihre Therapeutinnen immer authentischer, und deshalb fiel es ihr auch immer schwerer, Dinge zu sagen, von denen sie nicht *innerlich* überzeugt war.

Sie sagte immer, was sie dachte, ohne es zu wollen, weil es sich in ihren Versprechern gegen ihren Willen aussprach. Sicherlich waren ein Teil dieser dauerhaften Versprecher auch durch ihren zunehmenden Drogen- und Alkoholkonsum bedingt, durch den sich ihre ohnehin schon geringen Fähigkeiten zur Selbstdizivilierung weiter verschlechterten. Aber im Grunde war es die Wahrhaftigkeit ihres Sprechens, die immer mehr zum Problem am Filmset wurde.

Monroes Sprachverständnis wurde dabei vor allem von ihrer hysterischen Tendenz getragen. Sie traf mit Wörtern so verdichtete Aussagen, die völlig *überdeterminiert* waren, daß darin sowohl ihre eigene Situation als auch eine andere, entweder eine erfundene oder bereits erlebte, gleichzeitig wiedergegeben werden konnten. Monroes Versprecher waren nicht sinnlos, sondern darin kam häufig ihr persönliches Verhältnis zu ihrer Rolle oder zu ihrem Text zum Ausdruck. Monroe war auch privat in ihrer Leidenschaft für Gedichte von der Möglichkeit begeistert, mit einigen Wörtern viele Dinge gleichzeitig zu sagen. Ihre verdichteten Aussagen äußerte sie insbesondere im erotischen Bereich oft spontan und direkt. Weil ihre Mütter ihr wenig Zeit zum Sprechen gelassen hatten und auch Regisseure ihr oft nicht gern zuhörten, war dies die einzige Möglichkeit, alles, was sie dachte, schnell zur Sprache zur bringen. Außerdem erlaubten ihr diese oft nicht beabsichtigten Doppeldeutigkeiten, immer, das Verbotene doch noch, wenn auch indirekt, zur Sprache zu bringen.

Die Fähigkeit zu einer sprachlichen Mehrdeutigkeit ist ein Grundmechanismus in der Hysterie, weil ein vergangenes Ereignis dort auf diese Weise mit dem gegenwärtigen in Übereinstimmung gebracht werden kann. Durch diese Verdichtung werden die aktuelle und vergangene Situation inhaltlich aufeinander bezogen, und das Trauma reproduziert sich so in der Gegenwart. In der Hysterie werden so weit auseinander liegende Momente miteinander verschmolzen. Im Brennpunkt steht dabei meistens die Sexualität. So läßt sich auch Monroes Sprachwitz in Interviews erklären, in denen sie auf indiskrete Fragen oft durch die Mehrdeutigkeit der Wörter eine harmlose und verblüffende Antwort fand.

Auf die Frage eines Reporters, ob sie bei der Fotosession für einen Aktkalender etwas angehabt hätte, lautete ihre Antwort: »Aber ja, das Radio« (Mailer, 1992, S. 72). Die charmante Irritation in dieser Antwort auf eine offensichtlich etwas dumme, voyeuristische Frage liegt darin, daß Monroe sie auf einer anderen Sinnebene beantwortete als sie gestellt wurde. Sie nimmt die

157

Frage ganz bewußt wörtlicher als sie gemeint war. Dieselbe Struktur hat ihre Antwort auf die Frage, was sie im Bett trage, nämlich einen Tropfen Channel No. 5. Auch hier wird die Frage wieder eigentümlich beim Wort genommen und so die eigentliche Antwort, die in beiden Fragen »Nichts« heißen würde, charmant umgangen (Monroe, 1992, S. 19).

Als sie 1955 auf einer Pressekonferenz gefragt wurde, »ob sie gerade konkrete Liebesinteressen habe, gab sie eine ihrer klassischen Monroe-Antworten: ›Kein ernsthaftes Interesse, aber interessiert bin ich immer‹« (Summers, 1988, S. 201). Der erste Teil ihrer Antwort besteht darin, die Frage aufzunehmen und zu verneinen. Dann folgt aber eine leicht variierte Version derselben Wörter. So verdoppelt sie ihre Antwort, die dadurch den Effekt eines eigenartigen Widerhalls bekommt. In diesem zweiten Teil äußert sie dann ihre eigene, libidinösere Ansicht zu ihren Liebesinteressen, die über eine Verneinung und gleichzeitig einer genauen Beantwortung der konkreten Frage hinausgehen. So ähnlich funktionierten ihre Versprecher auch am Filmset, welche über den vorgegebenen Text immer ein bißchen hinausgingen und so Aussagen darüber trafen, was sie tatsächlich dachte. Sie veränderte dabei oft – und sicher nicht absichtlich – die Reihenfolge der Wörter.

Für Monroes Fähigkeit, sich sehr tief in eine *nur* sprachliche Realität hineinzuträumen, die dann wie eine Wirklichkeit wurde, reicht aber als Erklärung der Verweis auf ihre hysterische Tendenz nicht aus. Nur wenn die bloß phantasierte Wirklichkeit durch die Struktur der Wiederholung ein altes, traumatisches Ereignis in die aktuelle Situation hinein projiziert, kann man von einem hysterischen Impuls sprechen. Die Umgestaltung der Realität in eine *Als-ob-Welt* gehörte aber bereits zu Monroes leicht psychotischer Tendenz. Sie schien ein wenig zu glauben, daß die Sprache die Wirklichkeit nicht bloß kommentiert oder repräsentiert, sondern auch unmittelbar erschafft. Der Wahrhaftigkeitsanspruch ihres Sprechens bestand zum Teil darin, daß das Symbol in ihrer Wahrnehmung selbst die Wirklichkeit produzierte. Hier fehlte ihr in ihrem intuitiven Sprachverständnis dann immer mehr jene Distanz, die notwendig war, um eine Rolle *nur* zu spielen. Während sie ihren Körper immer in allen möglichen Positionen perfekt inszenieren konnte, fiel es ihr immer schon schwerer, ihre Sprache zu inszenieren. Von Anfang an war es eines ihrer Hauptprobleme, vor Filmkameras zu sprechen. Zuerst sprach sie viel zu hoch, dann unter der Leitung von Natasha Lytess völlig künstlich und schließlich trotz der Unterstützung von Paula Strasberg oft falsch. Das Problem ihres Sprechens verschärfte sich in dem Moment, als sie einen höheren Authentizitätsanspruch stellte.

Wenn Freud behauptet, daß in einer ausgeprägten Schizophrenie die Wortbeziehung über die Sachbeziehung gestellt wird, so lassen sich leichte Ansätze zu einer solchen Auffassung bei Monroe finden (Freud, 1985, S. 100). Das schizophrene Subjekt hat die libidinöse Besetzung der äußeren Objekte ganz aufgegeben und sich narzißtisch auf sich selbst zurückgezogen, hält aber an einer Besetzung der Wörter weiter fest, welche die Objekte ersetzt haben. Die Wörter erhalten aufgrund der Mechanismen von Verdichtung und Verschiebung eine ganz eigenständige, schillernde Bedeutung, denen das Subjekt unterworfen ist, die soweit gehen kann, das ein Wort eine ganze Gedankenkette vertritt.

Soweit ging die *Auflösung* in Monroes Sprachauffassung selbstverständlich nicht. Aber es läßt sich eine deutliche Tendenz in diese narzißtische Richtung erkennen, die vermutlich in ihrer Zeit im Waisenhaus zum ersten Mal massiv aufgetreten ist, als ihre Mutterimago für sie nur sehr schwach und unregelmäßig in der Wirklichkeit vorhanden war. Sie hat damals ihre Eltern durch phantasierte Idealeltern, an die sie in der Sprache glauben wollte, teilweise ersetzt. Auch ihre Neigung, *in* Farben zu sprechen, gehört zu dieser Problematik.

Monroes Faible, den Wert der Wörter etwas zu überschätzen, führte zu einer sehr intensiven Sprache, und hinderte sie daran, Belanglosigkeiten von sich zu geben. Sie verfügte über eine stark libidinös besetzte Sprache. Wurde ihr die libidinöse Ebene völlig untersagt, bekam sie Schwierigkeiten, damit zu sprechen. Deshalb war es eine Erschütterung ihres Sprachvermögens, als Grace sie auf den Mund schlug. Norma Jeane wurde nach dem Vorfall mit Goddard auch sofort durch Grace evakuiert. Monroe sprach davon, daß alles sehr verwirrend war, weil es so plötzlich geschah. Sie war gerade erst aus dem Waisenhaus entlassen worden, als sie von Grace auch schon wieder woanders hingeschickt wurde (Spoto, 1994, S. 56). Sie lebte von November 1937 bis August 1938 bei ihrer Großtante Ida Martin in Compton in Los Angeles County (Geiger, 1995, S. 17), wo ihre Tagträume stärker zunahmen, sie also noch mehr in ihrem Inneren suchte, was sie in ihrer Außenwelt nicht mehr finden konnte. Norma Jeanes Neigung, die tatsächliche Welt durch Ihre Phantasien zu ersetzen, nahm weiter zu. Sie tat häufig so *als ob*, um dem tristen Alltag in dieser Familie zu überstehen (Spoto, 1994, S. 57).

Hier wurde sie, kurz vor ihrem zwölften Geburtstag erneut, dieses Mal von ihrem um ein Jahr älteren Cousin, zu sexuellen Handlungen gezwungen, woraufhin das gut erzogene Mädchen tagelang fast zwanghaft badete (Spoto, 1994, S. 61). Sie versuchte ganz nach dem Schema, welches die Bolenders ihr beigebracht hatten, die schmutzigen Berührungen ihres Cousins abzuwaschen. Ihr Verhältnis zur Sexualität wurde so weiter auf einer destruktiven Ebene vorangetrieben, welche auch ihre hysterischen Phantasien noch mehr als tatsächliche Realität bestätigte. Ihr Ausziehzwang wurde so immer mehr mit einer gewaltsamen, äußeren, männlichen Sexualität zusammengebracht.

Sie war hier zum zweiten Mal ein Opfer der männlichen Sexualität, wenn in diesem Fall auch von einem fast Gleichaltrigen.

Norma Jeane sollte diese Erfahrungen in einer ähnlichen Form entweder für Geld, oder für ihre Karriere, oder bloß, weil sie den Eindruck hatte, daß niemand sie liebte, oft *wiederholen* und sich Männern, welche sie nicht liebten, sexuell hingeben. Sie versuchte, sich dann manchmal vorzustellen, daß diese Männer, weil sie sie begehrten, sie schließlich auch ein wenig lieb haben mußten – was sicher auch häufiger der Fall gewesen ist. Da die Liebe in einer Zweierbeziehung aber immer nur gegenseitig vorhanden sein kann (Lacan, 1986, S. 9), bestanden diese Beziehungen für Monroe vor allem in der Hingabe ihres Körpers, und sie selbst liebte diese Männer letztendlich auch nicht wirklich. Diese mehr oder weniger rein sexuelle Hingabe an das andere Geschlecht löste bei ihr einige deutlich hysterische Symptome aus, unter denen sie als junger Star besonders zu leiden hatte. Immer empfand sie bei dieser Erfahrung aufgrund ihres masochistischen Einschlags aber auch eine gewisse Spannung, eben gerade weil sich darin nun ein hysterischer Wunsch erfüllte.

Sie arbeitete sogar eine Zeitlang als Callgirl, wie sie Lee Strasberg stotternd erzählte (Summers 1988, S. 180). In ihrem Stottern gegenüber ihm zeigt sich, daß er für sie die Position von Grace eingenommen hatte und sie immer noch Schwierigkeiten damit hatte, über ihre destruktiven, sexuellen Erfahrungen zu sprechen. Ähnliche Erlebnisse, wie jenes mit Goddard, wiederholten sich so oft, weil sie in eine Struktur eingelagert waren, der Norma Jeane psychisch nur schwer entkommen konnte und die durch ihre erste Verifizierung entschieden fixiert wurde. Viele Frauen mit einer hysterischen Tendenz, die oft ähnliche und schlimmere Erfahrungen in ihrer Sozialisation hinnehmen mußten, haben häufig wie Monroe eine Vorliebe zu einer schnellen Sexualität mit häufig wechselnden und durchaus auch riskanten Partnern.

Andererseits entwickelte Monroe wie ein Gegenmittel ihrer hysterischen Phantasien ganz *bewußte* Inzestphantasien mit Vaterfiguren, die zu ihren absoluten Lieblingsvorstellungen gehörten (Wayne, 1994, S. 119 u. 159). In diesen Vorstellungen nahm sie dann eine äußerst aktive Rolle ein und wollte ihren Vater – ohne daß er sie erkennen konnte – verführen. Auf einer Party in New York behaupte sie einmal, die Realisierung dieser Phantasie sei ihr größter Wunsch (Summers, 1988, S. 89). Diese positive Umwertung, in der die unbewußte Inzestphantasie nun völlig ins Bewußtsein gerät und sie ihren Vater zum Sex verführt, hatte im Unterschied zu ihren ersten Erfahrungen einen völlig *gewaltfreien* Charakter und basierte tatsächlich auf ihrer Zuneigung zu einer völlig idealisierten und unbekannten Vatergestalt. Monroe, die ihre Vaterimago schließlich schon immer aufregend fand, konnte sich so von dem destruktiven Potential, von ihm überwältigt zu werden, ein wenig befreien, in dem sie sich die erotische Seite dieses Verhältnisses einfach offen eingestand.

Ihre hysterische Tendenz war auch insgesamt nicht einfach das Ergebnis ihrer späteren Mißhandlungen, sondern konnte sich darin nur sehr gut weiterentwickeln. Gebildet hatte sich diese Tendenz bereits in ihrer Kindheit. Das hysterische Grundthema basiert darauf, daß das Subjekt die eigene Geschlechtsidentität auf einer psychischen Ebene nicht angenommen hat und sich mit der des anderen Geschlechts in seinen Vorstellungen ebenso identifizieren kann. Häufig besteht die Idealvorstellung sogar darin, eigentlich dem anderen Geschlecht anzugehören und die Zugehörigkeit zum eigenen Geschlecht nur zu inszenieren.

Bei Monroe, die später – wie alle Männern glauben – *die Frau* schlechthin verkörpern wollte, finden sich bereits deutlich androgyne Züge in ihrer Latenzzeit und auch darüber hinaus. Während der Schulzeit sollte Norma Jeane, wenn sie im Bett den letzten Film, den sie gesehen hatte, nochmals durchspielte, alle Rollen übernehmen auch die männlichen.

>Ich stand auf meinem Bett, größer denn je, spielte alle Rollen, auch die männlichen, und erfand Dinge hinzu. Es war herrlich, genauso wie bei den Schulaufführungen mitzuspielen. Da habe ich wegen meiner Größe einmal den König und einmal den Prinzen gespielt« (Monroe, 1992, S. 17).

In der Schule spielt sie mit zehn Jahren, weil sie viel größer war als die anderen Mädchen ihres Alters in zwei Theaterstücken männliche Rollen (Zolotow, 1962, S. 35). »Sie spielte einen König in *Petronella* und einen Prinzen in einem Musical zum Valentinstag (Victor, 1999, S. 93).

In ihrer Jugend trug sie dann Jeanshosen, was zu dieser Zeit ausschließlich dem männlichen Geschlecht vorbehalten war. Sie wurde deshalb zweimal von der Schule zum Umziehen nach Hause geschickt (Maerker, 1997, S. 104). Monroe sollte auch eine der ersten Frauen sein, die Jeanshosen in Filmen trugen. So trat sie in Bluejeans 1952 in *Clash By Night* auf. Hier verrieten auch ihr burschikoser Stil und ihre Versuche, mit ihrem Freund mitzuhalten, daß sie sich durchaus mit Männern identifizieren konnte. Obwohl ihre männlichen Identifizierungen immer etwas Verspieltes hatten und sie viel zu sanft und zärtlich war, um mit *echten* Männern mithalten zu können, wurden sie von Monroe sicher sehr ernsthaft betrieben und bildeten vermutlich sogar eine ihrer durchsetzungsfähigsten Seiten.

Diese Stärke, der allerdings immer etwas künstliches anhaftete, weil sie eine Frau war, gehörte als fester Bestandteil zu ihrem Sex-Appeal. Ihrer Inszenierung einer Art *Hyperweiblichkeit* waren immer einige androgyne Züge mitgegeben. Sie war deshalb so erotisch, weil sie mindestens ein männliches Attribut trug und andererseits durch die Betonung ihrer weichen Rundungen, immer äußerst weiblich wirkte.

So war Monroe 1949 in ihrer ersten Hauptrolle in *Ladies of the Chorus*, zwar schon ganz die verschenkende Weiblichkeit, aber sie sprach ihre Wörter mit einer tiefergelegten, klangvolleren Stimme aus und erzeugte so einen Sex-Appeal, der durch ein leichtes Mitschwingen von etwas Männlichem zustande kam. Insbesondere wenn sie mit Männern flirtete, sprach Monroe in dieser Zeit oft etwas tiefer und ahmte ein wenig ihr Gegenüber nach, welches sie dabei begeistert anschaute.

In *River of No Return*, einem Film, der ganz in einem männlichen Milieu spielte, konnte der Zuschauer dann auch sehr deutlich ihre männliche, kämpferische Seite sehen. Kay (Monroe), das Saloon-Mädchen, ist es gewohnt, sich in einer etwas roheren Männerwelt durchzusetzen. Gleichzeitig war Monroe auch hier, in einer ihrer wenigen mütterlichen Rollen, sehr weiblich, als sie sich um den Sohn eines Farmers (Tommy Retting) kümmerte. Am deutlichsten wurde dieser Gegensatz vielleicht in dem Lied, daß sie allein für den Jungen sang, bei dem sie auf ihren etwas derben und anzüglichen Ausdruck im Saloon, der die Cowboys verführen sollte, verzichten konnte.

Monroe mochte diesen Film nicht, und wenn man ihn mit ihrem ersten eigenen Projekt *Bus Stop* vergleicht, weiß man auch sofort warum. Dort hat sie als *Cherie* Angst, sich im Saloon vor den Männern zu zeigen, und rennt aus Panik vor einem Cowboy davon. Solche Probleme, die viel näher an Monroes Persönlichkeit heranreichten, sind Kay in *River of No Return* völlig unbekannt. Überhaupt ist *River of No Return* ein imaginärer Märchenfilm, der eine reine Männerwelt, in deren Zentrum eine attraktive Frau steht, mythologisiert. In *Bus Stop* dagegen geht es, wenn auch in übertriebener Form dargestellt, um ein echtes Vermittlungsproblem zwischen Männern und Frauen.

Analog mit Monroes Ambitionen, ihre Rollen immer authentischer zu gestalten, steigerte sich auch die Qualität der Filme, in denen sie mitwirkte. Die Inszenierung von Weiblichkeit, die wegen ihrer Künstlichkeit so erfolgreich war, trat immer mehr in ihren Filmen zugunsten einer authentischeren und weniger bloß erotisch konnotierten Weiblichkeit zurück. Die verletzbare und weiche Frau hinter dem Sex-Idol kam immer mehr zur Geltung. Darin bestand der enorme Unterschied zwischen ihren Rollen in *Gentlemen Prefer Blondes* und *The Prince and the Showgirl*. Elsie hat einen nachvollziehbaren, verständlichen Charakter mit viel Tiefe und romantischer Leidenschaft. Lorelei Lee ist bloß eine oberflächliche Frau, die einem irrealen Spleen, dem Warenkonsum, völlig verfallen ist. Elsie lebt für die Liebe – Lorelei für das Geld. Der Qualitätssprung könnte kaum größer sein.

Monroe sollte in ihren Filmen ab 1955 immer femininer sein als zuvor, und ihre leicht androgynen Züge, die am Anfang einen Teil ihres Sex-Appeals ausmachten, wurden unwichtiger für die Figuren, die sie darstellte. Gleichzeitig nahm wahrscheinlich ihre hysterische Tendenz ab, denn diese war verbunden mit einer Inszenierung von Weiblichkeit, die eine Maskerade war. Ihre Stilisierung zum Bild von einer Frau, die in allen fünf Kontinenten der Welt von Männern begehrt wurde, war eine Phantasie, die zu einem imaginären, kollektiven und anscheinend sogar universalen, männlichen Kinotraum gehört, der bis heute anhält. Monroe hat selbst viel dazu beigetragen, um ein solches Objekt des Begehrens zu werden, und in ihrem Exhibitionismus hat sie wohl selbst ein Stück weit an diese Vision von Weiblichkeit geglaubt.

Durch ihre Weiterentwicklung vom androgynen Sex-Idol zu einer richtigen Frau, bekommt sie immer mehr das Gefühl, sie selbst zu sein. Wie Arthur Miller bemerkte, wirkte sie auch privat äußerst weiblich: »Sie ist die fraulichste Frau, die ich mir vorstellen kann«, sagte er noch völlig verliebt über sie zu Beginn ihrer Ehe (Summers, 1988, S. 196). Und Monroe betonte in Interviews häufiger, wie gerne sie eine Frau sei.

Doch sie mußte hart kämpfen, damit sie als eine *echte* Frau, die über die Ebene, *nur* eine Männerphantasie zu sein, hinausgehen wollte, überhaupt akzeptiert wurde. Monroe war eine überzeugte Demokratin und interessierte sich neben der Gleichberechtigung der Schwarzen vor allem für die Gleichberechtigung der Frauen, die in den 50er Jahren noch viel weniger gewährleistet war als heute. Als felsenfeste Lincoln-Anhängerin las sie während der Dreharbeiten zu *Some Like it Hot* Thomas Paines Buch über die Menschenrechte, in dem es vor allem um die Gleichberechtigung aller Menschen ging.

Dieser Anspruch auf gleiche Rechte und Möglichkeiten bestand für Monroe nicht darin, daß sich Frauen in männlichen Machtpraktiken üben sollten, sondern in der Anerkennung eines gleichwertigen weiblichen Verhaltens und Denkens, das in unserer Gesellschaft immer wieder als ein minderwertiges disqualifiziert wird. Darin, daß ihr zur Symbiose neigendes Verhalten doch noch Anerkennung finden würde, bestand die großartige Kino- und Fotovision, an der Monroe nach meiner Ansicht bis zum Ende gearbeitet hat – wobei ihr Sex-Appeal dabei nur ihr stärkstes Ausdrucksmittel war.

Sie bestand mehr als die meisten anderen Künstler auf einer Gleichrangigkeit und haßte Hierarchien und Ungerechtigkeit. Sie verehrte Lincoln, weil er die Sklaverei abgeschafft hatte. Sie empfand sich häufig selbst als eine Sklavin ihrer Regisseure und versuchte, gegen deren Selbstverständnis anzukämpfen, weil sie für ihre Interessen oft gar kein Bewußtsein hatten. Dieser Kampf hatte etwas verzweifeltes und aufreibendes, denn er wurde von der anderen Seite nur selten akzeptiert, geschweige den angenommen. Monroes Geheimbündnis mit ihren Schauspiellehrerinnen am Set wurde als Zumutung empfunden, und nur wenige Männer in den 50er Jahren kamen auf die Idee, daß Monroe unter patriarchalen Verhältnissen gar nicht arbeiten konnte.

Da sie ihre Forderung nach den gleichen Rechten für alle mit der Abschaffung der Sklaverei durch Lincoln eng verband, setzte sie sich auch gegen Rassismus ein. So ermöglichte Monroe zum Beispiel Ella Fitzgerald, deren Gesang für sie ein Vorbild war, in einem Club aufzutreten, in dem sonst nur weiße Musiker auftreten durften (Spoto, 1994, S. 289).

Alle ihre Kämpfe in Hollywood waren fast ausschließlich gegen die Dominanz von Männern gerichtet. Sie erlitt dabei immer wieder drastische Rückschläge. War sie zunächst eingeschüchtert und reagierte mit körperlichen Symptomen auf Ungerechtigkeiten, so konnte sie später ihre verständliche Wut über die Männerwelt immer weniger unter Kontrolle halten:

>»Früher hatten ihre feindseligen Impulse indirekt Ausdruck in ihrer Verschlossenheit oder einer psychosomatischen Krankheit gefunden. Jetzt verlor sie häufig die Geduld und sagte in einem Zornausbruch die verletzendsten Dinge« (Zolotow, 1962, S. 282).

Ihre Reaktionen gegenüber Männern waren oft übersteigert, weil sich in ihrem Verhältnis zu ihnen ihre hysterische Tendenz einmischte. So weigerte sich Monroe beispielsweise bei den Dreharbeiten zu *Bus Stop* ihren Partner Don Murray (Bo), den sie mit ihrem Kleid verletzt hatte, um Entschuldigung zu bitten (Summers, 1988, S. 211): Als Don Murray forderte, daß eine Szene nochmals gedreht werden sollte, in der er ihre Schleppe abriß, schlug sie ihm beim nächsten Take mit dem paillettenbesetzten Stoff so fest ins Gesicht, daß einer der Pailletten die Haut unter seinem Auge aufriß (Monroe, 1994, S. 71). Obwohl der Regisseur Monroe darum bat, sich bei Murray zu entschuldigen, war sie dazu nicht bereit, »sondern schrie ihren Kollegen in ohnmächtiger Wut an« (Summers, 1988, S. 211). Als Murray dann selbst anschließend von ihr verlangte, sie solle sich bei ihm für ihr Benehmen entschuldigen, willigte sie zunächst ein, reagierte dann aber wieder wie in einer Affekthandlung:

>»Sie legte sich ein paar freundliche Sätze zurecht, aber als sie eben mit Murray reden wollte, brach sie in Tränen aus und schrie ihn an: ›Verdammt, verdammt, verdammt – ich entschuldige mich nicht bei Ihnen – nein, ich denke nicht daran‹« (Zolotow, 1962, S. 282).

Sie konnte sich wahrscheinlich deshalb nicht entschuldigen, weil durch diese gespielte Situation Szenen aus ihrer Kindheit, die sie lange Zeit sogar niemandem hatte anzuvertrauen können, auch im psychoanalytischen Sinn nun wiederholt wurden, ohne daß ihr dieser Zusammenhang dabei tatsächlich bewußt geworden wäre. Murray spielte in diesem Film eine etwas gröbere und sehr männliche Rolle, und der eigentliche Konflikt in der Handlung bestand darin, daß er von Frauen keine Ahnung hatte und glaubte, sie wie die ›Kühe auf der Weide‹ behandeln zu können. Cherie (Monroe) ist von Bo's (Murray) Verhalten schockiert und versucht, vor ihm zu flüchten. In der Szene, in der er ihr Kleid beschädigt, wird Cherie extrem von Bo gedemütigt, und weil Murray nun gerade auf einer Wiederholung dieser Szene bestand, zog er Monroes ganze Wut auf sich. Es war für sie vermutlich so, als würde sich bloß immer wieder eine schlimme Szene wiederholen, ohne daß sie wußte das diese eigentlich aus ihrer Vergangenheit stammte. Ihre affektive, übersteigerte Reaktion zeigt, wie wenig ihr der historische Hintergrund dieser Szene bewußt war.

Für sie war diese Wiederholung ein Provokation, und sie reagierte darauf unverhältnismäßig in der Gegenwart. Ihre Reaktion war aber vollkommen verständlich, wenn man versteht, daß sich darin ihre Vergangenheit wie ein abgerufenes Schema wiederholte (Freud, 1973a, S. 77/S. 190).

Norma Jeanes Aversion gegen männliche Dominanz drückte sich am Anfang ihrer Karriere nicht in aggressiven Äußerungen aus, sondern in körperlichen Symptomen. Sie mußte sich oft übergeben und bekam Hautausschläge. »Erbrechen« und »Stigmen der Hautempfindlichkeit« sind typisch hysterische Themen (Freud, 1973a, S. 102).

Ihre erste hysterische Reaktion, von der berichtet wird, war aber tatsächlich ihr Stottern. In ihrer Zeit als Starlet kamen andere Reaktionen hinzu und zeigten sich in dieser Periode besonders deutlich. Später nahmen die Symptome ab, verschwanden aber niemals völlig. »Henry Rosenfeld erlebte eine Marilyn, ›die bei der Vorstellung, einen neuen Bekannten zu treffen, vor Angst überall hektische rote Flecken bekam‹« (Summers, 1988, S. 206). Wenn Marilyn Angst hatte, bekam sie »rote Flecken im Gesicht und fing an zu stottern« (Spoto, 1994, S. 113).

Weil viele Menschen auf ihre Sensibilität keine Rücksicht nahmen, hatte Monroe Angst vor fremden Menschen. Insbesondere auf männliches Verhalten und ihre rohe Lebensauffassung reagierte sie ziemlich überempfindlich. Bei den Dreharbeiten zu *All About Eve* soll Monroe darüber hinaus »einen Horror vor Bette Davis« gehabt haben. Sie »mußte sich vor und nach jeder Szene mit Bette übergeben« (Wayne, 1994, S. 56). Weil Davis wenig übrig hatte für Monroes weiche, weibliche und sehr symbiotische Haltung und diese vielleicht sogar verachtete, hatte Monroe vor ihr eine unglaubliche Angst. Monroes oraler Mutterbezug wurde hier vermutlich so drastisch von Davis unterbrochen, daß sie sich sogar Erbrechen mußte.

Aber auch in einer Rolle, in der sie einem älteren Mann völlig ausgeliefert war, zitterte Monroe. »Als John Huston sah, wie sie vor einer simplen Szene zu *The Asphalt Jungle* von einem heftigen Zittern befallen wurde, fragte er sich laut, ›ob es das wert ist‹« (Brown/Barham, 1992, S. 21). Miller sollte ihre Rolle in diesem Film später so beschreiben: »Sie war die Inkarnation der dummen Blondine am Arm des weltgewandten korrupten Repräsentanten der Gesellschaft« (Miller, 1989, S. 398).

Es war der erste Film, in dem sie ihre Lehrerin Natasha Lytess mit an den Set nahm, um eigentlich nur auf ihre Anweisungen zu hören (Spoto, 1994, S. 160f.). Monroes Rolle eines jungen Mädchens, welches ganz in dem liebevollen und erotischen Verhältnis zu einer Vaterfigur aufzugehen scheint, der sich um ihr Wohlergehen kümmert, war ihr erster kleiner Durchbruch auf der Leinwand. Monroe sollte aber nicht zufällig gerade mit diesem Film, in dem sie insgesamt zweieinhalb Minuten in nur drei Szenen zu sehen ist, zum ersten Mal größeres Aufsehen erregen und mit Huston als Regisseur später auch *The Misfits* drehen. Sie mochte *Asphalt Dschungel* immer besonders gern.

Dabei ist es äußerst interessant, den Standpunkt der Kamera in den Szenen mit Monroe einmal kurz zu skizzieren, um ein wenig verstehen zu können, wogegen sie sich eigentlich später so gewehrt hat:

In der ersten Szene beobachtet der ältere Herr seine Mätresse Angela (Monroe), die mit embryonal angewinkelten Beinen auf dem Sofa schläft. Er steht senkrecht am Sofa und schaut auf die Liegende herab. Insofern die Kamera seine Position teilt, blickt der Zuschauer ebenfalls auf Monroe herab. Wird die Szene aus der Sicht von Angela dargestellt, teilt die Kamera ihre Position, und die Zuschauer sehen zu dem älteren Herrn herauf. Die gesamte Sequenz wird aber weitgehend aus seiner Position gezeigt. Angela erwacht und schaut ihrem *Sponsor* ehrfürchtig, leicht lächelnd aber auch verängstigt ins Gesicht – und fragt ihn, warum er sie so anstarre. Nach einem kurzen Dialog und einem Gute-Nacht-Kuß verabschiedet sich Angela und geht ins Bett.

In der zweiten Szene, in der sie auftritt, flirtet sie zunächst mit einem Polizeibeamten in der Badezimmertür, um sich das Verhör mit dem Kommissar zu ersparen. Sie schlägt ihm mit einem aufreizenden Blick und deutlicher Sprachbetonung vor, daß sie sich lieber nur mit *ihm* als mit dem Kommissar unterhalten würde. Monroes leicht nymphomanische Fähigkeiten waren ihr sicher behilflich, diese Szene so überzeugend darzustellen, und werden hier deutlich von ihr gezeigt. Das Verhör selbst, die dritte Szene, ist wie die erste angeordnet. Der Polizeikommissar steht und blickt nun auf die sitzende Angela herab, sie schaut zu ihm betroffen herauf. Interessanterweise sind die Zwischenshots auf den älteren Herren, der ebenfalls sitzt, nicht aus der Perspektive von oben geschossen, sondern auf ungefähr seiner Höhe aufgenommen. Er wird durch die Position der Kamera also nicht wie sie herabgesetzt.

Monroe war zu es zu diesem Zeitpunkt so gewohnt, sich Männern zu unterwerfen, daß sie Huston bat, ihre Rolle schon im Liegen vorsprechen zu dürfen. »Ich hatte die Rolle auf der Couch liegend einstudiert, wie die Regieanweisung es forderte« (Monroe, 1980, S. 97). Sie spielte mit ihrer devoten, etwas masochistischen Haltung und zitterte beim Drehen zwar und bekam vermutlich noch andere Symptome, aber sie unterwarf sich völlig. Natasha Lytess sorgte dafür, daß ihr das auch gelang, denn diese vertraute Frau, die mit ihrer etwas zwanghaften Strenge ihre Mutterimago darstellte, spendete Monroe am Set die notwendige Sicherheit.

Schon beim Vorsprechen im Liegen inszenierte Monroe ihren Körper, um die Rolle zu bekommen:

> »Sie streifte die Schuhe ab und setzte sich auf den Boden. Dann breitete sie den Rock aus und ließ sich lässig auf den Teppich sinken. Ihre Haltung – mit im Nacken verschränkten Armen – brachte ihre Brust, man konnte wohl sagen, erfreulich zur Geltung« (Zolotow, Marilyn Monroe, S. 96.).

Monroe war es überhaupt nur gelungen, für diese Rolle vorzusprechen, weil ein einflußreicher älterer Herr, der Russe Johnny Hyde, einer der erfolgreichsten Talentsucher in Hollywood, ihr dazu verholfen hatte. Sie hatte schon länger ein sexuelles Verhältnis mit diesem wohlhabenden Mann, welches vielleicht Ähnlichkeit mit dem im Film besitzt. Hyde wollte Monroe sogar heiraten aber sie lehnte ab, weil sie ihn zwar sehr mochte, aber nicht wirklich liebte. Monroes dargestellte und gleichzeitig gelebte Rolle der Bettgespielin eines älteren Herrn, befriedigte ihre inzestuösen Phantasien und diente ihrer Karriere. Gleichzeitig wurde sie aber, weil *ihre* richtige Liebe darin fehlte, deshalb auch nervöser und hysterischer.

Ihre psychosomatischen Symptome waren immer Reaktionen auf männliches Denken und Handeln und sie hatte große Angst, von ihnen verletzt zu werden. Bei den Dreharbeiten zu Fritz Langs Film *Clash by Night* übergab sie sich »fast vor jeder Szene« und bekam danach »rote Flecken auf ihren Händen und im Gesicht« (Spoto, 1994, S. 192). »Sie war so nervös, daß sie sehr oft ihren Text vergaß, und dann putzte Lang sie immer gnadenlos herunter«, berichtete ihrer Lehrerin Natasha Lytess (Spoto, 1994, S. 192). Fritz Lang, der sich in die junge Schauspielerin in einer Nebenrolle weder einfühlen wollte noch konnte, erzeugte durch seine männliche, zynische Aggression, die auch die Stimmung von *Clash by Night* bestimmte, bei Monroe Hautausschläge, die ihren Ursprung vielleicht sogar in den Schlägen von Albert Bolender haben könnten, welche nun hysterisch bei Monroe abgerufen wurden. Auch daß sie sich nicht traute, Lang ihre Meinung zu sagen, trug dazu bei, daß sie sich körperlich so unwohl fühlte. Aber sie war zu diesem Zeitpunkt so stark abhängig von Männern, die ihre Karriere forcierten, daß ein offener Widerspruch gegen diese für sie auch gar nicht in Frage gekommen wäre.

Doch auch später wiederholten sich solche Probleme. Bei den Dreharbeiten zu *Bus Stop* entdeckte Murray (Bo) in einer Szene, in der er Cherie (Monroe) frühmorgens aus dem Bett holt, daß Monroe, die diese Szene nackt spielen wollte, unter der Bettdecke am ganzen Körper rot war (Monroe, 1994, S. 70). Monroes Haut reagierte stets dann überempfindlich, wenn das Milieu, in dem sie sich befand, der mütterlichen Zärtlichkeit völlig widersprach und sie sich in einer *rauhen* Männerwelt befand.

Ihre Übelkeit hatte ähnliche Ursachen. So wurde ihr bei Radioauftritten am Anfang der 50er Jahre regelmäßig schlecht. »Nach dem Zeugnis der Gesellschaftsreporterin Louella Parsons hat Marilyn sich bei zahlreichen Auftritten in Parsons' Radioshow jedesmal vor Sendebeginn übergeben« (Spoto, 1994, S. 188). Ihre immer wieder einsetzende Übelkeit in dieser Zeit hat neben der Unterbrechung zu einer lustvollen, oralen Mutterimago vermutlich noch einen wichtigen anderen Auslöser, der vielleicht in speziellen Sexualpraktiken zu suchen ist, denen sie als junges Starlet ausgeliefert war.

So zwang sie 1950 der ehemalige Chef der Fox-Studios Joe Schenk, der auch maßgeblich für ihre Karriere verantwortlich war, häufiger zu oralen Sexualpraktiken. Monroe sagte später einmal dazu:

»Er wollte nichts anderes tun, er war schon recht alt, aber manchmal bat er mich, ihn zu küssen – da unten ... Ich möchte das nie mehr machen müssen. Es kam mir vor wie Stunden, und nichts passierte, aber ich hatte Angst aufzuhören. Ich hätte würgen können, aber ich hatte Angst, daß ihn das beleidigen würde. Manchmal schlief er einfach ein. Wenn er wach blieb, tätschelte er mir den Kopf wie einem kleinen Hund und dankte mir« (Luijters, 1991a, S. 92).

Als Schenk 1962 im Sterben lag besuchte Monroe ihn nicht einmal mehr (Summers, 1988, S. 57). Sie bemerkte später in ihrer witzigen Art über diese Zeit: »Ich bin jede Menge auf den Knien gerutscht« (Summers, 1988, S. 58). Bei der Unterzeichnung ihres ersten wichtigen Filmvertrags soll sie gesagt haben: »Das ist der letzte Schwanz, den *ich* lutschen muß« (Luijters, 1991a, S. 33). Diese Aussage, die in mehreren ihrer Biographien an unterschiedlichen Stellen auftaucht, ist immer bezogen darauf, daß sie nun einen Status erreicht hat, in dem sie nicht länger männlichen Erniedrigungen dieser Art ausgesetzt ist. Monroes Übelkeit sollte verschwinden als sie Karriere gemacht hatte. Doch in ihren ersten Jahren als unerfahrenes Starlet, in denen sie nach eigenen Angaben die Funktion hatte, eine Art *Daddysitter* in Hollywood zu sein, war sie den Männern dort sexuell besonders ausgeliefert gewesen (Luijters, 1991, S. 31).

Der Akzent dieser psychosomatischen Störung lag dabei ganz auf der oralen Ebene, welche Monroes Leben durchzog, wie ein roter Faden. Es begann mit ihrer Angst vor dem Ersticken und damit, daß sie die Entwöhnung als Baby ablehnte. Dem folgten das Stottern und ihr häufiges Schweigen sowie Schwierigkeiten, Wörter nicht richtig herauszubekommen, schließlich das Erbrechen und ihr späterer Alkohol- und Tablettenkonsum, der in einem Selbstmord durch die Einnahme einer Überdosis gipfelte.

Monroes Funktion als Daddysitterin in Hollywood war bekannt und wurde immer mit ihrem berühmten Vaterkomplex verbunden. Nicht umsonst singt sie in *Let's Make Love* in der Eröffnungssequenz Montand zu: »My heart belongs to my Daddy«. Sie benannte auch privat alle ihre Ehemänner mit väterlichen Namen. Aber hierfür ist gerade ihre hysterische Tendenz verantwortlich, die sich aus ihrem Mutterkomplex ableiten läßt und schon in ihrer Kindheit mit einem starken Hang zur Androgynie beginnt.

Wenn nach Freud *alle* kleinen Mädchen zunächst in ihrem Verhalten wie kleine Jungs sind, weil sie ebenso wie diese ihre Mutter lieben, dann wird die Annahme einer Jungenrolle innerhalb der Entwicklung zur Weiblichkeit leicht verständlich. Denn für alle Kinder stellt die Mutter schließlich das erste Liebesobjekt dar. Norma Jeane hielt aber stärker als andere Mädchen an dieser ersten Liebe fest, weil sie sich nicht von ihrer Mutterimago ablösen konnte. Sie identifizierte sich mit ihrem Pflegebruder Lester, mit dem sie um die Aufmerksamkeit von Ida Bolender rivalisierte. Und sie identifizierte sich schließlich auch etwas mit Albert Bolender, von dem sie glaubte, daß er jenes phallische Attribut besaß, welches sie auch haben oder sein wollte, weil es das Begehren ihrer Mutter ausmachte. Norma Jeane wollte also ursprünglich auch das Begehren der Mutter stillen und identifizierte sich deshalb zunächst mit dem männlichen Geschlecht.

Im weiblichen Ödipuskomplex wechselte sie nur *teilweise* das Liebesobjekt, denn sie sollte daran festhalten, daß ihre Ehemänner *mehr* die für sie bedeutsameren Züge von Ida Bolender trugen und vor allem deren Zwangsverhalten teilten. An der Vaterimago partizipierten diese Männer insofern, als daß Monroe ihnen den Phallus zugestand. Aber auch ihr eigenes phallisches Genießen, das bei Frauen über die phallische Vorstellung der Klitoris getragen wird, blieb bestehen und motivierte ihren Exhibitionismus, mit dem sie aber Männer nur anlocken wollte.

Ihre Wende in die Weiblichkeit hattte sie so nur halb vollzogen, und sie wurde im Grunde durch ihre enge Mutterbindung und der Verleugnung der Kastration verhindert. Monroes Begehren war etwas phallisch und darum zum Scheitern verurteilt, weil es gar nicht realisiert werden konnte. Es war hysterisch, weil es nicht erfüllbar war, denn sie besaß den Phallus darin schließlich selbst. Deshalb wurde das männliche Begehren gewaltsam gedacht, weil das Eindringen in die Frau gleichzeitig als deren Kastration empfunden wurde. Aus diesem Grunde existierten die Gewaltphantasien über die Sexualität mit Männern bei Monroe wahrscheinlich schon lange vor ihrer ersten Mißhandlung und der Zusammenhang von männlicher Sexualität und Gewalt wurde dann nur immer weiter bestätigt.

Es ist schwierig, eine solche Struktur, die dazu führt, daß die Ausübung der Sexualität immer wie ein Ausnahmezustand empfunden wird, aufzulösen. Jedenfalls gehört hier ein Gewaltmoment, das häufig zu asozialen Bindungen führt, *fast* schon zur Sexualität dazu, weil schließlich der Vorgang der Penetration immer wieder wie ein Gewaltakt empfunden wird und oft mit völlig überzeichneten masochistischen Phantasien einher geht. Diese Phantasien schlagen dann nicht selten später in offene Aggressionen gegen das männliche Geschlecht um und lassen so gar keine gemeinsame Sexualität mehr zu. Das war bei Monroe nun allerdings aufgrund ihrer symbiotischen Gesinnung nicht der Fall.

Im Gegenteil, sie empfand sogar den etwas gewaltsamen Joe DiMaggio als einen idealen Liebhaber, weil sie sich ihm im Bett unterwerfen konnte. Gerade weil es zwischen ihnen keine richtige sprachliche Vermittlung gab, konnte Monroe ihre Gewaltphantasien sehr gut wiederholen. Ein solches Verhältnis funktioniert selbstverständlich nicht auf Dauer und vielleicht war DiMaggios seelische Grausamkeit, welche den Scheidungsgrund lieferte, nur das Resultat der fehlenden Vermittlung zwischen den beiden. Monroes Sexualität mit dem ihr fremd gebliebenen DiMaggio war sicher spannend aber auf einer sozialen Ebene auch äußerst subversiv.

Um so mehr Monroe danach lernte, ihre Mutter Gladys Baker anzuerkennen und sich mit ihr zu identifizieren sowie auch Ida Bolender als ihre wichtigste Ersatzmutter und als einen wichtigen Teil von sich selbst zu akzeptieren, um so mehr bekam ihre Rolle als Frau ein solides Fundament und die hysterischen Zerrbilder ihrer Sexualität verschwanden. Der idealisierte, unbekannte Mann wurde zum konkreten, braven und liebevollen Ehemann und die Serie der vielen fremden Männer, mit denen sie nur erotische Verhältnisse eingegangen war, hätte so beendet werden können. Aber in dieser Entwicklung kam Monroe nicht zu einer akzeptablen Position.

Aufgrund ihrer hysterischen Impulse neigte sie eher dazu, immer wieder oberflächliche Affären einzugehen, und in ihrer Liaison mit John F. Kennedy erfüllte sie sich ihren Traum einer inzestuösen Verbindung mit der höchsten Vaterinstanz des Landes. Aber auch Kennedy partizipierte in seiner Persönlichkeit durch seine charmante und jugendliche Art ein wenig an ihrer Mutterimago. Diese Verbindung, wie so viele in Monroes Leben, ging aber über eine Bettgeschichte nicht besonders weit hinaus und befriedigte so mehr ihre Träume, als daß sie einen echten Halt geliefert hätte. Es fiel ihr sicherlich leicht, sich der Macht Kennedys zu unterwerfen und sich in ihn zu verlieben, und sie hatte wahrscheinlich große Schwierigkeiten damit, sich von diesem Spleen, der erst nach der Ehe mit Miller zu einer solchen Realisation gelangen konnte, wieder zu befreien. Kennedy bedeutete für Monroe vermutlich sehr viel. Umgekehrt war sie für ihn nicht viel mehr als ein liebenswürdiges Sexsymbol, das er besessen hatte. Er nahm sich keine Zeit für sie, und wie Monroe kritisch bemerkte kannte er deswegen auch kein Vorspiel (Summers, 1992, S. 305). So befriedigte und förderte er wie so viele andere vermutlich nur ihre hysterische Tendenz, aber er führte keine tiefergehende, echte sexuelle Beziehung mit ihr, welches vermutlich so auch kaum möglich war. Auch die Affäre danach mit Robert Kennedy hatte einen ähnlichen Charakter.

In ihrer Jugend war Norma Jeane als eine noch deutlich androgynere Ehefrau am Beischlaf mit einem Mann auch gar nicht interessiert gewesen. Ihr Körper war frühreif und sie stellte ihn bewußt aus, um mehr Aufmerksamkeit zu bekommen, aber wie man mit einem Mann schläft, wollte sie gar nicht wissen.

»Ich heiratete Jim Dougherty. Es war als sei ich in den Zoo gekommen. Als erste Wirkung meiner Ehe verstärkte sich meine Gleichgültigkeit gegen Sex« (Monroe, 1980, S. 29).

Andererseits besaß Dougherty ein Foto von seiner jungen Ehefrau, auf dem sie *nackt* neben dem Gartentor für ihn posierte. Sie hatte sich so hingestellt, »als warte sie darauf, daß er nach Hause käme« (Summers, 1988, S. 37). Norma Jeane war so gesehen nur an der großartigen Inszenierung eines exhibitionistischen Vorspiels interessiert. Aufgrund ihres damaligen Desinteresses am Sex ging sie auch während dieser Ehe nie fremd, obwohl Dougherty oft abwesend war (Monroe, 1980, S. 31).

Sie sollte immer eine äußerst problematische Frau beim Sexualverkehr bleiben, die nur selten wirklich zufrieden gestellt wurde (Summers, 1988, S. 141). Ihre hysterische Tendenz wurde in ihrer Ehe mit Arthur Miller zwar am weitesten abgebaut, nahm danach aber leider wieder zu. Greenson analysierte in diesem Zusammenhang, daß auch Miller Monroe im Bett nicht genügte, weil es ihr schwerfiel, mit demselben Menschen häufiger zu ihrem sexuellen Höhepunkt zu gelangen (Summers, 1988, S. 260). Gerade das enge Vertrauensverhältnis zwischen beiden hemmte ihre Sexualität. Denn der *unbekannte* Mann ließ sich viel leichter in ihren Phantasien in einen gewaltsamen Aggressor verwandeln als ihr braver Ehemann.

Der *Thrill*, welcher mit einer solchen Form von Sexualität verbunden ist, welche nicht auf Vertrauen, sondern letztendlich auf Gewaltphantasien basiert, ist gefährlich, weil die Angst darin so eine beachtliche Rolle spielt. Schließlich färbte die erotische Mißhandlungsphantasie Monroes immer wieder ihre Beziehungen, die deshalb schnell instabil wurden. Ihr gesamtes Verhältnis zur Männerwelt war aufgrund ihrer hysterischen Tendenz etwas von Angst durchdrungen. Miller, der sich mit Monroe gerade nicht auf eine solche Ebene einließ, unterhielt deshalb mit ihr die längste Beziehung. Daß Monroe aber gerade dieses Verhältnis im erotischen Bereich als langweilig empfand, zeigt wie sehr sie darauf aus war, immer wieder dieselbe gefährliche *eine* Erfahrung zu wiederholen, die ihr Miller schon sehr bald nicht mehr geben konnte. Monroe konnte so zwar die perfekte erotische Suggestion für Millionen von fremden Männern sein, aber mit dem einen, der ihr wirklich nahe stand, kam sie im Bett nicht zurecht. Ihre hysterische Tendenz stand ihr im Weg dabei, ihre symbiotischen Wünsche sexuell wirklich zu erfüllen.

Nach der gescheiterten Ehe mit Miller bekam Monroe wegen ihrer Introversion und dem zunehmenden Konsum von Rauschmitteln größere Probleme mit ihrem narzißtischen Verhältnis zur Homosexualität, das schließlich wie eine unbewußte Ersatzlösung für ihre hysterische Problematik fungieren konnte, aber letztendlich nur ihre Paranoia verstärkte. Ihr narzißtisches Begehren wurde dabei durch die Trennung von Miller verstärkt. Sie versuchte, den Platz, den er eingenommen hatte, vermutlich einfach durch sich selbst zu ersetzen. Dieser Rückzug auf sich selbst wurde noch durch Alkohol und Drogen unterstützt. So sollte sich Monroes Begehren in dieser Zeit immer mehr auf einen homosexuell gefärbten Narzißmus *reduzieren*, in dem es keinen Anderen mehr geben sollte. Und sie nahm dies als bedrohlich war, weil ihre ödipale, hysterische Ebene dabei auch tatsächlich gefährdet war. Die zunehmende und sie verwirrende Homosexualität war dabei aber nur das Symptom für den zugrundeliegenden verstärkten Narzißmus. Bei Monroe war die heterosexuelle Strömung die eindeutig stärkere, und diese drohte nun zu verschwinden, was ihren ohnehin labilen Zustand vermutlich entschieden verschlimmerte.

Greenson diagnostizierte im Sommer 1961 bei Monroe Angst vor Homosexualität:

»Sie litt an einer regelrechten Phobie vor Homosexualität und landete dennoch unwillkürlich in homosexuell gefärbten Situationen, die sie prompt als solche identifizierte und auf jene andere Person projizierte, die darauf zu ihrer Feindin wurde« (Summers, 1988, 328–329).

Er nennt ein Beispiel, in dem eine ihrer Freundinnen sich ihre Haare ungefähr in Monroes Farbton tönte:

»Sofort zog Marilyn den voreiligen Schluß, die Frau versuche Besitz von ihr zu ergreifen, und ihre Identifikation bedeute homosexuelle Besitzgier. Sie wandte sich wutentbrannt gegen diese Frau« (Summers, 1988, 328–329).

Durch diese Spiegelung mit ihrer Freundin, in welcher sich Monroes narziß-tisches Begehren als Begehren des Anderen, der anderen Frau, äußerte, fühl-te sie sich nun verfolgt und vereinnahmt. Im Grunde war es ihr erotischer Selbstbezug, der hier bestritten wurde. Schon Anna Freud diagnostizierte bei ihrer Kurzeittherapie in England 1956 mit Hilfe eines Murmelspiels, bei dem Monroe alle Murmeln auf ihre Analytikerin zu rollen ließ, einfach den »Wunsch nach sexuellem Kontakt« (Berthelsen, 1989, S. 141).

Tatsächlich gab es bei Monroe immer schon durch ihre enge Mutterbin-dung eine deutlich homosexuelle Strömung, die aber eine leichte Paranoia verursachte und außerdem meistens von ihr durch ihr hysterisches Begehren überboten wurde. Ihre hysterische Bewunderung für den Vater und seine trennende Kraft, ihre echte Begeisterung für männliches Verhalten, hielten sie davon ab, sich ernsthaft in einer lesbischen Beziehung zu organisieren, obwohl auch ihre engeren Verhältnisse zu Männer ein wenig davon geprägt waren.

Monroe wurde aufgrund ihrer psychotischen Verschmelzungswünsche, die sich tatsächlich auf etwas Weibliches richteten, auch häufiger für lesbisch gehalten. Sie hatte gerade am Anfang ihrer Karriere mehrere sexuelle Erleb-nisse mit Frauen gehabt – wie zu ihrer Lehrerin Natasha Lytess – und verstand darunter selbst mehr einen Freundschaftsdienst, der zwar auf echter Zunei-gung basierte aber bei ihr kein tiefergehendes Liebesgefühl hervorrief. Am Anfang ihrer Karriere fühlte sie sich oft so alleine, daß sie einfach vieles mit sich anstellen ließ. Sie sagte später dazu:

»Ich war damals so durcheinander, daß ich jeden Burschen oder jedes Mädchen machen ließ, was sie wollten, wenn ich der Ansicht war, sie seien mein Freund oder meine Freundin« (Peptitone/Stadiem, 1979, S. 164f.).

Ihre Meinung über die lesbische Liebe gegenüber anderen Frauen war aber keineswegs abwertend:

»People tried to make me into a lesbian. I laugh. No sex is wrong if there's love in it. But too often people act like it's gymnasium work, mechanical. They'd be as satisfied with a machine from a drugstore as with another human being. I sometimes felt they were trying to make me into a machine« (Weatherby, 1976, S. 146).

Nicht *wen* man liebte war entscheidend, sondern *wie* man ihn liebte. Monroe stand der Verdinglichung von Menschen gerade innerhalb der Sexualität äußerst kritisch gegenüber und empfand es als erniedrigend und mechanisch, in einem Menschen ein bloßes Sexualobjekt zu sehen. Aus diesem Grund wehrte sie sich auch dagegen, ein Sexsymbol zu sein, denn ein Symbol war für sie eine Sache und kein Mensch. Demgegenüber wurde die Liebe zwischen Frauen, insofern es sich um ehrliche Gefühle handelte, von ihr immer toleriert.

Aber für Monroe selbst bedeutete die sexuelle Liebe zu einer Frau den Verlust jeglicher väterlicher Trennungslinie zwischen sich und ihrer Mutterimago. Diese für sie erstickende Nähe löste eine so fundamentale paranoide Angst aus, weil es hier gar keine Differenz mehr zwischen ihr und dem anderen gab. Aus der Verschmelzung von zwei verschiedenen Menschen, welche sie so sehr ersehnte, wurde dann die Verfolgung durch eine Doppelgängerin, auf die sie im Rahmen der imaginären Rivalitätsspannung wie auf ein Double reagierte, das immer auch die Projektion ihres eigenen Selbstbildes war.

Monroes anhaltender Narzißmus, der aus ihrer frühkindlichen Störung resultierte, produzierte eine deutliche und direkte libidinöse Strömung, in welcher Frauen, allen voran sie selbst, ein Objekt ihres Begehrens bildeten. Und sie gab dieses Begehren auch offen zu: »Und ich konnte nicht leugnen, daß mich eine gutgewachsene Frau immer fasziniert hatte« (Monroe, 1980, S. 82). Sie konnte sich stundenlang mit ihrem Spiegelbild beschäftigen und war besonders von ihrem eigenen Gesicht fasziniert, dessen weibliche Ausdruckskraft sie zu perfektionieren versuchte. Ihre Homosexualität nahm nach der gescheiterten Ehe und durch die Einnahme von Drogen zu, weil sich ihre Libido nun stark auf sich selbst als Objekt zurückzog, war aber in ihrer psychotischen Störung schon immer enthalten.

Monroes hysterische Tendenz hingegen nahm innerhalb ihrer drei Ehen immer mehr ab und erst nach der Ehe mit Miller wieder zu. In ihrer ersten Ehe mit Jim Dougherty, den sie völlig idealisierte, war diese Tendenz am deutlichsten erkennbar. So zitterte das junge Mädchen so sehr bei der Eheschließung, daß sie kaum stehen konnte (Spoto, 1994, S. 80). Für sie war Dougherty, wenn sie über ihn sprach, vor allem der Mann mit dem Schnauzbart. Obwohl es kein Foto gibt, auf dem er mit einem zu sehen ist, muß er am Anfang wohl einen getragen haben (Spoto, 1994, S. 75). Sie war von diesem männlichen Attribut, welches für sie den Phallus markierte, völlig *hingerissen*. Dougherty konnte so in ihrer Phantasie überblendet werden mit dem Vaterimago ihrer Kindheit Clark Gable. Norma Jeane sagte begeistert gegenüber Eleanor Goddard das, was sie immer wieder über ihre Ehemänner ausrufen sollte: »Was für ein Daddy!« (Spoto, 1994, S. 75).

Sie fand ihn also rein äußerlich ziemlich großartig, aber es gab keine Ebene, auf der sie hätten wirklich miteinander sprechen können. Deshalb war er für sie im Grunde langweilig aber höflich, und er nahm sie am Anfang zum Beispiel mit zu einem Fußballspiel, eine Sportart, für die Monroe sicherlich genauso wenig Interesse aufbringen konnte wie später für Baseball (Monroe, 1980, S. 29). Wenn seine Freunde kamen, wusch sie lieber Geschirr ab, als sich mit ihnen zu unterhalten, oder spielte mit den Kindern auf der Straße (Monroe, 1980, S. 29).

Sie hatten häufig Streit. Dougherty berichtete davon, daß seine Frau nach einer kleinen abendlichen Meinungsverschiedenheit ihn mitten in der Nacht aufweckte und behauptete, sie sei verfolgt worden. Sie sagte, sie sei nur im Nachthemd bekleidet spazierengegangen und ein Mann hätte sie verfolgt.

»Sie umarmte mich, Tränen liefen ihr übers Gesicht, und sie rief: ›Ein Mann ist hinter mir her! Ein Mann ist hinter mir her!‹ Ich drückte sie eine Weile an mich, dann sagte ich: ›Schatz, du hast einen Alptraum.‹ – ›Nein!‹, beteuerte sie. ›Ich bin wach. Ich wollte von zu Hause abhauen. Ich bin die Straße runtergegangen, und ein Mann hat mich bis hierher verfolgt‹« (Summers, 1988, S. 35).

Wie bei der paranoiden Episode mit Miller situiert sich auch dieses Erlebnis zwischen Traum und Wirklichkeit, wobei sich nicht sagen läßt, ob sie wirklich von einem Mann verfolgt wurde, ob sie überhaupt auf der Straße war oder ob sie das Ganze nicht doch einfach geträumt hat. Falls sie ein Mann verfolgt hat, wollte er vielleicht nur besorgt wissen, wieso ein so leicht bekleidetes, junges Mädchen mitten in der Nacht auf der Straße herumrannte.

Es gibt nun zwei verschiedene Ebenen auf denen sich dieses Erlebnis in seiner psychischen Bedeutung verstehen läßt: Einerseits könnte sie glauben, der Mann verfolge sie, weil er erotisch an ihr interessiert sei – das wäre eine hysterische Phantasie. Andererseits – und das halte ich für naheliegender – ist der Mann für sie Dougherty selbst, der sie verfolgt, weil sie wegen der Meinungsverschiedenheit einfach von ihm fortgehen möchte. Damit bekommt diese Phantasie einen ganz anderen Rahmen.

Dougherty berichtete einmal von den sehr seltsamen Verhaltensweisen seiner Frau, wenn sie sich gestritten hatten, die zeigt, wie wenig Norma Jeane eben damals überhaupt damit umgehen konnte:

»Wenn wir uns stritten – und das passierte häufig –, sagte ich oft: ›Halt doch den Mund!‹, und legte mich zum Schlafen auf die Couch. Wenn ich eine Stunde später aufwachte, lag sie schlafend neben mir oder saß in der Nähe auf dem Boden. Sie war sehr versöhnlich und überhaupt nicht nachtragend« (Spoto, 1994, S. 82).

Hier wird deutlich wie jeder trennende Konflikt, jede Differenz außer der Geschlechtlichen zwischen ihnen Norma Jeanes Verhalten so regulieren konnte, daß sie die unmittelbare Versöhnung suchte. Sie hatte immer Angst davor, daß er *böse* auf sie sein könnte, und damit wurde er dann zu ihrer bösen Mutterimago, die sie zu verfolgen drohte. »Wenn ich aus dem Haus ging und ihr zum Abschied nicht jedesmal einen Kuß gab, dachte sie, ich sei böse auf sie« (Spoto, 1994, S. 82).

Monroe sollte immer diese harmoniebedürftige Frau bleiben und auch Männer suchen, mit denen sie sich im größtmöglichen Einklang fühlen konnte. Demgegenüber waren ihre erotischen Gewaltphantasien eine seltsame Facette ihrer nicht unproblematischen Begehrensstruktur, welchen aber gegenüber ihrem tieferen, psychotischen Konflikt tatsächlich nur eine sekundäre Wirkung innerhalb ihres Charakters zukam.

8. Die erste große Liebe

Joe DiMaggio schenkte Monroe zum Geburtstag ein goldenes Medaillon, in welches ein Zitat aus Saint-Exupérys *Der Kleine Prinz* eingraviert war, das er Schwierigkeiten zu verstehen hatte. Es hieß: »Wahre Liebe ist für die Augen nicht sichtbar, nur für die Herzen, denn Augen lassen sich täuschen« (Summers, 1988, S. 196). Norma Jeane sollte das größte und wichtigste aller Gefühle, das für die Liebe, in seiner ganzen Dimension in ihrer Sozialisation aber erst sehr spät richtig kennenlernen.

Ab August 1938 wurde Norma Jeane bei Ana Lower, einer Tante von Grace, in Los Angeles unterbracht. Lower war wohl die vierte, wichtige und letzte, aber von Monroe absolut favorisierte, mütterliche Bezugsperson, auf die sie jedoch viel zu spät erst mit zwölf Jahren traf.

»Sie hat mein ganzes Leben verändert. Sie war der erste Mensch auf der Welt, den ich wirklich lieb hatte, und der mich lieb hatte. Sie war eine wunderbare Frau. Ich schrieb einmal ein Gedicht über sie, und als ich es Freunden vorlas, weinten sie. Es hieß ›Ich liebe sie‹, und ich hatte darin gesagt, was ich empfand, als sie starb. Sie war der einzige Mensch, der mich liebte und verstand. Sie hat mir den Weg zu den höheren Dingen des Lebens gezeigt und hat mir Vertrauen in mich selbst gegeben. Sie hat mir nie – nicht ein einziges Mal – wehgetan. Sie konnte das gar nicht. Sie war ganz Güte und ganz Liebe. Sie war sehr, sehr gut zu mir« (Zolotow, 1962, S. 34).

»Tante Ana«, wie Norma Jeane sie nannte, war eine füllige, weißhaarige, großmütterliche Frau. Sie war zudem eine glühende Anhängerin der Christian Science und hatte in dieser Glaubensgemeinschaft den Status einer Heilerin erreicht. ›Sie war sehr religiös‹, erinnerte sich Eleanor Goddard« (Spoto, 1994, S. 62).

»Ana Lower gehörte als Mitglied der Christian Science dem Elitekader der ›practitioners‹, der mentalen Heiler, an und lehrte, daß Gott die Liebe ist und ein gutes Leben verheißt. Sie liebte Norma Jeane wie ihr eigenes Kind und versicherte ihr, daß sie ein gutes Leben führen könne, wenn sie ihre negativen Gedanken zu positiven machen könne« (Gregory/Speriglio, 1996, S. 33).

Lowers unbedingter und praktizierter Glaube an die Liebe tilgte einen Teil von Monroes Verletzungen und lenkte ihr Leben in neue Bahnen. Lower ging die lang ersehnte emotionale Symbiose mit dem stets abgeschobenen und zurückgesetzten Kind ein. Sie täuschte Norma Jeane nicht mit falschen Versprechungen und übernahm wirklich die Verantwortung für die Heranwachsende. Deren Selbstvertrauen stieg wieder an, und sie hatte vielleicht zum ersten Mal in ihrem Leben einen Menschen, auf den sie sich wirklich verlassen konnte.

Monroes psychotische Störung, innerhalb derer das Mißverhältnis zu ihren mütterlichen Bezugspersonen immer sehr destruktive Konsequenzen gehabt hat, konnte nun zum ersten Mal in ihrem Leben vollständig von einem negativen Kreislauf in einen positiven umgewandelt werden. Die Expertin für frühkindliche Störungen, die Kinderanalytikerin Melanie Klein, hat diese produktive Möglichkeit der Umwandlung so beschrieben:

»Hier schließt sich ein segensreicher Kreis: zunächst gewinnen wir Liebe und Vertrauen in der Beziehung zu unseren Eltern, dann nehmen wir sie mit all dieser Liebe und all diesem Vertrauen gewissermaßen in uns auf und können schließlich von diesem Reichtum an liebenden Empfindungen wieder etwas an die Außenwelt abgeben« (Klein/Riviere, 1992, S. 146).

Der umgekehrte Kreislauf besteht darin, daß die bösen Imagines, die wir in uns tragen, auf die Außenwelt übertragen werden und dann auch bösartige Menschen *fast* schon produzieren:

»Wie wir gesehen haben führt Haß zur Errichtung schreckenerregender Figuren in unserer Seele, woraufhin wir dann andere Menschen bereitwillig mit unfreundlichen und feindlichen Eigenschaften ausstatten. Nebenbei bemerkt, hat eine solche Haltung tatsächlich die Wirkung, andere Menschen uns gegenüber unfreundlich und argwöhnisch zu machen, wohingegen eine freundliche und vertrauensvolle Haltung unsererseits auch bei anderen Vertrauen und Wohlwollen auslöst« (Klein/Riviere, 1992, S. 146).

Monroes großartiges Liebesangebot an die Welt war also vor allem eine Weitergabe der Liebe, die sie in ihrer ganzen Dimension erst von Ana Lower zum ersten Mal empfangen hatte. In ihr hatte sie eine Frau gefunden, mit der sie emotional verschmelzen konnte, und die ganz für sie allein da war. Lowers ernste und strenge Haltung trug dabei genug männliche Züge, damit sie von Norma Jeane auch jederzeit als ein liebevoller Anderer wahrgenommen werden konnte. Deshalb kamen die paranoiden Spannungen, die eine restlose Verschmelzung erzeugt hätte, nicht zustande. Das junge Mädchen war so glücklich, daß es abends beim Spülen fröhlich wie ein Buchfink pfiff, wie Lower bemerkte (Monroe, 1992, S. 17).

Es wäre aber sicher völlig falsch zu übersehen, daß in Norma Jeanes Leben auch alle Frauen, die vorher für sie gesorgt hatten, diesem Kind viel Liebe geschenkt hatten. Aber keine war darin so beständig gewesen, wie Ana Lower, mit der Norma Jeane über alles sprechen konnte, außer über Sex (Spoto, 1994, S. 63). Das Liebesverständnis der älteren Frau reichte aber so weit, daß ihr Schützling auf medizinische Mittel zurückgreifen durfte, wenn die Periode, wie immer bei Monroe, von »gräßlichen Krämpfen begleitet« wurde. Obwohl in der Lehre der Christian Science »Krankheit und Schmerz nur in der Einbildung existieren«, durfte Empirin benutzt werden, um den »Fluch« zu bannen (Gregory/Speriglio, 1996, S. 33). Das widersprach Lowers Ansichten als Heilerin der Christian Science. Aber ihre Flexibilität unterschied sich deutlich von den dogmatischen religiösen Ansichten der Bolenders. Für Ana Lower stand die Liebe über allen Regeln, und sie teilte damit das Religionsverständnis von Norma Jeane. Das junge Mädchen wurde nun für eine ganze Weile eine überzeugte Anhängerin der Christian Science. In dieser Zeit besuchte sie deren Kirche oft. »Sonntags zweimal, dazu noch einmal unter der Woche« (Spoto, 1994, S. 63). Noch dem Fotografen André de Dienes schenkte die 19jährige ein Buch von der Christian Science mit einem Lektürehinweis auf dem Deckblatt für die Seite 494, Zeile 10 und 11. In diesen Zeilen steht geschrieben:

> »Die Liebe Gottes hat immer alle menschlichen Bedürfnisse erfüllt und wird es immer tun ... da die Liebe Gottes alle Menschen zu jeder Stunde mit allem Guten ausstattet« (Summers, 1988, S. 30–31).

Dieses neue Gottesbild war das von Ana Lower, und Gott ist letztendlich vermutlich die gute, alte Dame selbst, welche Norma Jeane in den positiven Kreislauf eintauchen ließ, ohne den es ihr vermutlich niemals möglich gewesen wäre, überhaupt ihre Karriere zu beginnen. Obwohl sie mit Jim Dougherty verheiratet wurde, der allerdings auch schon bald zur Marine in den zweiten Weltkrieg nach Übersee ging, lebte sie zwischendurch wieder bei ihrer Tante, die sie stark psychisch unterstützte. 1946 lebte Monroe bei Ana Lower »und kam mit dem Bus oder dem Fahrrad in die Studios« (Geiger, 1995, S. 30).

Ana Lower starb 1948, genau in der Zeit, in der Monroe mit dem Schauspielunterricht bei Natasha Lytess begann (Spoto, 1994, S. 138).

»Der Verlust von Tante Ana griff ihr ans Herz. Sie hatten zehn gute Jahre miteinander gehabt, viel mehr, als ihr mit ihrer Mutter vergönnt gewesen war. Aber als echte Überlebenskünstlerin war Marilyn bereits damit beschäftigt, einen Ersatz zu finden. Die Schauspiellehrerin Natasha Lytess nahm Anas Platz ein« (Gregory/Speriglio, 1996, S. 60).

Obwohl Monroe wegen ihres Unterrichts nicht an der Beerdigung teilnahm (Spoto, 1994, S. 138), besuchte sie später oft Lowers Grab.

»Jahre später, nach Anas Tod, besuchte Marilyn häufig ihr Grab auf dem Friedhof von Westwood Village und gedachte der Frau, von der sie als einziger glaubte, daß sie sie nie enttäuscht habe« (Spoto, 1994, S. 138).

Nachwort: Ein viel zu früher Tod

>»All the knives seem to lacerate your brain
I've had my share so I'll help you with the pain
You're not alone
Yust turn on with me
You're not alone gimme your hands
You're not alone gimme your hands
You're wonderful gimme your hands
You're wonderful gimme your hands.«
(David Bowie, 1972, *Rock'n Roll Suicide*)

Die letzten Zeilen dieses frühen Bowiesongs, mit dem er 1973 seine berühmte Ziggy Stardust Tournee unter den Tränen vieler junger Mädchen beendete, stellten ein Angebot dar, welches sich an einen vorgestellten »Rock'n-Roll Selbstmörder« richtete. Es war ein Hilfsangebot, welches diesen Menschen von seiner Tat abbringen sollte. Bowie versprach ihm, daß er nicht nur nicht mit seinen Problemen alleine wäre, sondern noch viel mehr: daß er im Grunde überhaupt nicht alleine wäre. Er stellte sich dabei selbst an die Stelle jenes vor allem mütterlichen Anderen, an den sich wohl die größten Sehnsüchte der meisten seiner Fans richteten. Und er reichte einigen von ihnen – während er diesen Song vortrug – tatsächlich die Hand, was in diesem Zusammenhang ein wenig suggerierte, als handele es sich um Menschen, die kurz vor den Sprung in einen Abgrund stehen würden. Der damals sehr dünne und todesblasse, englische Popstar wirkte trotz seiner enormen Lebenslust etwas zerbrechlich und schien durch seinen übermäßigen Drogenkonsum nicht weit von jenem Abgrund entfernt zu sein, vor dem er seine Fans bewahren wollte. Glücklicherweise sollten keine seiner späteren Tourneen mehr so sehr vom Todestrieb bestimmt sein wie diese. Ein Song, den er nur hier vortrug, handelte sogar von seinem eigenen Tod (*My Death*), und nun waren es umgekehrt seine weiblichen Fans, die sich durch ihre Zurufe genau vor jener Tür postieren wollten, die in Bowies Song für ihn den Eingang zum Todesreich bildete. Es war hier also jeweils der Andere als konkretes Gegenüber, welcher sich durch die Sprache zwischen das Subjekt und seinen eigenen Tod stellen wollte. In *Rock'n Roll Suicide* beteuerte Bowie dem vorgestellten Selbstmörder in seinem Rettungsversuch sogar, das er ihn wundervoll finde, eine Form der Anerkennung, die gerade in Monroes Ohren sicher eine große Freude ausgelöst hätte. Und

Bowie schien auch sehr genau zu wissen, daß die Gefahr für einen wirklichen Selbstmord dann viel höher wird, wenn die Verbindung zum Anderen vollkommen abgerissen erscheint, und er übernahm nun die Verantwortung dafür, indem er das Subjekt durch seinen Zuspruch wieder mit jenem Anderen harmonisch zu verbinden versuchte. Denn erst wenn das Subjekt den fatalen Eindruck bekommt, von diesem Anderen völlig verlassen und verraten worden zu sein, kann es sich in seiner Verzweiflung tatsächlich an den Tod aufgeben wollen. Solange es aber eine positive, psychische Verbindung zu diesem Anderen gibt, ist dies kaum möglich.

Monroe hatte ihr ganzes Leben lang sehr intensiv mit der Hilfe von Eros gegen die eigenen Todeswünsche angekämpft. Dabei zeigte sich immer schon die Dominanz des Todestriebs, aus dessen Perspektive das Leben schließlich nur ein Umweg, eine Verzögerung darstellt, denn letztendlich endet es ja traurigerweise immer mit dem Tod. Darin aber besteht die Spannung des Lebens, sich von diesem Moment so lange wie möglich fernzuhalten, sich mit aller Kraft und mit allem, was man hat, gegen ihn zu stemmen. Monroes schwierige Kindheit verlangte von ihr einen weit größeren Einsatz, sich gegen ihren eigenen Wunsch zu wehren, dieser Moment ihres Todes möge schon sehr bald kommen. Und sie hatte auf ihre Art in einer äußerst intensiven und engen Form nach vielen engen Verbindungen zu den Menschen gesucht, um diesem Wunsch etwas entgegenzusetzen.

Leider basierten ihre zwischenmenschlichen Verbindungen oft zu sehr nur auf ihrer äußeren, erotischen Attraktivität, und diese war bei der sechsunddreißigjährigen Frau langsam am schwinden und sowieso nicht sehr bedeutungsvoll. Aber auf der Ebene der symbolischen Vermittlung, wo der Andere erst in stabilen Relationen auftaucht, besaß Monroe große Defizite, weshalb ihre Beziehungen unbeständig blieben. Aufgrund ihres psychischen Konflikts mit ihrer Mutterimago, den sie – wie ich glaube – nie hinreichend aufgelöst hat, konnte sie oft keine dauerhaften, tieferen Bindungen eingehen. Vor allem durch ihre leicht paranoiden Tendenzen waren Monroes Emotionen gegenüber anderen Menschen oft großen Schwankungen unterworfen. Die andere Person konnte von einem Augenblick zum nächsten von ihr komplett anders aufgefaßt werden. Und die Unsicherheit, welche durch diese raschen Veränderungen ausgelöst wurde, war verheerend.

Ihre imaginären Fähigkeiten, mit deren Hilfe sie das Idol Marilyn Monroe hergestellt hatte, sollten es auch verhindern, daß sie als Schauspielerin und als Persönlichkeit in unserer Gesellschaft wirklich anerkannt wurde. Weil diese Bestätigungen ausgeblieben waren, fehlte ihr auch eine von Außen zugestandene, sichere symbolische Position. Sie war das, wovon alle Männer träumten. Dieser stark imaginäre Überhang verhinderte gleichzeitig, daß man sie als eine ernstzunehmende Person tatsächlich akzeptierte. Monroes Ambitionen, diesen Männertraum durch eine Erweiterung ihrer Rollen auszubauen, scheiterten. Sie blieb immer die naive Blondine, und das hatte, wie ich versucht habe zu zeigen, durchaus auch einen privaten Hintergrund, denn Monroe war tatsächlich anders als die meisten anderen Frauen. Durch ihre symbiotischen Neigungen hauchte sie dem Klischee der Blondine eine ungeahnte und glaubwürdige Gefühlstiefe ein, ohne daß diese neue Qualität aber tatsächlich auch als solche wahrgenommen worden wäre.

Erst durch ihren frühen Tod wurde aus Monroe dann eine tragische Gestalt, und man begann jetzt auch tatsächlich damit, darüber nachzudenken, ob es nicht ihre einseitigen Rollen gewesen waren, die sie in den Tod getrieben hatten. Monroes Charakter wird aber auch heute noch in einer breiten Öffentlichkeit sehr deutlich auf ihre erotische Freizügigkeit reduziert, wobei gründlich übersehen wird, daß ihre Liberalität in diesem Punkt über ihren Exhibitionismus nicht weit hinaus reichte. Monroes tatsächliche Sexualität war trotz ihrer vielen Affären doch mehr eine geträumte als eine gelebte und in Wirklichkeit äußerst schwierig. In diesem Punkt ähnelt ihre provokative Haltung sehr der Figur von Alice Hartford, die Nicole Kidman in Stanley Kubricks letztem herausragenden Film *Eyes wide shut* so überzeugend dargestellt hat. Der Traum, den nämlich auch Monroe mit offenen Augen träumen konnte, war der, von einem ihr völlig fremden Mann erotisch überwältigt zu werden. Und Monroes Promiskuität basierte auf dieser zuweilen gefährlichen und etwas hysterischen Version von Sexualität, die alles andere als wirklich freizügig ist.

Die meisten Menschen, die sich für Monroes Leben näher interessieren, entwickeln aufgrund ihrer vielen Probleme intensive Rettungsphantasien, und ich stelle da auch keine Ausnahme dar. Keiner, der von ihr fasziniert ist, kann sich mit ihrem frühen Tod abfinden, und alle suchen nach einem Ausweg. Aber der Hintergrund für diese starke emotionale Anteilnahme liegt nicht erst in ihrem Tod begründet. Das Gefühl, ihr helfen zu wollen, löste Monroe schon aus, als sie noch lebte. Ihre labile aber sehr zärtliche und sensible Persönlichkeit, ihr etwas infantiler Charakter, mit dem sie sich so leicht für etwas begeistern konnte, und schließlich ihre offensichtlich großen Ängste haben immer wieder Menschen dazu gebracht, ihr helfen zu wollen. Eine Frau, die eine solche Lebensfreude ausstrahlen konnte, erlebte ihre Niedergeschlagenheit natürlich mit derselben Intensität, und man kann sich leicht vorstellen, wie schlimm es für sie selbst oft gewesen sein muß und welche Impulse dies bei ihren Mitmenschen auslöste.

Monroes stark emotionaler Weltbezug kam zustande durch eine sehr enge und niemals aufgegebene Mutterbindung, die ich in diesem Buch versucht habe, so genau wie möglich zu re-konstruieren. Insofern dieser Bindung aber in unserer Gesellschaft nun weitgehend, wie die gesamte damit zusammenhängende Rolle der Frau, eine richtige – und das heißt gleichwertige – Anerkennung versagt geblieben ist, handelt es sich bei Monroe nicht bloß um einen Einzelfall. Ich glaube deshalb, daß alle Rettungsphantasien über sie am besten zum Einsatz kommen würden, wenn man Monroes Verhältnis zur Gesellschaft reflektieren würde, dessen traurige Aktualität beachtlich ist. Denn ihre Persönlichkeit, so problematisch sie auch immer gewesen sein mag, stellt immer noch eine wichtige Frage an unsere Gesellschaft. Für ihren Charakter, der vielleicht merkwürdig und instabil war, mit dem sie aber auch mehr männliche Wünsche erfüllen konnte, als die meisten anderen Frauen, wurde Monroe nämlich oft gnadenlos abgewertet. In Männerkreisen gilt eine Frau, die hemmungslos ihren Emotionen und ihrer Erotik nachgeht, sowieso nicht viel, obwohl es umgekehrt genau das ist, was Männer von Frauen am meisten wollen. Durch dieses Paradox, in dem die weibliche Rolle zugleich gewünscht und abgewertet wird, stellt sich die Frage nach einer richtigen Etablierung von Weiblichkeit bis heute immer wieder neu. Monroe ist dafür ein ausgezeichnetes Beispiel, denn kaum eine andere Frau wird von Männern so stark mit der sexuellen Differenz und ihrer lustvollen Auslebung in Verbindung gebracht wie sie. Und kaum eine andere Frau, die so einen enormen Wirkungskreis und solche Möglichkeiten hatte, bekam in ihrem Leben weniger Achtung. Und es ist nicht richtig, daß sich in unsere Kultur in diesem Punkt schon hinreichend etwas verändert hätte.

Die populärste Reaktion auf Monroes Tod bestand darin, immer mehr die Frage nach ihren Gründen für einen möglichen Suizid zu verdrängen und diese wichtige Frage durch eine andere, viel oberflächlichere und ungefährlichere zu ersetzen. Es ist die Frage nach den ungeklärten Umständen ihres Todes, die in ihrer perfiden Form die Frage nach Monroes eigentümlichem Charakter und das Interesse an ihrer Biographie ein Stück weit verdrängt hat. Dabei geht es nur noch darum, wer ihre Mörder waren, und auch Monroe selbst wird dabei als eine mögliche Täterin erwähnt. Die viel wichtigere Frage nach dem »wieso?« konnte so auf die Frage nach dem »wie?« reduziert werden. Man begann damit, ihre letzten Tage zu einer Kriminalhandlung, einem klassischen »Who done it?« umzuschreiben, die sich nun mit der allergrößten Genauigkeit auf die Vielzahl der Daten stürzte, die es von ihren letzten Lebenswochen gibt. Durch ihr Verhältnis zu den Kennedys wurde dabei aus Monroe auch noch ein brisantes Politikum. Was hier fehlt, ist die kulturelle und emotionale Verarbeitung ihres Todes und noch viel mehr das Verständnis ihres Charakters. Es geht nur darum, mit einer kühlen, distanzierenden Logik die Fakten zu finden, die ihren Tod ermöglichten. Die meisten Monroebiographien enden mit einer ausführlichen Behandlung dieses Themas und widmen sich so sehr ausgiebig einem Sujet, in dem der Zwang zuhause ist, der immer um das Motiv eines Mordes und das Gesetz kreist. So entgehen sie einer tieferliegenden Konfrontation mit ihrem Tod. Monroe hätte dieses Verständnis von ihrem eigenen Tod vielleicht sogar begrüßt, denn es hätte ihr selbst als Leserin das Gefühl der Sicherheit gegeben, daß nichts wirklich Schreckliches passiert ist. Nur war es sehr wahrscheinlich leider nicht so. Monroe, die in ihrem Leben schon kaum die Chance gehabt hatte, ernst genommen zu werden, wurde so vermutlich sogar noch um die tragische Bedeutung ihres Todes gebracht. Eine Blondine nimmt sich eben nicht das Leben, es wird ihr genommen.

Monroe hat während ihrer gesamten Filmkarriere nur ein einziges Mal eine suizidgefährdete Frau gespielt, und zwar in einem Film, der bis heute ziemlich unbekannt geblieben ist und unmittelbar vor ihrem großen Durchbruch in *Niagara* gedreht wurde. 1952 spielte sie an der Seite von Richard Widmark in *Don't Bother to Knock* eine psychisch kranke Frau, die bereits einmal versuchte hatte, sich das Leben zu nehmen, was der Zuschauer in einer Nahaufnahme der Narben auf ihren Handgelenken zu sehen bekommt. Der Grund für diesen Versuch, war tatsächlich der Tod des wichtigsten Anderen in ihrem Leben. Nell, wie die von Monroe dargestellte Frau hieß, war verlobt gewesen mit einem Piloten, der im Zweiten Weltkrieg während eines Einsatzes ums Leben gekommen ist. Als sie bei der Ausführung ihres ersten neuen Jobs nach drei Jahren Psychiatrieaufenthalt Flugzeuggeräusche von draußen hört, rennt Nell sofort zu einem Fenster und eine Träne läuft ihre Wange herunter, während sie den Flugzeugen nachsieht. Nell ist eine verträumte und sehr weiche Frau, die Monroe ohne ihr übliches Make-up und mit einer großen Sensibilität spielte. Das Besondere war, daß Nell so wirkt als habe sie keine richtigen Grenzen zwischen sich und den anderen Menschen gesetzt, ein Charakterzug, der Monroes eigenem Charakter sehr nahe kam. Da der englische Regisseur Roy Baker außerdem und gegen Monroes Einspruch immer die erste Aufnahme von jeder Szene mit ihr in den Film geschnitten hat, ist das, was der Zuschauer hier zu sehen bekommt, im Gegensatz zu allen späteren Monroefilmen das Ergebnis einer relativ spontanen Darstellung (Spoto, 1994, S. 194). Monroes Darstellung von Nell kam also noch ohne ihren sonst sehr weit vorangetriebenen Perfektionsanspruch aus, der sich später in vielen Wiederholungen von jedem Take zeigte. Für diese Rolle war auch Monroes Sex-Appeal viel unwichtiger als sonst. Dafür wurde ihre zärtliche Seite deutlicher hervorgehoben. Nell hat so etwas viel Unbestimmteres und Verschwommeneres als der Typ Frau, den Monroe meistens dargestellt hat, und diese Rolle kommt ihr, sieht man einmal von Nells Bösartigkeit ab, persönlich sehr nahe.

Der Film beginnt damit, daß Nells leicht zwanghafter Onkel ihr einen Job in einem Hotel in New York verschafft hat. Sie soll als Babysitterin einen Abend lang auf ein kleines Mädchen aufpassen. Doch anstatt ihrer Aufgabe nachzukommen, schickt Nell das Mädchen rasch ins Bett und beginnt damit, die Kleider, den Schmuck und das Parfüm ihrer Arbeitgeberin auszuprobieren. Wie verzaubert durch diese narzißtische Aufwertung ihrer Person betrachtet sie sich, die zuvor ärmlich und schlicht gekleidet war, nun selbst im Spiegel. Ihre gespielte Verzückung durch Schmuck sollte Monroe später berühmt machen, sie hat aber nur in diesem Film einen ernstzunehmenden Hintergrund, der sogar Monroes Biographie entsprechen würde. Schließlich wird Nell von einem Mann im Hotel durch das gegenüberliegende Fenster entdeckt, wie sie mit den teuren Kleidern freudig und von sich selbst begeistert herum tanzt.

Jed (Widmark), der gerade Ärger mit seiner Freundin (Anne Bancroft) hat, die in dem Hotel als Sängerin engagiert ist, beschließt sofort, sich an Nell *heranzumachen*, um so doch noch einen netten Abend zu haben. Schon kurze Zeit später besucht er sie in ihrem Hotelzimmer. Nell flirtet mit ihm, indem sie zuweilen mit etwas tiefergelegter Stimme seine männliche Art zu sprechen imitiert und ihr so einen Schuß Erotik hinzufügt. Doch schon bald merkt Jed, daß irgend etwas mit Nell nicht stimmt, und als er ihr erzählt, daß er ein Pilot ist, hört Nell auf zu flirten, und fängt an, in ihm immer mehr ihren verstorbenen Verlobten zu sehen. Nell wirkt von nun an wie in einer merkwürdigen Trance, versunken in ihre eigenen Träume. Sie steht dabei wieder vor dem Spiegel und kann sich und Jed sehen, und aus diesem Spiegelnarzißmus heraus wird der fast fremde Mann, der hinter ihr steht, in ihren Augen zu dem bekannten, den sie verloren hat aber psychisch nicht bereit ist aufzugeben. Sie beginnt, mit Jed wie mit ihrem Verlobten zu sprechen, was Jed nicht mehr nachvollziehen kann. Nell glaubt dabei, daß Jed ihr Verlobter sei, und gleichzeitig schwingt hier ihre gesamte traurige Erfahrung mit, daß sie von diesem schließlich für immer getrennt ist. Der Film entwickelt nun aus dieser Grundsituation seinen Ablauf, an dessen Ende Nell im Foyer des Hotels erneut versuchen wird sich mit einer Rasierklinge in ihre Handgelenke zu schneiden. Jed kann sie davon abhalten und sie schließlich auch davon überzeugen, daß er nicht ihr Verlobter ist. Aber Nell ist immer noch krank und muß zurück in die Psychiatrie.

Nells erfundene Problematik weißt deutlich mehr als die von Monroe eine schizophrene Tendenz auf, in welcher eine andere Person halluzinatorisch mit einem Verstorbenen überlagert wird. Nur in einigen seltsamen kurzen Gesprächen zwischen Nell und dem kleinen Mädchen, auf das sie aufpassen soll, kann man auch einige fiktive, paranoide Züge entdecken. Und trotzdem enthält

Nells Rolle im Zentrum genau Monroes eigenes psychisches Problem, wenngleich auch in einer abgewandelten Form. Die Trennung von ihrem Verlobten kann von Nell nicht verarbeitet werden, weil sich hinter dieser Trennung die allererste von der Mutter verbirgt, die auf einem psychotischen Niveau niemals richtig vollzogen worden ist. Für Monroe wurden in diesem Film, wie wohl in kaum einem anderen, ihre großen symbiotischen Fähigkeiten nicht bloß als der entscheidende Hintergrund ihrer Erotik benutzt, sondern selbst zum Inhalt der Story gemacht. Monroe konnte Nell darstellen als eine Frau, die keine äußeren Grenzen zu haben scheint, und so etwas von einer seltsamen Gejagten bekommt, die viel zu weich ist und in einer dagegen kühl wirkenden Gesellschaft auch wohl kaum jemals eine Chance haben wird. *Don't Bother to Knock* handelt von der Gegenüberstellung einer gewöhnlichen Trennung, wie sie zwischen Jed und Lyn (Anne Bancroft) und den meisten Menschen alle Tage vorkommt, mit einer, die viel tiefer und schwieriger ist, weil in ihr die erste nicht verarbeitete Trennung von der Mutterimago so deutlich und existentiell spürbar wird, daß das gesamte Leben darum zu kreisen scheint.

Wie gut Monroe Nells Probleme tatsächlich konkret nachempfinden konnte, wird am deutlichsten, wenn man weiß, wie ihr erster Ehemann, James Dougherty, seine junge Ehefrau beschrieben hat: »Sie hat oft geweint, wenn ich sie alleine ließ« (Spoto, 1994, S. 85). »Sie suchte jemanden, an den sie sich klammern konnte« (Spoto, 1994, S. 90).

Und Norma Jeane hatte sich tatsächlich zunächst an seiner körperlichen Präsenz festgehalten. An dem Tag, an dem er sie heiratete mußte er feststellen das seine junge Braut die ganze Zeit seinen Arm festhielt und ihn ständig angesehen hat, »als ob sie Angst hätte, ich könnte verschwinden, sobald ich den Raum verließ« (Spoto, 1994, S. 80). Und Norma Jeane überkam eine große Angst, wenn er dann später tatsächlich fortging: »Kurz bevor er wieder zur See mußte, berichtete Dougherty, ›packte sie eine Art Angst. Sie weigerte sich, über meine Abreise zu reden oder daran zu denken‹« (Summers, 1988, S. 24).

Diese übermächtige Angst, daß der Andere sie verlassen konnte, dessen Anwesenheit nur wenig psychische Präsenz zu haben schien und deshalb um so mehr physische Präsenz haben mußte, zog sich, wenngleich auch in unterschiedlichen Formen, schließlich durch ihr ganzes Leben.

Monroes letzte Trennung von einer Person, welche sehr deutlich für sie sehr viel von der Bedeutung ihrer Mutterimago gehabt hatte, war schließlich die von Arthur Miller gewesen. Die Scheidung von Miller wurde am 11. November 1960 bekannt gegeben. Marilyn Monroe starb am 5. August 1962, also bloß 22 Monate später. Angesichts ihrer großen existentiellen Ängste, die für

Monroe in jeder Trennung von wichtigen Menschen lag und die sie nur schlecht kompensieren konnte, wirken die vielen Spekulationen über ihren Tod aus einer psychoanalytischen Perspektive etwas unangebracht. Denn aus dieser Sicht ist der Selbstmord die wahrscheinlichste Todesursache. Und selbst wenn es tatsächlich kein Selbstmord gewesen ist, so hätte es doch sehr gut einer sein können, und die Frage nach dem »wieso?«, die damit verbunden ist, behält trotzdem ihre bedrohliche Wichtigkeit. Auch wäre dies nicht Monroes erster Selbstmordversuch gewesen. Es hat leider viele Selbstmordversuche zuvor gegeben, und einige davon lagen auch in ihrem letzten Lebensjahr (Victor, 1999, S. 299). Monroe hatte mit Arthur Miller ihren bis dahin wichtigsten Ehemann verloren und DiMaggio, der zwar ein wenig versuchte, diese Lücke zu schließen, vermochte dieses leider keineswegs. Die Krise, in der sie steckte, war in der letzten Phase ihres Lebens so groß, daß Monroe ihren Psychoanalytiker fast immer, außer wenn sie vereiste, zweimal täglich aufsuchte (Summers, 1988, S. 402). Ralph Greenson, ihr letzter Analytiker, organisierte einen Sicherheitsschutz für seine Patientin, indem er sie zunächst durch Pflegerinnen und dann durch eine Haushälterin, die zuvor in der Psychiatrie gearbeitet hatte, betreuen ließ (Summers, 1988, S. 330). Auch an ihrem Todestag besuchte er Monroe am Nachmittag (Summers, 1988, S. 413). Und es war Greenson der nachts ihren toten Körper finden sollte (Summers, 1988, S. 419).

Monroe wurde in den letzten Wochen ihres Lebens von einigen Menschen in ihrer Umgebung als eine sehr niedergeschlagene Frau erlebt. Sie hatte stark abgenommen, was man ihr auch ansah. »I could see the change in her as I walked towards her. Her body had lost some of the shape and sap of youth. Her face lacked some of its former fullness. The skin seemed more streched over the bones, less shiny with health. She had some make-up (...), but it didn't hide the tiredness or the lines, and she must have known it« (Weatherby, 1976, S. 200).

Der offizielle Todesgrund, ihr Tod durch die Einnahme von einer Überdosis Schlaftabletten, läßt eine psychoanalytische Deutung zu, in welcher ihr Suizid als eine Zuspitzung des Gefühls, vom Anderen völlig verlassen worden zu sein, ziemlich naheliegend ist. Monroe hoffte so, ihr häufiges Gefühl einer ungeheuerlichen und psychisch sicher sehr schmerzhaften Leere beenden zu können, welches sie an der Stelle empfand, wo der Andere gewesen war. Sie war schon lange telephonsüchtig und rief alle möglichen ihr bekannten Menschen nachts an, wenn sie nicht schlafen konnte, um diese bedrückende Leere zu vertreiben. Sie ist mit einem Telephonhörer in der Hand gefunden worden. Leider konnte wohl in dieser Zeit niemand mehr diesen Anderen, mit dem sie außerdem in einem großen Konflikt stand, dauerhaft in der Realität repräsentieren. Monroe suchte verzweifelt nach einem Halt, den ihr niemand gewähren konnte, obwohl es viele versuchten. Nach der Trennung von Miller hatte sich ihr Mutterkonflikt sicher entschieden verschärft, sie glitt »hinein in die längste Depression ihres Lebens« (Mailer, 1992, S. 314). Diese Depression war wie eine Art Rückstoßeffekt, den die Aggressionen gegen Miller, die durch die Trennung auslöst wurden, verursachten. Denn diese Aggressionen wendeten sich schließlich immer auch ein Stück weit gegen sie selbst. Sie verging sich durch ihre Wut psychisch an ihrer Mutterimago, die schließlich auch ihr Über-Ich und somit einen wichtigen Bestandteil ihres Selbstwertgefühls bildete. Sie hatte bei den Bolenders gelernt, daß der Körper bestraft werden mußte, wenn man den Forderungen seines Über-Ichs nicht nachkam, weshalb sie ihren Körper so schwer mit Alkohol und Tabletten mißhandeln konnte, wobei der Alkohol ohnehin einer anerzogenen Tabuisierung unterlag, was seine hemmungslose Einnahme sicher bei ihr verstärkt hatte. Der Wunsch, ihrer depressiven Stimmung zu entgehen und zu einem harmonischen Verhältnis mit ihrer Mutterimago zurückzukehren, das auf der Welt immer weniger gelingen wollte, wurde immer stärker. Und auch die Rauschmittel konnten immer weniger künstlich herbeiführen, was im wirklichen Leben mißlang.

Ihre Psychoanalytiker hatten ihre Probleme sicherlich vermindern aber nicht hinreichend auflösen können. Monroe, die ihr ganzes Leben abgeschoben worden war, hatte die Vorstellung, den verlorenen und bekämpften mütterlichen Anderen – das zeigt die orale Form ihres Selbstmordes – nun endgültig in einer harmonischen Form im Jenseits wiederzufinden. Und sie wollte ihn nun gerade im Schlaf wiederfinden, vor dem sie doch immer so groß Angst hatte. Lacan hat diese Form des Selbstmordes einmal sehr genau gedeutet:

»Eßstreik der mentalen Anorexie, langsame Vergiftung einiger oraler Rauschgiftsüchtiger, Hungerregime der gastrischen Neurosen. Die Analyse dieser Fälle zeigt, daß das Subjekt in seiner Preisgabe an den Tod, die Mutterimago wiederzufinden sucht. Diese mentale Assoziation ist nicht einfach krankhaft. Sie ist generisch, wie man an der Bestattungspraxis erkennt, die in einigen Formen den psychologischen Sinn einer Rückkehr zum Mutterschoß klar ersehen läßt; wie ferner die Verbindungen zeigen, die die magischen Techniken sowohl wie die antiken Theologien zwischen Mutter und Tod herstellen; wie man endlich in jeder weit genug geführten psychoanalytischen Untersuchung beobachtet« (Lacan, 1994, S. 52–53).

Monroe war also sogar noch in ihrer Todesphantasie in eine weitverbreitete kulturelle Vorstellung eingebettet. Die rapide Gewichtsabnahme in ihrer letzten Lebensperiode zeigt, daß diese Vorstellung sie schon länger beherrschte.

Aber auf der anderen Seite hätte ihr letzter Suizidversuch auch keineswegs gelingen müssen. Es ist auch anzunehmen, daß er keineswegs gelingen sollte und vor allem als ein Hilferuf gedacht war. Zwischen einem psychischen Wunsch und seiner tatsächlichen Realisierung gibt es einen erheblichen Unterschied. Sie hätte ihn auch überleben können und dann auch die Chance gehabt, ihr Leben noch in den Griff zu bekommen. Ihre Möglichkeiten waren nicht so begrenzt, daß es zwangsläufig zur Selbstauslöschung kommen mußte. Ihr Leben lief nicht automatisch auf einen Selbstmord hinaus. Sie hatte mit ihren seltenen Fähigkeiten schließlich schon soviel erreicht. Und auf ihre gesellschaftliche Anerkennung hätte sie vermutlich letztendlich sogar verzichten können, aber auf einen *richtigen* Ehemann keinesfalls. Zu dem englischen Journalisten W. J. Weatherby sagte sie mit einem mysteriösen Lächeln: »Maybe I'll get married again myself« (Weatherby, 1976, S. 202). Genau das war aber gerade für diese Frau, die weit weniger als andere eine innere, harmonische Repräsentation des Anderen in sich trug, völlig unmöglich.

Letztendlich gehörte Marilyn Monroe, die in ihren Liebesbeziehungen das am meisten wiederfinden konnte, was sie durch die reale Trennung von der Mutter verloren hatte, in diesem zentralen Punkt zu jenen einfachen Menschen, deren Liebesruf durch die Jahrhunderte widerhallt. Eine junge Amerikanerin, die sich aufgrund ihrer deutlich erotischen Ambitionen heute mit ähnlichen gesellschaftlichen Problemen *herumzuschlagen* hat wie Monroe damals, hat ihn in ihrem ersten großen Welthit 1999 nochmals sehr eindrucksvoll in seiner ganz einfachen und direkten Emotionalität wiederholt:

»My loneliness is killing me
I must confess I still believe
When I'm not with you I lose my mind
Give me a sign
Hit me baby one more time.«
(Britney Spears, 1999, ... *Baby One More Time*)

Und es wird doch immer vor allem die Frage nach der Liebe gewesen sein, die Monroe vom ganzen Herzen gestellt hat.

Zeittafel

Am 1.6.1926 wird Norma Jeane Baker von ihrer vierundzwanzigjährigen Mutter Gladys Baker in Los Angeles geboren. Zwei Wochen später, am 13.6.1926 wird das Baby von seiner Mutter an eine Pflegefamilie, die Bolenders, abgegeben.

Im Juli 1927 versucht Norma Jeanes Großmutter Della, ihre Enkelin zu besuchen und zerschmettert – als ihr niemand öffnet – die Haustür der Bolenders. Norma Jeane behauptet später, ihre Großmutter habe versucht sie zu ersticken Della stirbt schon kurz darauf im August.

Ostern 1932 nehmen die Bolenders an einem religiösem Umzug teil, bei dem Norma Jeane in einer Gruppe Kinder auftritt. Sie bildet dabei aus Unachtsamkeit den einzigen schwarzen Flecken in einem weißen Kreuz.

Ende Juni 1933 nimmt Gladys Baker ihre Tochter, nachdem diese nicht aufhört, über den Tod ihres Hundes zu trauern, wieder zu sich. Ende August kauft Gladys ein Haus, in dem die meisten Zimmer an eine englische Familie vermietet werden. Im Oktober 1933 fällt Gladys in eine tiefe Depression und wird Anfang 1934 in ein Sanatorium in Santa Monica eingeliefert. Sie leidet an einer psychotischen Geisteskrankheit, von der sie sich niemals mehr richtig erholen wird. Norma Jeane bleibt zunächst bei der englischen Familie und wird dann bei Grace McKee, der besten Freundin ihrer Mutter, untergebracht.

Am 13. September 1935 wird Norma Jeane Baker von Grace ins Waisenhaus von Los Angeles gebracht. Sie bleibt dort zwei Jahre bis zum 7.6.1937. Danach wird sie von Grace wieder in ihr Haus aufgenommen.

Im November 1937 wird Norma Jeane, die nun elf Jahre alt ist, aufgrund einer sexuellen Belästigung durch den Ehemann von Grace zu Ida Martin, einer Großtante von Grace, in einen Vorort von Los Angeles umquartiert. Hier wird sie kurz vor ihrem 12. Geburtstag von einem fast gleichaltrigen Cousin zu sexuellen Handlungen gezwungen.

Am Ende des Sommers 1938 verläßt Norma Jeane die Martins und lebt von nun an die meiste Zeit bei Ana Lower, einer Tante von Grace, die das junge Mädchen sehr liebt. Als Lower erkrankt, wohnt Norma Jeane erneut bei Grace.

Am 16.6 1942 mit sechzehn Jahren wird Norma Jeane mit dem zwanzigjährigen Nachbarssohn Jim Dougherty verheiratet. Die Ehe war von Grace arrangiert worden, weil diese ohne Norma Jeane nach Virginia ziehen wollte. Grace stellte das junge Mädchen vor die Wahl, entweder zu heiraten oder erneut ins Waisenhaus zu gehen. Norma Jeane verläßt im März 1942 deshalb die Schule.

Im Frühjahr 1944 zieht Jim Dougherty in den Krieg im Pazifik. Ende 1944 werden die ersten Fotoaufnahmen von Norma Jeane für eine Armee-Zeitschrift gemacht, während sie bei Radioplane arbeitet und Fallschirme prüft und faltet.

Am 2. August 1945 bewirbt sich Norma Jeane bei der Blue Book Agency als Fotomodel und wird angenommen. Sie ist auf den Titelseiten zahlreicher Zeitschriften zu sehen. Auf ihrer zweiten längeren Fotoreise mit dem Fotografen André de Dienes im Dezember 1945 besucht sie ihre kranke Mutter in einem Hotel in Portland.

Im April 1946 lebt Gladys eine Weile bei ihrer Tochter und wird dann in eine Klinik in Nordkalifornien eingewiesen. Die Zahlungen für ihren Unterhalt werden von da an von Norma Jeane übernommen. Sie besucht ihre Mutter aber nie. Die Ehe zwischen Norma Jeane und Jim Dougherty wird im Mai 1946 gelöst, die Scheidung findet im Herbst statt.

Am 19.7.1946 werden die ersten Probeaufnahmen mit Norma Jeane für die Twentieth Century-Fox gemacht. Am 24. August entsteht ihr neuer Name Marilyn Monroe für den Vertrag mit der Fox. Von 1947 bis 1952 spielt Monroe in zahlreichen Filmen kleinere Rollen als die naive Blondine. Nur in *Ladies of the Chorus* (1948) und in *Don't Bother to Knock* (1952) darf sie eine Hauptrolle spielen. 1953 gelingt ihr schließlich mit *Niagara* der große öffentliche Durchbruch. 1953 folgen die berühmten Filme, die das Image ihrer Ikonographie am meisten prägen sollten: *Gentlemen Prefer Blondes* und *How to Marry a Millionaire*. Schauspielerisch betreut wird Monroe seit 1948 von ihrer Lehrerin Natasha Lytess.

Am 14.1.1954 heiratet Marilyn Monroe den 11 Jahre älteren Baseballspieler Joe DiMaggio. Bereits acht Monate später, am 5. Oktober, reicht sie die Scheidung ein wegen seelischer Grausamkeit. Im Herbst 1954 dreht sie mit Billy

Wilder *The Seven Year Itch*. Das Werbefoto zu diesem Film, auf dem ihr über einem U-Bahnschacht der Rock hochgeweht wird, sollte das bekannteste Monroefoto überhaupt werden. Sie trennt sich nach den Dreharbeiten zu diesem Film von Natasha Lytess.

Am 31.12 1954 gründet Monroe zusammen mit dem Fotografen Milton Greene, die Marilyn Monroe Productions, um sich mehr Mitspracherecht und Geld für ihre Rollen zu erkämpfen. Von *Bus Stop* (1955), dem ersten Film ihrer eigenen Firma, bis zu Monroes letztem Film *Something's got to Give* übernimmt Paula Strasberg nun ihre schauspielerische Betreuung.

Ab dem Frühjahr 1955 unterzieht sich Marilyn Monroe, die schon während ihrer Ehe mit DiMaggio einen Analytiker konsultiert hatte, regelmäßig einer Psychoanalyse. Von 1955 bis 1957 bei Frau Dr. Hohenberg, von 1957 bis 1961 bei Marianne Kris, von da an bis zu ihrem Tod bei Dr. Ralph Greenson. 1956 machte Monroe während der Dreharbeiten in England einer Kurzzeittherapie bei Anna Freud.

Am 29.6.1956 heiratet Monroe den 11 Jahre älteren Schriftsteller Arthur Miller. Am 14. Juli reisen sie und Miller nach London, um dort mit Laurence Olivier Monroes schönsten Film zu drehen: *The Prince and the Showgirl*. Danach löst sie alle geschäftlichen und privaten Verbindungen zu Milton Greene auf. Die Marilyn Monroe Produktion produzierte von nun an keine weiteren Filme mehr.

1958 dreht Monroe zusammen mit Billy Wilder ihren bekanntesten und erfolgreichsten Film *Some like it Hot*, in dem sie *I wanna be loved by you* und *I'm thru with love* singt.

1960 wird ihr letzter fertiggestellter Film *The Misfits* nach einem Drehbuch von Arthur Miller gedreht. Regie führt John Huston.

Am 20.1.1961 wird Marilyn Monroe von Arthur Miller geschieden. Am 5. Februar wird sie von Marianne Kris gegen ihren Willen in einer geschlossen psychiatrischen Klinik untergebracht, aus der sie Joe DiMaggio nach einigen Tagen herausholt. Monroe verbringt danach drei Wochen in einem Krankenhaus.

Im Mai 1962 findet einer von Monroes letzten öffentlichen Auftritten bei der Geburtstagsfeier zu Kennedys 45. Geburtstag statt. Sie singt dort für den Präsidenten *Happy Birthday*.

Am frühen Morgen des 5. August 1962 wird Marilyn Monroe von Ralph Greenson tot in ihrem Bett aufgefunden. Die offizielle Diagnose lautet Tod durch eine Überdosis Schlaftabletten. Sie war nur 36 Jahre alt geworden.

Quellen

Ich möchte abschließend die Schwerpunkte, der von mir am häufigsten verwendeten Quellen, kurz erläutern.

Die Biographie von Donald Spoto lieferte das umfangreichste biographische Datenmaterial, auf das ich mich wegen seiner vielen, hervorragend recherchierten Details immer wieder stützen konnte.

Marilyn Monroe oder besser Norma Jeane Baker kommt am umfangreichsten in ihrer Autobiographie, die größtenteils auf einem Interview mit Ben Hecht basiert, zu Wort und vielleicht noch deutlicher in ihrem Interview mit George Barris und auch in dem mit George Belmont.

Arthur Miller hat seine Beschreibungen über Monroe in seine Autobiographie *Zeitkurven* eingeflochten und nach meiner Ansicht eine sehr wichtige, wenn auch dramatisch bearbeitete Charakterisierung ihrer Persönlichkeit in seinem heftig umstrittenen Theaterstück *After the Fall* geleistet.

Der Monroebiograph Anthony Summers hat sich sicher am intensivsten mit ihrem Sexualleben beschäftigt und wichtige Details aus ihren Psychotherapien geschildert.

Der Biograph Norman Mailer hat ebenso wie Barbara Leaming versucht, sich ein Stück weit in ihre Psyche hineinzufühlen, und dabei ihre schizoide Position geschildert. Bei Leaming finden sich einige gute Beispiele für ihre paranoiden Ängste.

Die vielen anderen Biographien, welche ich benutzt habe, lieferten zahlreiche, weitere, wichtige Details der unterschiedlichsten Art und *ohne* dieses ganze erstklassige Material wäre dieses Buch, das auf eine eigene Recherche leider ganz verzichten mußte, niemals zustande gekommen.

LITERATURVERZEICHNIS:

Arnold, Eve, (1988), Marilyn Monroe/gesehen von Eve Arnold, Herford

Barris, George, (1995) Marilyn: Her Life in her own words, London

Berckman, Christine, (1993), Marilyn Monroe, Mythe et Seduction, Paris

Bernhard, Bruno, (1981), Schönheit war ihr Schicksal, Glanz und Elend der Cover-girls, München

Berthelsen, Detlef, (1989), Alltag bei Freud, Die Erinnerungen der Paula Fichtl, München

Bolz, Norbert, (1997), Die Sinngesellschaft, Düsseldorf

Bowie, David, (1972), (CD) Ziggy Stardust

Brown, Peter Harry/Barham, Patte, (1992), Marilyn, Das Ende, wie es wirklich war, München

C., Melanie (2003), (CD) Reason.

Carroll, Jock, (1997), Die Niagara Porträts, Weingarten

Crown, Lauwrence, (1987), Marilyn at Twentieth Centrury-Fox, London

Curtis, Tony, (1995), Ich mags heiß, Autobiographie, München

Chunovic, (1997), Jodie Foster, Ein Portät,

de Dienes, André, (1986) Marilyn Mon Amour, München

Finn, Michelle, (1995), Marilyns Addresses, London

Foucault, Michel, (1968), Psychologie und Geisteskrankheit

Freud, Anna, (1980), Die Schriften der Anna Freud, München

Freud, Sigmund, (1972), Gesammelte Werke Bd. 17, Schriften aus dem Nachlaß 1832–1938, Frankfurt a. M.

Freud, Sigmund, (1973a), Studienausgabe Bd. VI, Frankfurt a. M

Freud, Sigmund, (1973b), Studienausgabe Bd. VII, Frankfurt a. M.

Freud, Sigmund, (1973c), Gesammelte Werke X, Werke aus den Jahren 1913–17 Frankfurt a. M.

Freud, Sigmund, (1974), Studienausgabe Bd. IX, Frankfurt a. M.

Freud, Sigmund, (1975a), Studienausgabe Bd. III, Frankfurt a. M.

Freud, Sigmund, (1975b), Studienausgabe, Ergänzungsband, Frankfurt a. M.

Freud, Sigmund, (1976), Gesammelte Werke XIV, Werke aus den Jahren 1925–31 Frankfurt a. M.

Freud, Sigmund, (1981a), Beiträge zur Psychologie des Liebeslebens und andere Schriften, Frankfurt a. M.

Freud, Sigmund, (1981b), Neue Folge der Vorlesungen zur Einführung in die

Psychoanalyse, Frankfurt a. M.

Freud, Sigmund, (1982), Aus der Geschichte einer infantilen Neurose, aus: Der Wolfsmann vom Wolfsmann, Sigmund Freuds berühmtester Fall, Hrsg. Muriel Gardiner, Frankfurt a. M.

Freud, Sigmund, (1985), Das Ich und das Es und andere metapsychologische Schriften, Frankfurt a. M. 1985

Freud Sigmund, (1986), Hemmung, Symptom und Angst, Frankfurt a. M.

Freud Sigmund/Breuer, Josef, (1987), Studien zur Hysterie, Frankfurt a. M.

Freud Sigmund, (1991), Drei Abhandlungen zur Sexualtheorie, Frankfurt a. M.

Freud, Sigmund, (1992), Zur Dynamik der Übertragung, Behandlungstechnische Schriften, Frankfurt a. M.

Freud, Sigmund, (1993a), Abriß der Psychoanalyse/ Das Unbehagen in der Kultur, Frankfurt a. M.

Freud, Sigmund, (1993b), Zwei Falldarstellungen, Der Rattenmann, Der Fall Schreber, Frankfurt a. M.

Freud, Sigmund, (1993c), Der Moses des Michelangelo, Schriften über Kunst und Künstler, Frankfurt a. M.

Geiger, Ruth-Esther, (1995), Marilyn Monroe, Hamburg

Glogger, Helmut Maria, (1987), 100 Jahre Hoolywood, Bergisch Gladbach

Grant, Neil Marilyn, (1992), Mit ihren eigenen Worten, München

Gregory, Adela/Speriglio, Milo, (1996), Der Fall Marilyn Monroe, München

Greenson, Ralph R., (1981), Technik und Praxis der Psychoanalyse, Stuttgart

Greenson, Ralph R., (1982), Psychoanalytische Erkundungen, Stuttgart

Hauth, Rüdiger, Hrsg., (1995) neben den Kirchen, Bibel-Kirche-Gemeinde, Bd. 12, Neukirchen-Vluyn

Haspiel, James, (1996), Mythos Marilyn, Berlin

Heidegger, Martin, (1993), Sein und Zeit, Tübingen

Heinzelmeier, Adolf, (1993), Jodie Foster, Wien

Hembus, Joe, (1973), Marilyn Monroe, Glanz und Tragik eines Idols, München

Hense, Elisabeth, (1997), Im Spiegel der Seele, Die Quellen der Mystik, Freiburg am Breisgau

Jaspers, Karl, (1998), Strindberg und van Gogh, Berlin

Kafka, Franz, (1983), Sämtliche Erzählungen, Frankfurt a. M.

Karasek, Helmut, (1998), Billy Wilder, Hamburg

Kernberg, Otto F., (1989), Objektbeziehungen und Praxis der Psychoanalyse Stuttgart

Kernberg, Otto F., (1993), Borderline- Störungen und pathologischer Narzißmus, Frankfurt a. M.

Kittler, Friedrich, (1991), Dichter-Mutter-Kind, München

Klein, Melanie/Riviere, Joan, (1992), Seelische Urkonflikte, Frankfurt a. M.

Lacan, Jaques, (1978), Freuds technische Schriften, Seminar I, Olten

Lacan, Jaques, (1980), Das Ich in der Theorie Freuds und in der Technik der Psychoanalyse, Seminar II, Olten

Lacan, Jaques, (1986), Encore, Seminar XX, Weinheim, Berlin 1986

Lacan, Jaques, (1991a), Schriften I, Weinheim, Berlin

Lacan, Jaques, (1991b), Schriften II, Weinheim, Berlin

Lacan, Jaques, (1994), Schriften III, Weinheim, Berlin

Lacan, Jaques, (1996a), Die Ethik der Psychoanalyse, Seminar VII, Weinheim, Berlin

Lacan, Jaques, (1996b), Die vier Grundbegriffe der Psychoanalyse, Seminar XI, Weinheim, Berlin

Lacan, Jaques, (1997), Die Psychosen, Seminar III, Weinheim, Berlin

Leaming, Barbara, (1999), Marilyn Monroe, Die Biographie jenseits des Mythos, München

Loos, Anita, (1975), Blondinen bevorzugt, München

Luijters, Guus, (1991), Marilyn Monroe, in her own words, London, New York, Sidney,

Luijters, Guus, (1991a), Marilyn Monroe, Deutsche Ausgabe, Rastatt

Maerker, Chista, (1997), Marilyn Monroe und Arthur Miller, Berlin

Mailer, Norman, (1992), Marilyn Monroe, Eine Biographie, München/Zürich

Martigenette, Charles G./Meisel, Louis K., (1996) The Great American Pin-Up, Köln

McCann, Graham, (1988), Marilyn Monroe, New Brunswick/New Jersey Melanie C, (2003), CD, Reason

Miller, Arthur, (1987), im Bücher-Journal-Extra, Erstsendung, ZDF

Miller, Arthur, (1962), Nach dem Sündenfall, Frankfurt a. M.

Miller, Arthur, (1989), Zeitkurven, Frankfurt a. M.

Miller, Arthur, Toubiana, Serge, (2000), The Misfits, München 2000

Monroe, Marilyn, (1980), Meine Story, Frankfurt a. M. (Übersetzung der von Ben Hecht aufgesetzen Autobiographie)

Monroe, Marilyn, (1991), The Marilyn Monroe Songbook, London

Monroe, Marilyn, (1992), Marilyn Monroe und die Kamera, München (Fotoalbum mit einem Vorwort von Jane Russel und dem Monroe Interview mit Georges Belmont)

Monroe, Marilyn, (1994), Milton's Marilyn: die Fotografien von Milton H. Green, München Paris

Olivier, Laurence, (1982), Bekenntnisse eines Schauspielers, München

Plath, Sylvia, (1980), Die Glasglocke, Frankfurt a. M.

Pepitone, Lena/Stadiem, William, (1979), Marilyn Monroe intim, München

Rilke, Rainer Maria, (1989), Briefe an einen jungen Dichter, Frankfurt a. M.

Roudinesco, Elisabeth, (1996), Jaques Lacan, Bericht über ein Leben, Geschichte eines Denksystems, Köln,

Rosten, Norman, (1980), Marilyn, A very personal story, London

Rosten, Norman/ Shaw, Sam, (1987), Marilyn among friends, London 1

Rollyson Jr., Carl E., (1987), Marilyn Monroe, A Life of the Actress, London

Sechehay, Marguerite, (1973), Tagebuch einer Schizophrenen, Frankfurt a. M.

Spoto, Donald, (1994), Marilyn Monroe, Die Biographie, München

Spears, Britney (1999), CD ... Baby one more time

Spears, Britney, (2000), CD, Oops! I did it again

Spada, James/ Zeno, George, (1983), Marilyn Monroe, Ihr Leben in Bildern, Herford

Stern, Bert, (1982), Marilyn Monroe – the complete last sitting, München

Summers, Anthony, (1988), Marilyn Monroe, Die Wahrheit über ihr Leben und Sterben, Frankfurt a.M.

Taubes, Jacob, (1993), Die Politische Theologie des Paulus, München

Tummler, Wolfgang, (1978), Marilyn Monroe, Hamburg

Victor, Adam, (1999) Marilyn Monroe Enzyklopädie, Köln

Wayne, Jane Ellen, (1994), Marilyns Männer, München 1994

Weatherby, W. J., (1976), Conversations with Marilyn, London 1976

Zolotow, Maurice, (1962), Marilyn Monroe, Eine Biographie, Stuttgart

VERWENDETE DOKUMENTARFILME ÜBER MARILYN MONROE:

1. The Legend of Marilyn Monroe, USA 1964, Regie: Terry Sanders, Sprecher: John Huston, deutsche Fassung: Marilyn – ein Leben zwischen Ruhm und Einsamkeit, Erstausstrahlung 1966
2. Tatsachen über Legenden – Wer hat Marilyn Monroe umgebracht, BRD 1972, Regie: Wilhelm Bittdorf
3. Marilyn Monroe, Regie und Produktion: Art Lieberman
4. Something's Got to Give/ Marilyn – ihr letzter Film, USA 1990, Regie: Henry Schipper

2005 · 245 Seiten · gebunden
EUR (D) 22,00 · SFr 38,60
ISBN 3-89806-451-4

Nach 35 Jahren Praxis war der bekannte New Yorker Psychotherapeut und Autor Robert Akeret von einer Frage gefesselt: Hat die Therapie das Leben seiner Patienten wirklich verändert? Also stieg er an einem sonnigen Morgen im April in seinen kleinen Bus und machte sich auf den Weg, seine beeindruckendsten ehemaligen Patienten zu besuchen – eine Reise ›auf der Suche nach dem Ende der Geschichten‹. Und es sind bemerkenswerte Geschichten, die dieses Buch wie ein brillanter psychologischer Detektiv-roman in faszinierenden Details erzählt, während gleichzeitig grundlegende Fragen über die Psychotherapie aufgeworfen werden.

P🔲V
Psychosozial-Verlag

2005 · 232 Seiten · Broschur
EUR (D) 19,90 · SFr 34,90
ISBN 3-89806-394-1

Was ist Liebe? Was hat eine Affäre mit der eigenen Beziehung zu tun? Lohnt es sich zu kämpfen? Kann eine Therapie helfen? War die Beziehung nicht von Anfang an zum Scheitern verurteilt? Ist die Ehe gar der Friedhof jeder Liebe?

Wolfgang Hantel-Quitmann widmet sich diesen Fragen und kreiert daraus eine »Psychologie der Liebesaffären«, entwickelt an Beispielen aus der paartherapeutischen Praxis, großen Werken der Weltliteratur und den Liebesaffären berühmter Paare.

Für alle, die sich aus psychologischem, literarischem, rein menschlichem oder gar privatem Interesse mit dem Thema beschäftigen – bevor die nächste Liebesaffäre als Ende aller Liebe, moralisch verwerflich oder schicksalhaft missdeutet werden könnte.

P🔲V
Psychosozial-Verlag

2003 · 173 Seiten · Broschur
EUR (D) 19,90 · SFr 34,90
ISBN 3-89806-198-1

Eine wissenschaftliche und zugleich leidenschaftliche Betrachtung von Leben und Werk Niki de Saint Phalles.

Basierend auf einer psychoanalytischen Sichtweise eröffnet die Autorin einleitend eine Debatte über Kreativität und Kunst. Dem folgt eine lebendige Schilderung des inneren Wachstums Niki de Saint Phalles über Ihren Weg der Kunst, der sich in den Stationen ihrer künstlerischen Entwicklung wiederfinden lässt. Niemeyer-Langer gelingt eine vermittelnde Darstellung zwischen komplexen psychodynamischen Zusammenhängen, faszinierender Lebensgeschichte und den herausragenden Kunstwerken einer außergewöhnlichen Frau. Der Lesende erlebt nicht nur den kreativen Dialog, den die Künstlerin über ihre Werke mit sich und mit ihrem Publikum führt, sondern erfährt auch von ihrem Liebesdialog mit Jean Tinguely, ihrem inspirierenden Lebensgefährten und Begründer dynamischer Kunst.

P🔲V
Psychosozial-Verlag

2004 · 231 Seiten · gebunden
EUR (D) 29,90 · SFr 52,20
ISBN 3-89806-349-6

Warum fasziniert uns die romantische Liebe? Warum macht sie uns aber zugleich Angst? In seiner wegweisenden Studie über die Hauptkomponenten der romantischen Liebe – Sex, Idealisierung, Aggression, Selbstmitleid, Schuldgefühle und Bindung – haucht Stephen Mitchell unseren Träumen neues Leben ein, widmet sich aber auch den Fallstricken, denen wir in der Liebe ausgesetzt sind.

Laut gängiger Überzeugung ist die Liebe zerbrechlich und vergänglich. Mitchell hingegen behauptet, dass in langfristigen Beziehungen die Romantik nicht notwendig abnimmt. Vielmehr wird sie zunehmend gefährlicher. Nicht die Gewohnheit tötet die Liebe, sondern unsere Angst vor zu starker Abhängigkeit. Was wir als Vergänglichkeit der Liebe bezeichnen, ist in Wahrheit Risikomanagement: Indem wir Liebe und Begehren trennen, unsere Erwartungen an die Beziehung herunterschrauben und unsere Abhängigkeit vom Anderen einschränken, ersticken wir die Glut unserer Liebe.

P✥V
Psychosozial-Verlag

Lightning Source UK Ltd.
Milton Keynes UK
UKHW010740030522
402417UK00001B/159